国際文化技術叢書④

帯結び いろいろ

かさね、あわせ、むすぶ。

荘司 礼子 著

撮影（モデル）／小暮 幸男

はじめに

帯結びはもともと、一本の紐《ひも》を結ぶことから始まりました。それは、「着物が落ちないように、開《はだ》けないように」という、いたってあたり前の理由からなされていたものですが、そのあたり前のことが、帯結びの一番の基本です。

現代においても、浴衣《ゆかた》にはじまり、小紋《こもん》、訪問着《ほうもんぎ》、留袖《とめそで》、振袖《ふりそで》、そして花嫁仕度《はなよめじたく》にと、いろいろな種類のきもの姿に、帯結びは欠かせません。長襦袢《ながじゅばん》、きものと、きちんと着付されたものを完成させる重要な技術が、帯結びなのです。

後ろ姿の大半は、帯姿に表れます。

顔の見えない後ろ姿を飾る帯結びは、見る者の想像力を掻《か》き立てます。帯の文様や色彩、素材が、季節を運んでくれます。話しが広がる、きっかけとなったり、当人がまったく気付かぬところで、人様の目を楽しませていることもあるかもしれません。

そんな帯を結ぶ技術の手は、職人の手。その結ぶ姿はとても楽しそうで、美しいものです。

帯は、きものに、着る人に合わせるもの。

帯は、きものの上に締めるもの、巻いて結ぶものです。そうして、テとタレに結ばれた長い帯を、たたみ、折り、寄せて、おさめ、形づけていくのが帯結びです。

触《ふ》れれば触れるほど、力を加えれば加えるほど布は傷《いた》みます。仕上げるまでに、どれほど帯に触れるかを考えてみましょう。きちんとすることと、力を入れることは違います。やさしく丁寧に帯を扱いましょう。帯結びには、結ぶ人の手、人柄、心が表れます。

そして、その始まりの、帯結びの基本を忘れずに、いかようにも変化する帯を楽しみながら、帯の素材、文様を生かして、帯を結んでいけば、いきいきと輝いている帯結びが仕上がります。

荘司 礼子

もくじ

帯結びのカタログ

本書の特徴と使い方

✲本書で紹介している 66 パターンの帯結びはすべて、振袖や留袖、訪問着など**礼装に用いる帯として、最も一般的な「六通袋帯」で結べます。**

✲『帯結びのカタログ（カラー）』頁には、サロンで、お客さまに帯を結んだ時の仕上がりをイメージしやすいように、実際にモデルに結んだ場合の仕上がり写真が掲載されています。

✲帯結びの**カタログ頁（カラー）に記載してある“OBI-MUSUBI ナンバー”は、技術解説のページ／8帯結び 66 パターンの結び方で使用している“OBI-MUSUBI ナンバー”と共通**です。また、結びたい帯結びの技術解説掲載ページがすぐに分かるように、掲載ページも表記してあります。

✲巻末の『**帯結びいろいろ INDEX**』には、全 66 パターンの帯結びの仕上がり写真を“OBI-MUSUBI ナンバー”順に掲載し、カタログ頁、技術解説頁を明記しました。掲載頁が一目で分かるので、とっても便利です。おおいに活用して下さい。

*18 技術解説 ▼ 71頁

OBI-MUSUBI *18

*30 技術解説 ▼ 83頁

OBI-MUSUBI *30

OBI-MUSUBI *58

*58 技術解説 ▼ 111頁

OBI-MUSUBI *25

*25 技術解説 ▼ 78頁

*39 技術解説 ▼ 92頁

OBI-MUSUBI *39

*01 技術解説 ▼ 54頁

OBI-MUSUBI *01

OBI-MUSUBI *22

*22 技術解説 ▼ 75頁

OBI-MUSUBI *05

*05 技術解説 ▼ 58頁

OBI-MUSUBI *05
★アレンジ

OBI-MUSUBI *20

OBI-MUSUBI *19

*20 技術解説 ▼ 73頁

*19 技術解説 ▼ 72頁

*56 技術解説 ▼ 109頁

OBI-MUSUBI *56

*43 技術解説 ▼ 96頁

OBI-MUSUBI *43

OBI-MUSUBI *15

*15 技術解説 ▼ 68頁

*16 技術解説 ▼ 69頁

OBI-MUSUBI *16

*49 技術解説 ▼ 102頁

*35 技術解説 ▼ 88頁

OBI-MUSUBI *51

*51 技術解説 ▼ 104頁

OBI-MUSUBI *03

*03 技術解説 ▼ 56頁

*11 技術解説 ▼ 64頁

OBI-MUSUBI *50

*50 技術解説 ▼ 103頁

*34 技術解説 ▼ 87頁

OBI-MUSUBI *34

＊23技術解説▼76頁

＊06技術解説▼59頁

OBI-MUSUBI *24

OBI-MUSUBI *21

*24 技術解説 ▼ 77頁

*21 技術解説 ▼ 74頁

*57 技術解説 ▼ 110頁

*12 技術解説 ▼ 65頁

OBI-MUSUBI *41

OBI-MUSUBI *37

*41 技術解説 ▼ 94頁

*37 技術解説 ▼ 90頁

*36 技術解説 ▼ 89頁

*44 技術解説 ▼ 97頁

*09 技術解説 ▼ 62頁

*04 技術解説 ▼ 57頁

OBI-MUSUBI *26

*26 技術解説 ▼ 79頁

OBI-MUSUBI *08

*08 技術解説 ▼ 61頁

OBI-MUSUBI *13

OBI-MUSUBI *45

*13 技術解説 ▼ 66頁

*45 技術解説 ▼ 98頁

OBI-MUSUBI *27

*27 技術解説 ▼ 80頁

*47 技術解説 ▼ 100頁

OBI-MUSUBI *47

OBI-MUSUBI *33

*33 技術解説 ▼ 86頁

OBI-MUSUBI *32

*32 技術解説 ▼ 85頁

＊52 技術解説 ▼ 105頁

OBI-MUSUBI *52

＊38 技術解説 ▼ 91頁

OBI-MUSUBI *38

OBI-MUSUBI *59

*59 技術解説 ▼ 112頁

*28 技術解説 ▼ 81頁

OBI-MUSUBI *28

OBI-MUSUBI *55

*55 技術解説 ▼ 108頁

*29 技術解説 ▼ 82頁

OBI-MUSUBI *29

OBI MUSUBI *07

*07 技術解説 ▼ 60頁

OBI-MUSUBI *31

*31 技術解説 ▼ 84頁

*10 技術解説 ▼ 63頁

OBI-MUSUBI *10

*54 技術解説 ▼ 107頁

*46 技術解説 ▼ 99頁

OBI-MUSUBI *48

*48 技術解説 ▼ 101頁

*53 技術解説 ▼ 106頁

OBI-MUSUBI *53

*17 技術解説 ▼ 70頁

*14 技術解説 ▼ 67頁

*42 技術解説 ▼ 95頁

OBI-MUSUBI *42

*40 技術解説 ▼ 93頁

OBI-MUSUBI *40

OBI-MUSUBI *02

*02 技術解説 ▼ 55頁

OBI-MUSUBI *02

★なごや帯

OBI-MUSUBI *02

*60 技術解説 ▼ 113頁

OBI-MUSUBI *60

*66 技術解説 ▼ 119頁

OBI-MUSUBI *66

OBI-MUSUBI *65

*65 技術解説 ▼ 118頁

*62 技術解説 ▼ 115頁

OBI-MUSUBI *62

OBI-MUSUBI *63

*63 技術解説 ▼ 116頁

*64 技術解説 ▼ 117頁

OBI-MUSUBI *64

*61 技術解説 ▼ 114頁

技術解説のページ

帯を結ぶには、帯をよく見ること。全体の柄がどのように文様づけされているか、何の文様なのか。
そして、お客さまのイメージをよくつかんでお客さまに合わせること、きものの格や雰囲気に合わせることが大切です。
技術は、仕上がりをイメージして、そこに向かって次々におさめて作っていく。帯は締めるもの、引くものではありません。帯は、巻いて結ぶものです。テとタレに結んだ帯を、たたんで折って、寄せておさめていくと、いろいろな帯結びができあがります。
さあ、いろいろな帯結びに挑戦して、いくつでも簡単に結べるようになりましょう。

帯結びのフローチャート

お客さま来店から、お見送りまで

お客さま、来店

⇩

帯結びを決める要素

●お客さまの好みやニーズ●お客さまの個性（顔立ちや体型）●衣装（着物と帯）●装いの目的や立場●場所（和か洋か？座っていることが多いのか、立っていることが多いのか？など）●年代●格式・ドレスコード●シチュエーション●その他

カウンセリング

⇩

帯結びを決める

仕上がりをイメージしてから帯を結びましょう ⇩

準　備

●帯をたたんでおく●帯型によってはあらかじめヒダを作っておく●帯結びに必要なものを揃えておく
※併せて、ヘアメイクや着付の準備も行なう

準　備

ヘア・メイク
着付～帯結び ⇩

事前の準備が大切よ！

帯を胴に廻す

柄止まりの位置に気をつけましょう ⇩

テとタレを結ぶ

⇩

「帯結びいろいろ」には
66パターンの帯結びが
載っているヨ♥
いろいろな帯結びに
挑戦してみよう！

仕事は早く、テキパキと

帯山を決める

⇩

羽根や飾りヒダを作る

⇩

帯枕・帯揚げ／帯〆

⇩

ありがとう♥
また来るね
ありがとう
ございました

帯を整え、仕上げる

⇩

お客さまをお見送り

仕上がりをイメージしよう 2

着ていて楽で、動きやすく、着崩れしないこと。そして美しいこと。
着付をし、帯を結ぶ際には、理想とする形をイメージして、帯を結ぶことが大切です。

★帯結びの仕上がりをイメージ
★帯結び中心の軸が、身体の軸に揃っていることが大切。
★帯がいきいきとしていること。
★帯山が下がっていないこと。
★帯山が背中から離れていないこと（帯枕のおさめ方がポイント）。

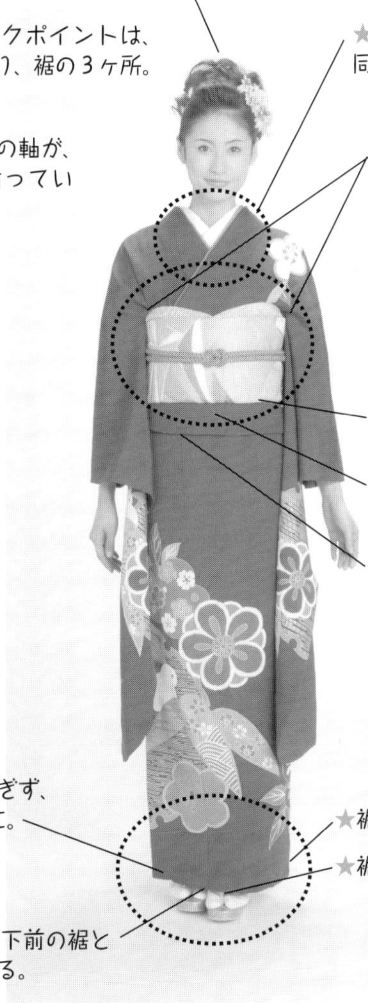
★衿合わせ、帯揚げ、帯〆の中心を身体の中心に決める。
★チェックポイントは、衿、帯周り、裾の３ヶ所。
★衿幅、半衿幅は左右対称。同じ幅に決めること。
★袖付けはツレていないか？胴帯の上端から袖付けまで、５cm位余裕があるとよい。
→袖付けがツレている時は、上に引いて、余裕を持たせる。
→袖付けがツレていると、腕が上がらず窮屈。
★帯の下は、きっちり締める。
★おはしょりは６～７cm。
★おはしょりの衽線と裾の衽線を揃える。
★褄先はあまり上げ過ぎず、床から５cm位を目安に。
★裾の後ろはかかとが隠れる位。
★裾の前は甲にかかる位。
★上前の裾は、衽線で下前の裾と交差するように合わせる。

着くずれしやすい所は？

①衿、②裾、③帯の３ヶ所です。

①前から見える衿合わせは、鏡を見て自分で直せますが、後ろで、長襦袢の衿が着物の衿より出てきてしまう場合は、自分ではなかなか直せません。長襦袢を着付ける段階で、身頃の余分を腰紐の下に、しっかり引いて、衿を固定しておくことが大切です。

②裾が落ちてしまうほど、やっかいなことはありません。自分では到底直せませんし、歩くこともままなりません。**着物の腰紐は、一番強く締めても良い紐**で、強く締めてもあまり苦しくありません。**一番、着崩れてはいけない所が裾**ですが、締め加減が弱過ぎて、裾が落ちてしまっている着付をよく目にします。腰紐はしっかり締めましょう。

③帯が着崩れてしまう原因は、帯枕か帯〆がほとんどです。帯枕は、背にピッタリつけること。帯〆はゆるまないように、しっかり締めることが大切です。紐を結ぶ時には、結んでいる間に、せっかく締めた紐がゆるまぬよう、結び目を押さえながら結び、締めましょう。

痛み、苦しさを感じやすい所は？

①こめかみ、②足首、③みぞおちの３ヶ所です。

①**こめかみ**は、花嫁が、かつらを着けている時に痛みを感じやすい所で、ひどくなると、頭痛も生じます。

②ふだん足袋（たび）を履き慣れていない方が多いので、コハゼが当たって**足首**が痛いということが、ままあります。コハゼを外してゆるめてあげるとよいでしょう。

③胸紐や帯枕の紐が当たって痛い、苦しいというケースが多いようです。
紐の位置を少し下にズラしてあげると、紐がゆるみ、苦しさが軽減します。
その他、補整用のタオルや肌着・長襦袢の紐が当たって痛いこともあります。
特に身体に近い所は、ちょっとしたシワや厚みが、原因となることが多いので、補整用のタオルは、身体にしっかり密着させるようにします。肌着や裾除けの紐は、落ちなければよいので、きつく締め過ぎないように注意しましょう。

帯の種類と柄の向き　3

振袖や留袖、訪問着、付下げなど礼装用の着物に合わせる帯は「袋帯」が一般的です。

袋帯の幅は約 31cm、長さは約 4m20cm ～4m60cm

（テ先）	40～60cm 位 【＃1】帯結びに使える部分	無地部分（約1m） 胴に廻す一巻き目の部分	（柄止まり）	胴に廻す２巻き目の部分	【＃1】帯結びに使える部分	（垂れ先）

【＃1】帯の長さは決まっているので、おおまかには、**〈帯丈〉**（袋帯の場合は約 4m20cm ～ 4m60cm）から、**〈胴に廻す二巻き分〉**を引いた分が、**〈帯結びに使える部分（テとタレの分）〉**となります。

〈帯丈〉－〈胴に廻す二巻き分〉＝〈帯結びに使える部分〉

なお、帯丈は帯によって多少違います。
また、胴回りも人によって多少異なります。

POINT

★お太鼓の柄が、正しく上を向くように結ぶ。

★帯を縦にしてみると、柄が同じ方向に向いて模様づけされていることが分かる。

★お太鼓の柄が、正しく上を向くように（正柄）するには、「タレは下げて」「テ先は上げて」結べばよい。

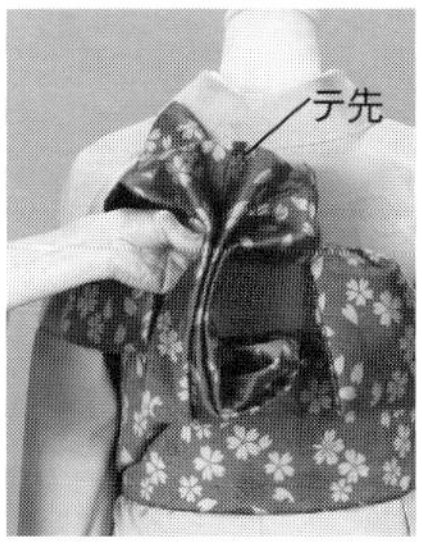

例えば、「テ」の部分でお太鼓を形づける時には、写真のように『テ先は上げて』お太鼓を形づければ、柄が正しく上を向く（正柄）。

袋帯には、全通と六通がある

六　通（ろくつう）　※約六割が柄

帯丈全体の六割ほどに柄があるので「六通」といわれています。テ先に柄があり、胴に回す一巻き目の部分（二巻き目で隠れて表に出ない部分）は無地で、帯結びに必要なところには柄があります。現代の袋帯の主流です。

全　通（ぜんつう）　※すべて柄

タレ先からテ先まで、帯丈全体に柄が織り出されている。帯結びには、どの部分が出てもよいので便利ですが、価格が高くなること、帯が重くなることなどの理由で、全通の帯を選ぶ方は少なくなりました。

帯柄には、向きのあるものとないものがある

帯柄の向きがある

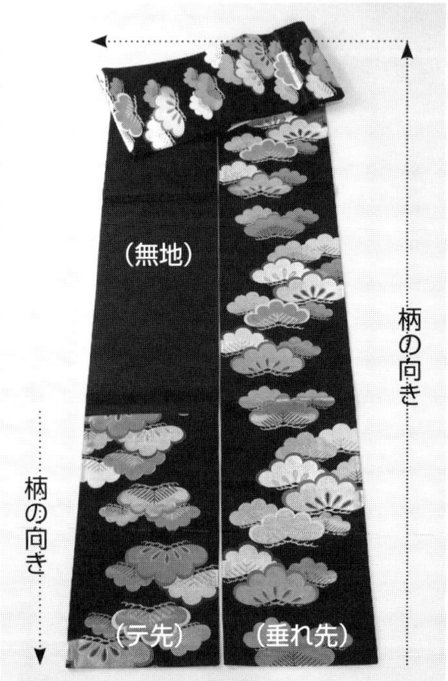

帯のテ先から始まった柄は、すべて同じ方向に向いて模様づけされて、垂れ先で止まります。帯柄が一方向を向いているので、帯を結ぶ時には、お太鼓の柄が逆さにならないように、注意します。
『タレ先は下げて』『テ先は上げて』、お太鼓を形づけるようにすると、柄が正しく上向きに配置されます。

帯柄の向きがない

帯柄の向きが決まっていない帯の場合は、下げたテ先や上げたタレ先でお太鼓部分をつくることもできるので、より自由に帯結びをデザインできます。
上下のある文様を使った帯でも、上下左右さまざまな方向を向かせて、帯柄の向きが出ないように模様づけされているものもあります。

帯結びに必要な小物 4

それぞれの使用の目的・役割を理解しましょう。

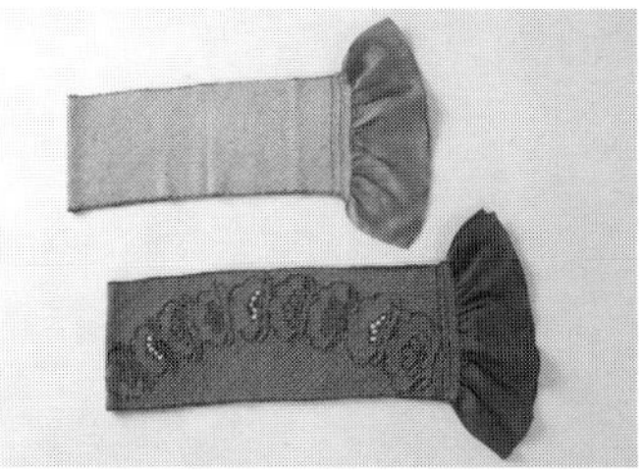

帯を結ぶ時に枕の上に被せ、前で帯の上端におさめて飾る。絞りの他、綸子やちりめんの帯揚げもある。
元々は「しょい揚げ」と呼ばれ、帯山を揚げるために使われていた。現代では、本来の実用的な目的よりも、装飾的に用いられている。

※表に見えるもの 帯揚げ

帯板（後）：胴帯の後ろをきれいに整える。結び目を支え、帯枕の土台となる。

帯板(前)：胴に廻した帯(胴帯)の前をきれいに整える。

帯 板

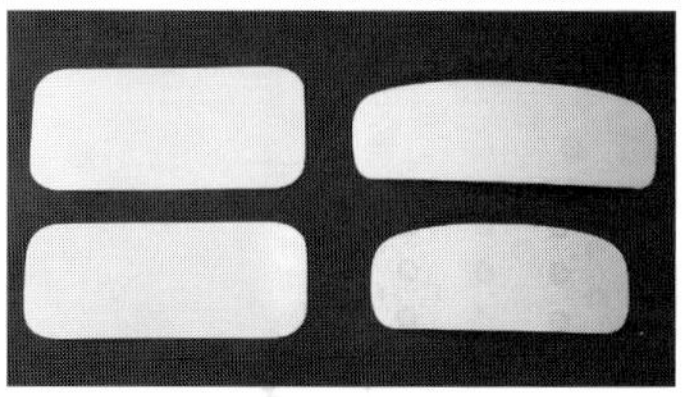

帯を締める時、帯の間に差し込んで使い、胴に締めた帯の前後を美しく見せる。
大きさや形はさまざまで、素材もボール紙に布張りのもの、セルロイド製、ナイロン製、メッシュなどいろいろあるが、身体の曲線に合ったしなやかなものが良い。

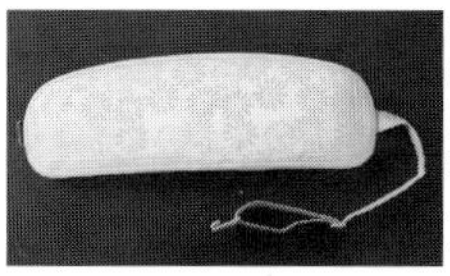

ゴム紐がついた帯板。一人で着る時に便利。帯の間に差し込まず、伊達〆の上、帯の下にする。

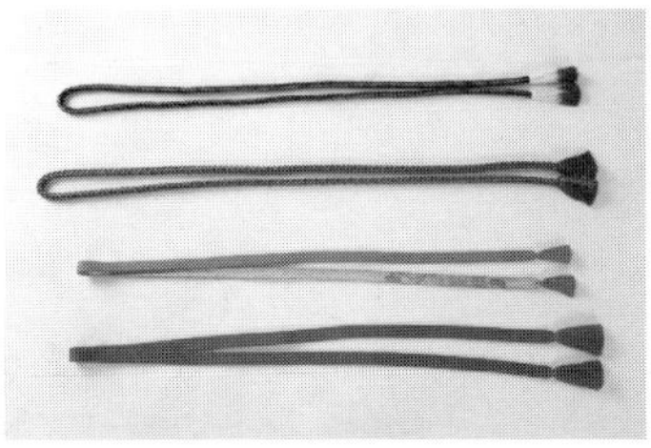

結んだ帯がほどけないように、帯の上で、身体から一番外側に締める紐。強く締めて良い紐で、強く締めても身体に響かない。
装飾的な役割も強く、着物や帯の色や格、材質なども考えて、コーディネイトする。身体の真ん中にあり、装い全体を引き締める「要(かなめ)」ともいえる紐である。

※表に見えるもの 帯〆

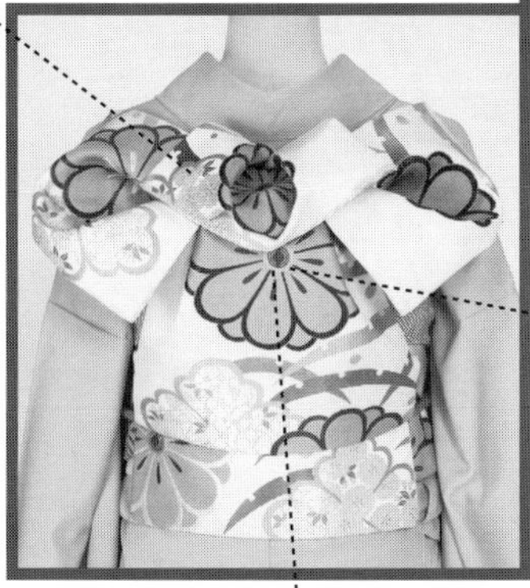

クリップ、ゴムバンド

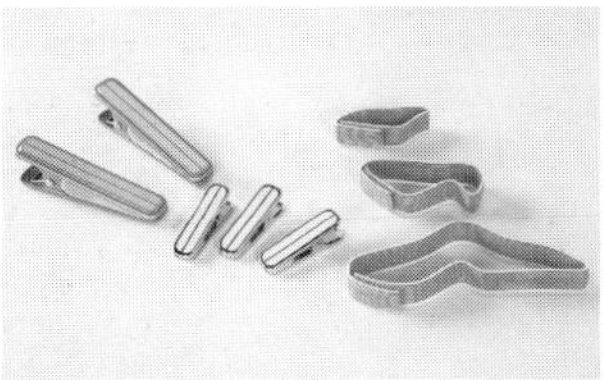

羽根や飾りヒダを作る時に用いる。大中小、さまざまなサイズがあり、目的に応じて使い分ける。

ヒダをクリップで止めたもの

ヒダをゴムバンドで止めたもの

三重ゴム紐

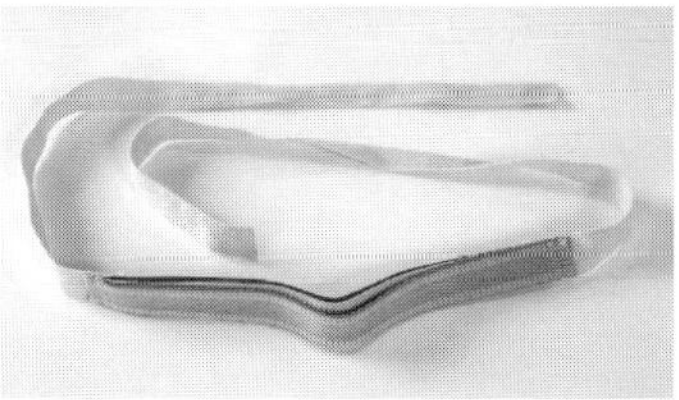

帯山、羽根、飾りヒダを押さえる時に使う。仮紐やゴムバンドでも代用できるが、背中にくる部分が幅の広いゴム紐になっているので、身体への負担が少なく、仮紐のように後で外す必要もなく便利。
三重ゴム紐を背に締める時、注意したいポイントは、ゴム紐部分を背中いっぱいに伸ばして締めること。ゴム紐部分が背中両脇いっぱいに伸びていないと、羽根を背におさめた時に、羽根が背中心に寄ってしまい、おさめたい所におさまらない。

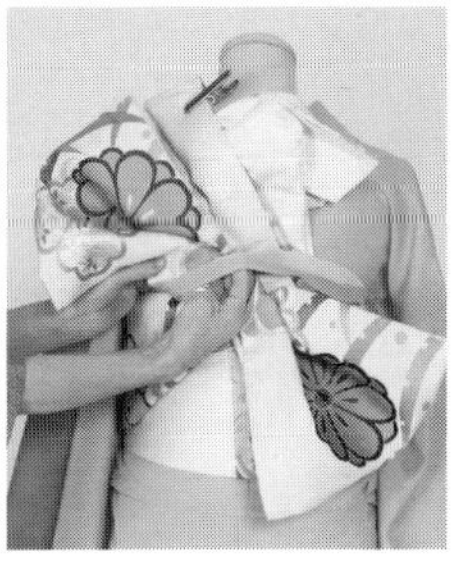

帯山や羽根、飾りヒダを止めるのに便利な三重ゴム紐。

帯 枕

帯を結ぶ時、帯山を決め、帯の形を整えるために使う。帯山の形や厚みによって使い分ける。市販のものをそのまま使うより、ガーゼを掛けることによって、身体に当たる紐の面積を広くし、身体にくいこまず、しっかり締まるようになる。最近は、ガーゼつきのものも市販されている。
帯山を高くしたくない場合には、帯揚げに厚紙や手拭いをたたんだものを入れ、帯枕の変わりにすることもある。

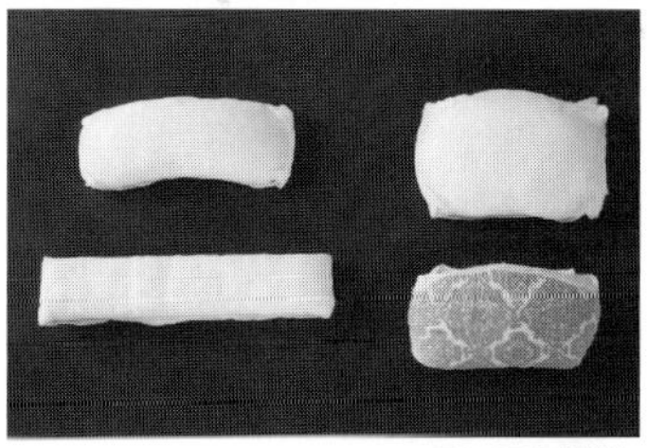

いろいろな帯枕

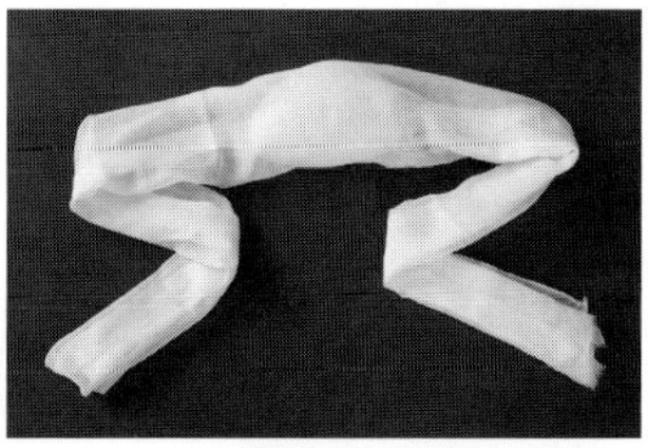

帯枕にガーゼをかけたもの

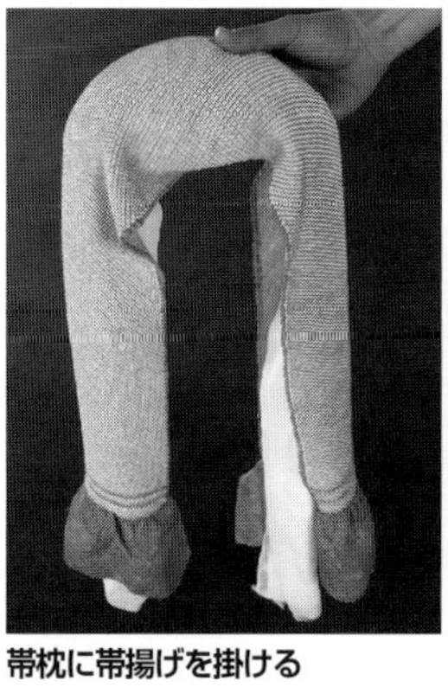

帯枕に帯揚げを掛ける

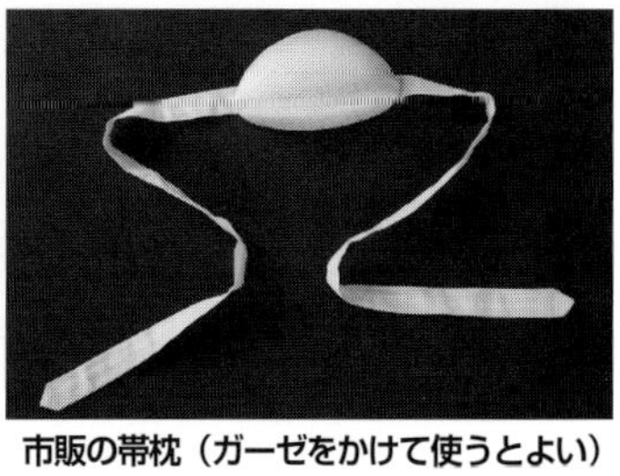

市販の帯枕（ガーゼをかけて使うとよい）

帯結びと柄止まりの関係　5

「お太鼓」「文庫」「立て矢」という帯結びの形に応じて、柄止まりの位置が決まります。

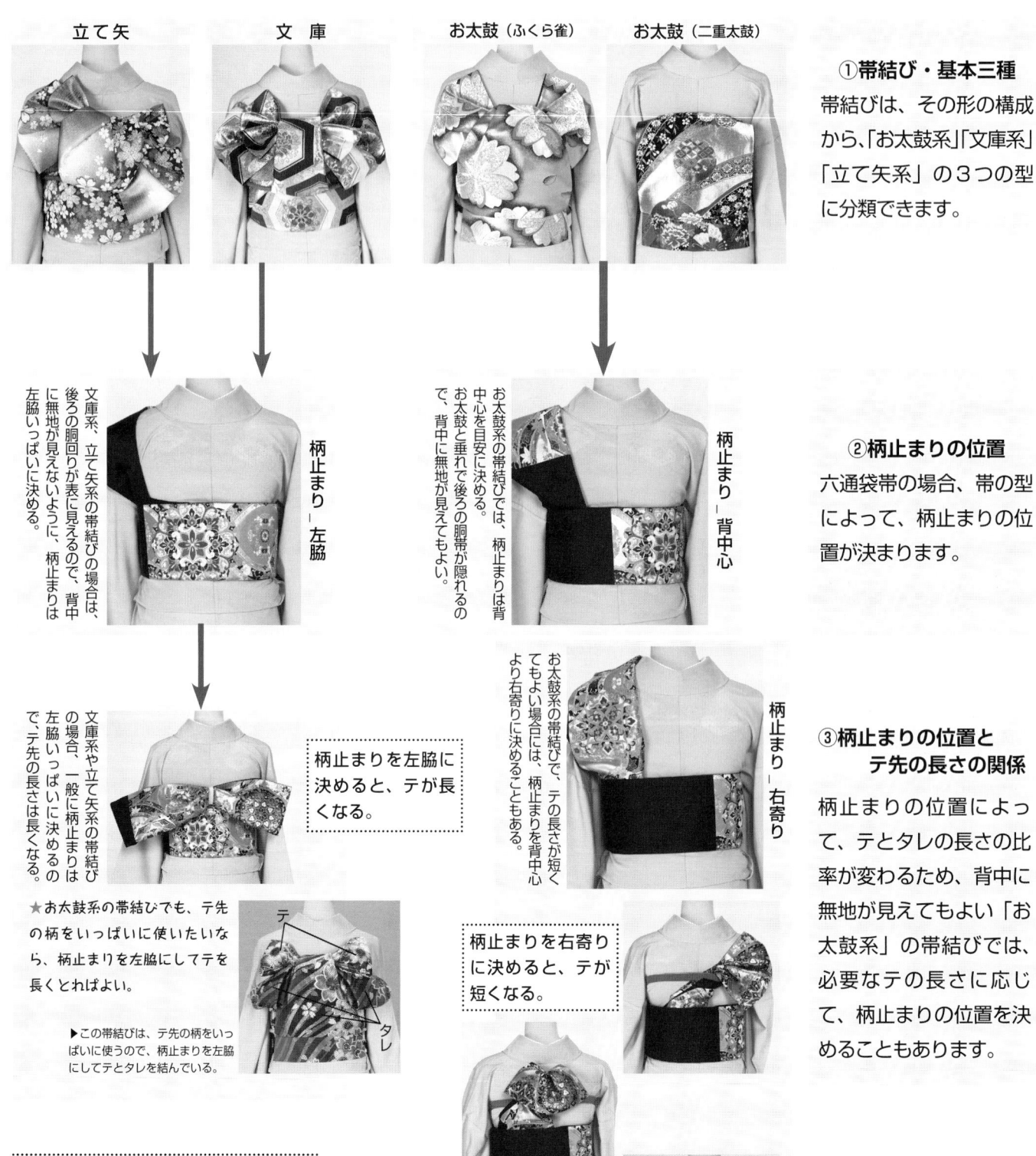

立て矢

文　庫

お太鼓（ふくら雀）

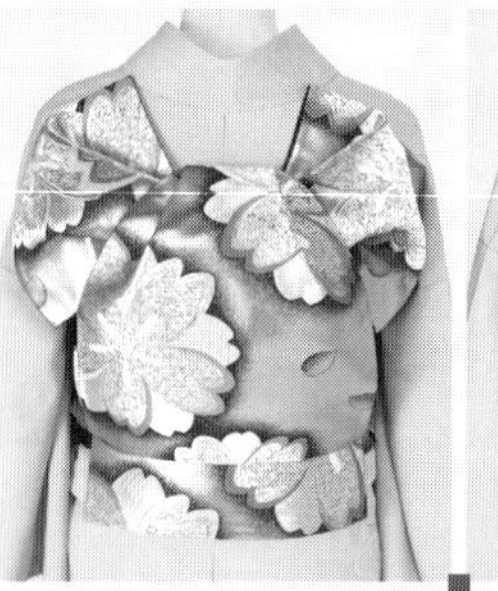

お太鼓（二重太鼓）

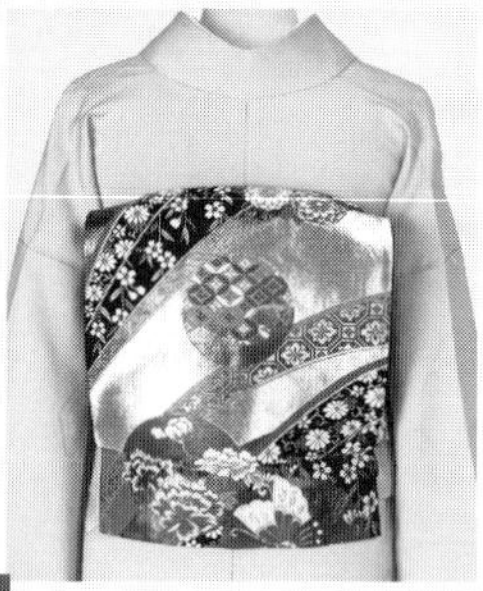

①帯結び・基本三種

帯結びは、その形の構成から、「お太鼓系」「文庫系」「立て矢系」の３つの型に分類できます。

文庫系、立て矢系の帯結びの場合は、後ろの胴回りが表に見えるので、背中に無地が見えないように、柄止まりは左脇いっぱいに決める。

柄止まり－左脇

お太鼓系の帯結びでは、柄止まりは背中心を目安に決める。お太鼓と垂れで後ろの胴帯が隠れるので、背中に無地が見えてもよい。

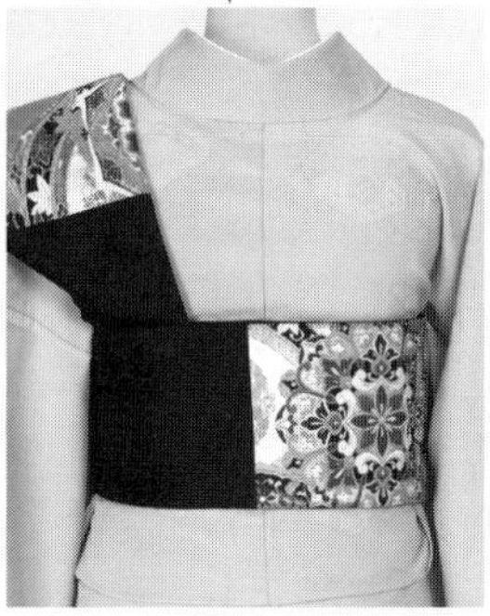

柄止まり－背中心

②柄止まりの位置

六通袋帯の場合、帯の型によって、柄止まりの位置が決まります。

文庫系や立て矢系の帯結びの場合、一般に柄止まりは左脇いっぱいに決めるので、テ先の長さは長くなる。

柄止まりを左脇に決めると、テが長くなる。

★お太鼓系の帯結びでも、テ先の柄をいっぱいに使いたいなら、柄止まりを左脇にしてテを長くとればよい。

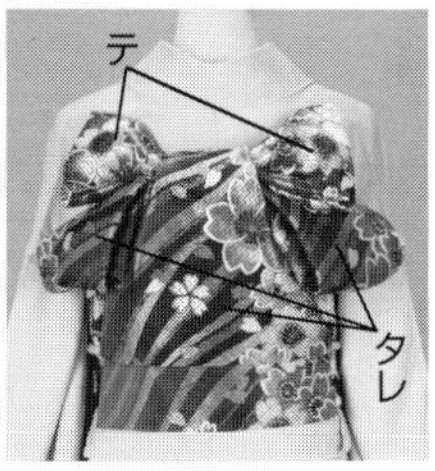

▶この帯結びは、テ先の柄をいっぱいに使うので、柄止まりを左脇にしてテとタレを結んでいる。

お太鼓系の帯結びで、テの長さが短くてもよい場合には、柄止まりを背中心より右寄りに決めることもある。

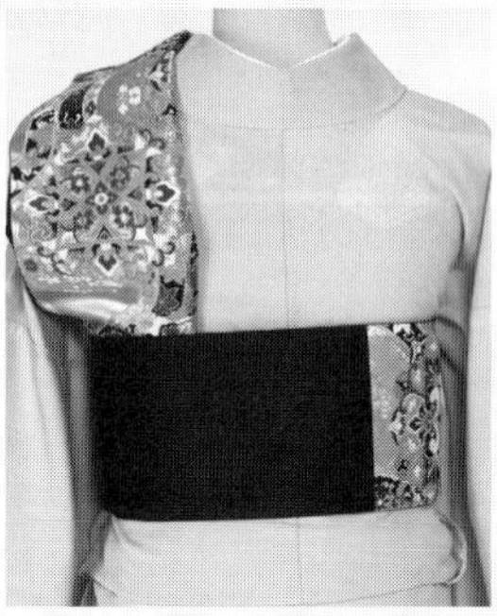

柄止まり－右寄り

③柄止まりの位置とテ先の長さの関係

柄止まりの位置によって、テとタレの長さの比率が変わるため、背中に無地が見えてもよい「お太鼓系」の帯結びでは、必要なテの長さに応じて、柄止まりの位置を決めることもあります。

柄止まりを右寄りに決めると、テが短くなる。

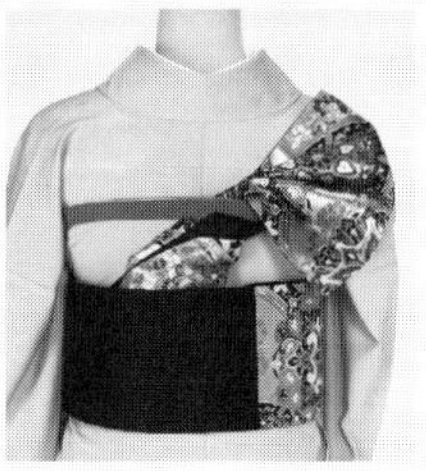

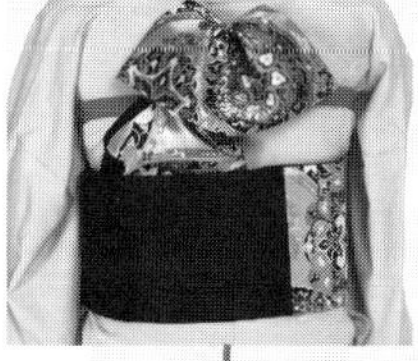

▶この帯結びは、テ先を帯山の上に飾り、左右の羽根とお太鼓部分はタレで作っている。

★お太鼓系の帯結びの場合、テ先の無地部分がいらないなら、柄止まりを右寄りに決めればよい。
★テ先が短くなった分、タレは長くなる。

Tips

無地部分と柄づけ部分の境界線があいまいな六通帯なら、ある程度融通がきく。
例えば、文庫系や立て矢系の帯結びは、柄止まりを左脇に決めるのが基本だが、きっちり左脇に決めなくてもよい。

帯を胴に廻し、締める　6

袋帯の場合、テ先をテとし、垂れ先をタレとして帯を廻し、テを下、タレを上に結びます。

テを下、タレを上に結ぶ

胴に二巻きした帯は、背中心で、テを下、タレを上に結ぶのが基本です。
ただし、帯の素材や状態によっては、テとタレを結ばず、交差して仮紐で押さえることもあります（厚地の帯、高価な帯、時代物の布地が痛んでいる帯、帯の丈が短い場合など）。
ここでは、テとタレを結ぶ時のポイントを解説します。

01
テ元とタレ元のワとワを引き合って、帯を胴に締め、

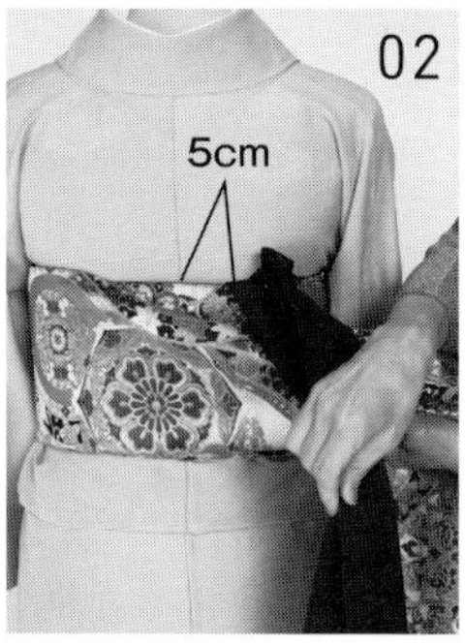
02
5cm
テ元を背中心より約5cm、右側にはがす（右側にはがすことにより、結び上がりで、結び目がちょうど背中心にくる）。

03
テのワが右にくるようにして、背中心で、テを下、タレを上に重ね、タレ元を、テ元の下から上に通して、

04
テ元、タレ元の、ワとワを持って、テを下、タレを上に結ぶ。この時、テ元、タレ元は同時に引き合わない。
◀左図のように、❶タレ元、❷テ元の順に、時間差で引き締めると、帯が胴によく締まる。

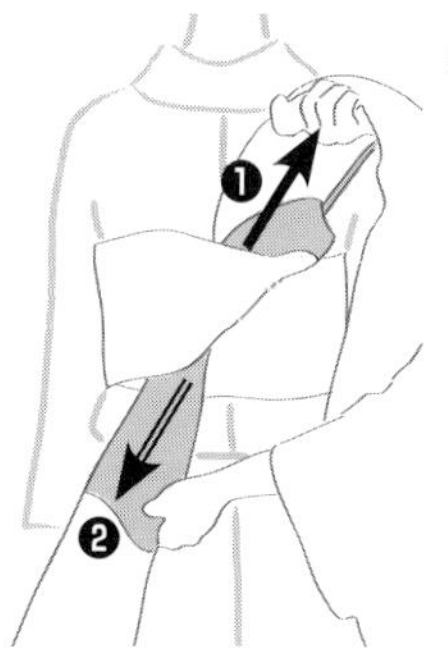
❶
❷

05
テ元のワを背中心側に引いて、結び目を固定する。

06
テとタレの結び上がり。
写真は、柄止まりを左脇に決めた時の、テとタレの長さのバランス。

帯板の役割は？

帯板は主に、胴に廻した帯の前後をきれいに整えるために用います。
また、後ろに入れる帯板には、帯枕の支えとしての役割もあります。

後ろ
後ろの帯板は、「胴帯をきれいに整える」ためだけでなく、帯枕の支えとなり、帯崩れを防ぐためにも用いられます。

⇩

前
前の帯板は「胴帯をきれいに整える」ためのものです。

帯は二度廻す

一巻き目は、柄止まりの位置を正確に決め、タレのワを引いて、帯を胴に一締めします。
一巻き目で一度締めた後、二巻き目は、角で添わせるように後ろに廻します。

一巻き目
柄止まりの位置を決め、テ先を左脇に出す。テ先は左脇まで平らに廻し、タレのワを引いて、帯を胴に一締めする。

⇩

二巻き目
二巻き目は、一巻き目に角で添わせるようにして胴に廻す。

POINT　帯を胴に締める時のポイント

★ 四角い箱を紐で結ぶ時は、角で紐を引いて締めることにより、しっかりと結ぶことができます。

▼四角い箱を紐で結ぶ時は、角で紐を引いて締めることにより、しっかりと結ぶことができます。

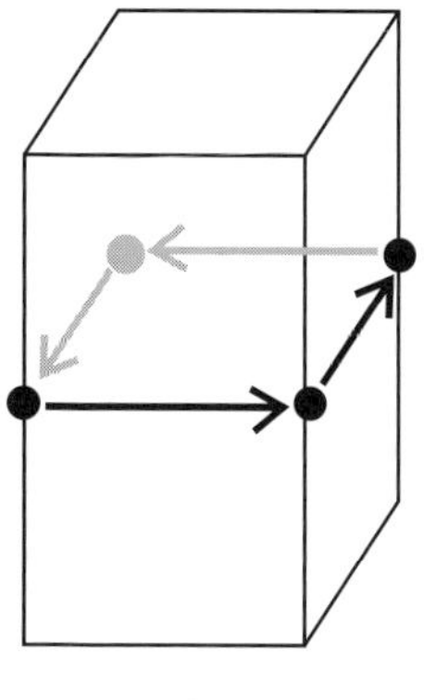

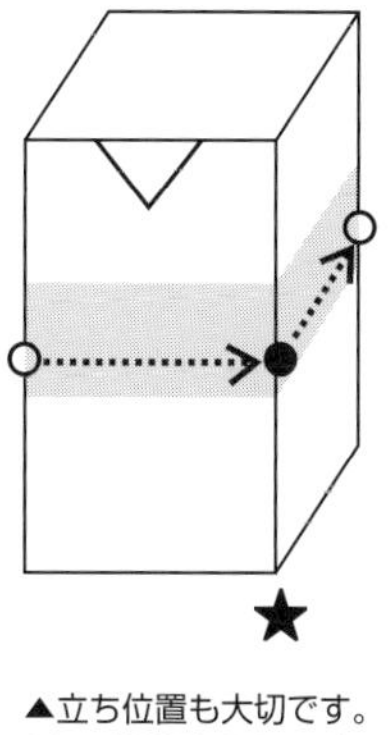
★
▲立ち位置も大切です。
例えば帯板を入れる時は、前の左角（★）に立ちます。

帯揚げ、帯〆とも、中心が身体の中心にくるようにします。

帯揚げ①（結び）

「結び」は、もっとも基本的な、帯揚げの処理方法です。振袖、訪問着、留袖などの礼装はもちろん、小紋や紬といった街着に、また普段着に用いられます。

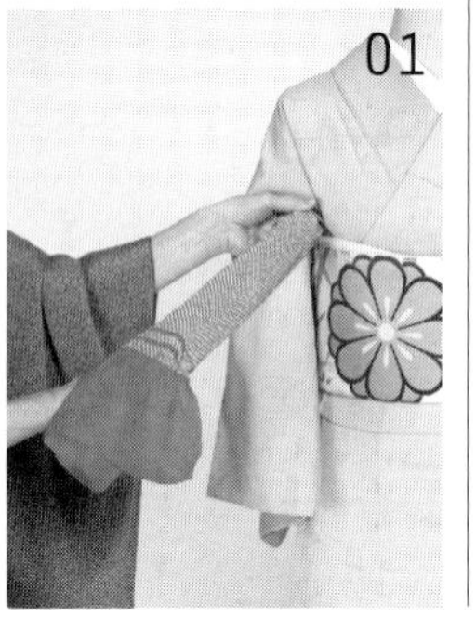

01 脇で帯揚げを、めいっぱい上に上げ、下1/3を内側に折り上げ、さらに上1/3を内側に折り下げて、幅を三つ折にする。

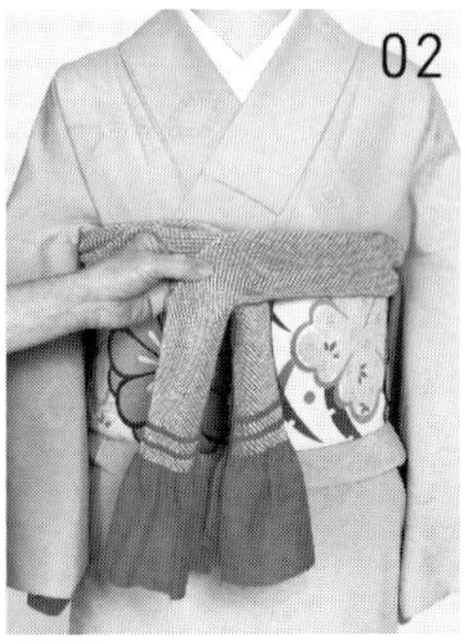

02 反対側も同様に、脇で幅を三つ折にし、中心で衿合わせに交差する。

03 上前側を交差点の奥に下から通して上に引き抜き、軽く締める。結び目の方向性を中央に戻し、

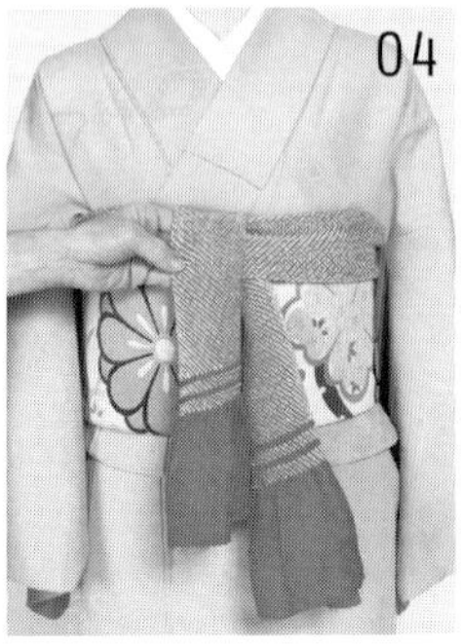

04 上前側の帯揚げを真っ直ぐ下に下ろす。この上に重なった所が、結び目の表になるので、上部を平らに整え、

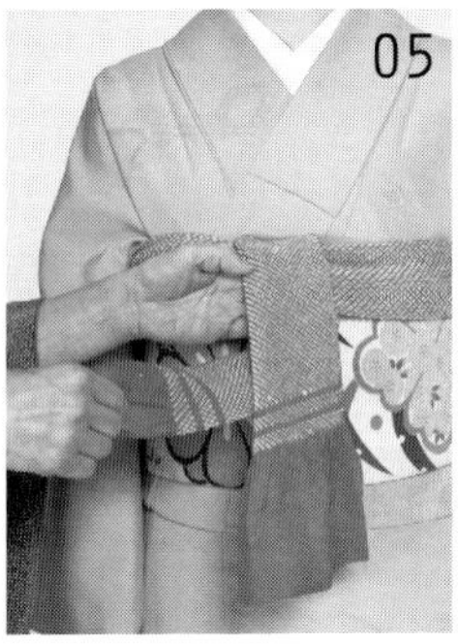

05 指を入れて崩さないように注意しながら、下前の帯揚げの先を左手側から、

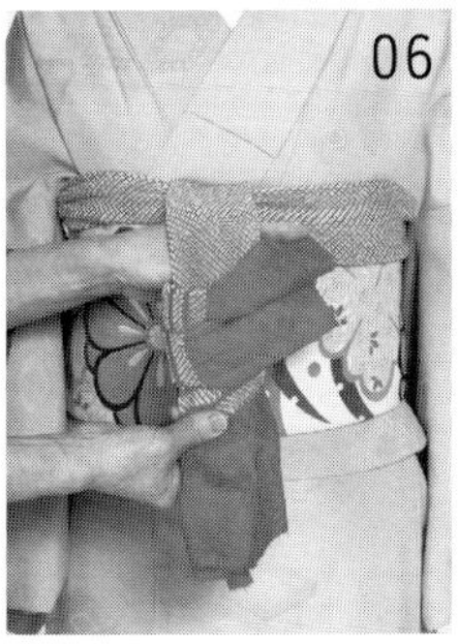

06 上前の帯揚げの上を通して右手側に出し、

07 さらに、できた輪の中を通して左手側に出し、指を輪の中に入れて、表になる部分の形を保ちながら、

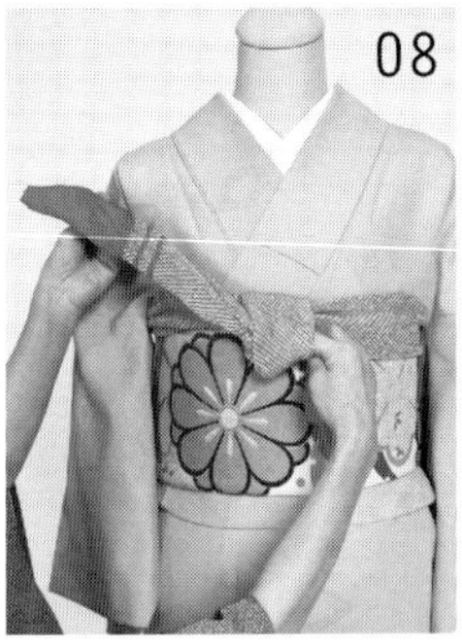

08 上前の帯揚げの先を左上に引き、

09 表がそのままおさまるように、結び目を締める。

10 結び目が前中心に揃っているかどうかを確認し、整える。

11 帯揚げの先は、最初に廻した帯揚げの中に結び目から入れ込み（膨らみや華やかさを出したい場合）、先の余分は、

12 胴帯の中（※）におさめる。反対側も同様に整える。中心の結び目を、帯の中に軽く押し込み、両側をふっくら整える。

［帯揚げの種類とコーディネイト］

絞《しぼ》りの帯揚げ▶

ボリュームのある絞りの帯揚げは、振袖をはじめ、訪問着、付下げ、小紋などに合わせます。最近は、留袖とのコーディネイトも見られます。留袖に合わせる帯揚げは「白」が基本です。

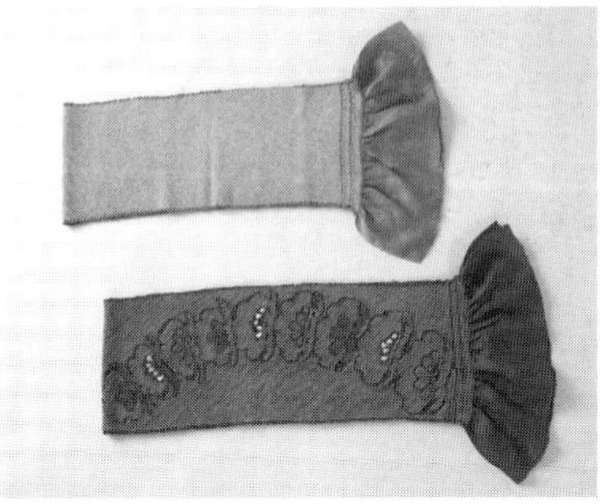

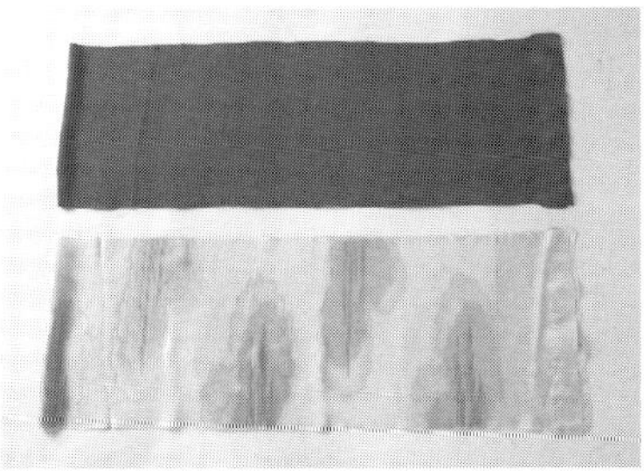

◀ちりめん（上）、綸子《りんず》（下）の帯揚げ

ちりめんの帯揚げは、紬や小紋などの街着に合わせるのが一般的です。カジュアルな着物に合わせることが多いのですが、振袖にコーディネイトして個性的に装うこともあります。

綸子の帯揚げは、留袖をはじめ、訪問着、付下げなどに合わせます。

帯揚げ 2 （入の字）

「入の字」は、胸元を華やかに飾る帯揚げの処理方法です。振袖に用いられることが多く、主に絞りの帯揚げが用いられます。上のラインカーブの描き方で表情づけをします。

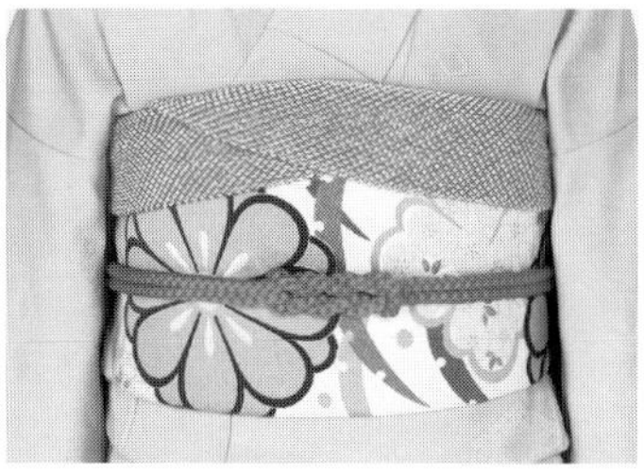

01
脇で帯揚げを、めいいっぱい上に上げ、下1/3を内側に折り上げ、さらに上1/3を内側に折り下げて、幅を三つ折にする。

02
右脇から斜めに上げ、左胸で、帯揚げの先を内側に一折りして、

03
※
胴帯の中に入れ込む。

04
※
※この脇前の部分は、ちょうど空間になっていて、余分を入れ込むのに適している。

05
反対側も同様に、幅を1/3にたたんで左脇から斜めに上げ、

06
前中心で交差して、

07
右胸で、先を内側に一折りして、

08
※
胴帯の中に入れ込み、整える。

帯揚げ 3

振袖に用いられることが多い、胸元を華やかに飾る帯揚げの処理方法です。主に絞りの帯揚げが用いられます。上のラインカーブの描き方やふくらみで、表情づけをします。

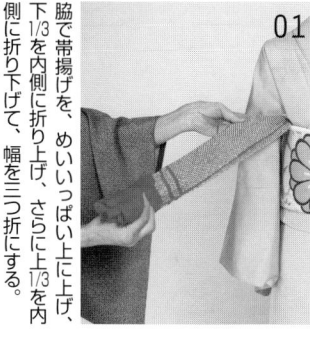

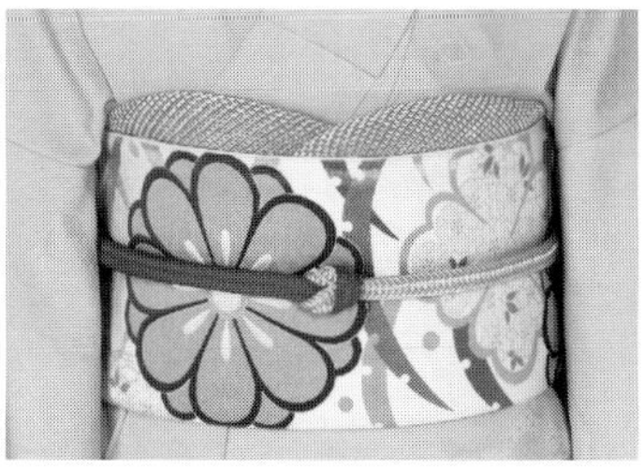

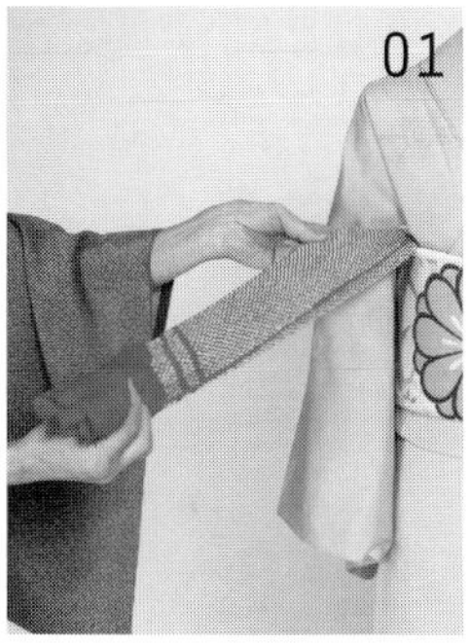
01
脇で帯揚げを、めいいっぱい上に上げ、下1/3を内側に折り上げ、さらに上1/3を内側に折り下げて、幅を三つ折にする。

02
一旦、右脇から斜めに上げてから、右胸下に円い山型にふっくらと形づける。帯揚げの先は胴帯の中に入れ込む。

03
下前側を形づけた所。反対側も同様に、幅を1/3にたたんで左脇から斜めに上げ、

04
左胸下に円い山型にふっくらと形づける。帯揚げの先は、胴帯の中に入れ込む。

POINT ★帯揚げの先は、胴帯のココに入れ込む

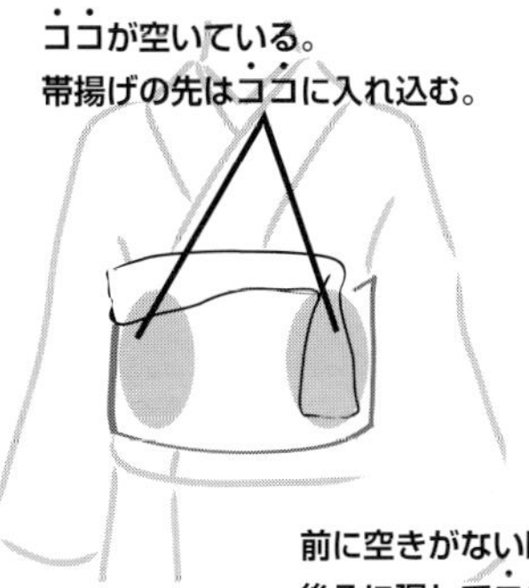
ココが空いている。
帯揚げの先はココに入れ込む。

胸下の胴帯の中が空いているので、帯揚げの先はそこに入れ込むとよい。前に空きがない場合は、後ろの胴帯両側の空きに入れ込む。

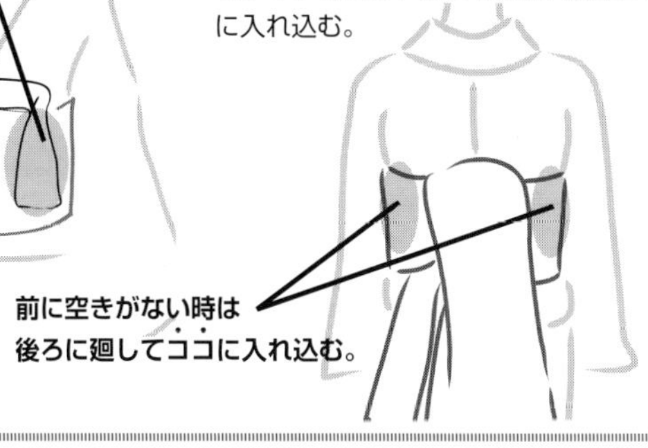
前に空きがない時は
後ろに廻してココに入れ込む。

Tips 帯揚げの先を帯の中にキレイにおさめるコツ！

>帯枕の紐を、帯の中ほどまでグッと下げておくとよい。帯揚げの先が入るスペースができる。

帯揚げ・帯〆　7

帯〆の房先は上を向けておさめます。ただし弔事には房先を下に向けておさめます。

帯〆・基本の結び方

基本となる帯〆の結び方です。
「金・銀」「金・白」「紅・白」「金・色」のように、左右が二色になっている帯〆の場合は、上前側（左脇から前に廻ってくる側）に上位の色がくるようにします。

01

「金・色」の二色づかいの帯〆なので、上前側に金がくるようする。帯〆は、脇で、胴帯幅の中心を通し、前に廻す。

02

前中心で、左右の紐の長さを揃える。房が上を向くように結ぶには、左右の房を上に向け、衿合わせに交差する【※1】。

03

実際に結ぶ時には、このように交差点を半返しすると結びやすい。上前側の帯〆を上から下に通して【※2】、

04

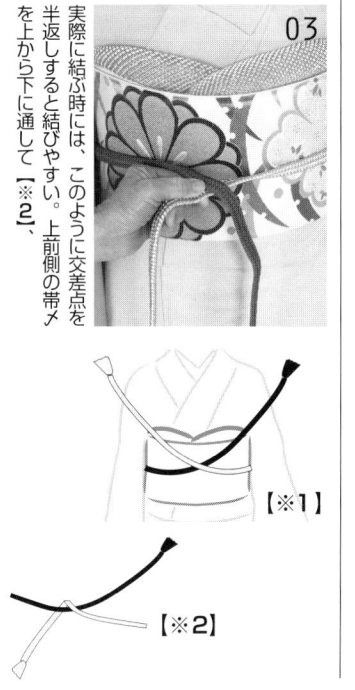

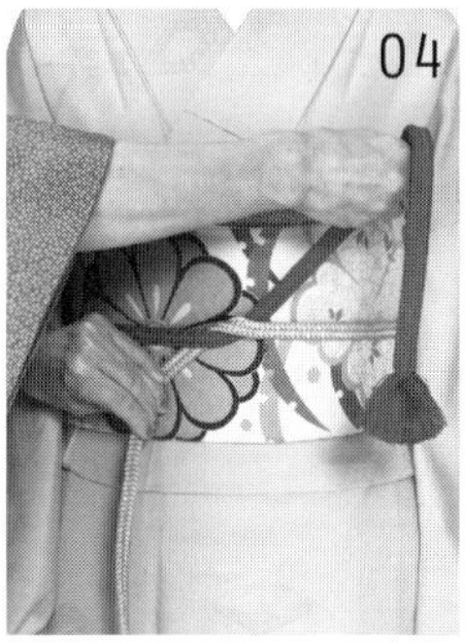

結び目がねじれないように締める。結び目の方向性を中央に戻し、

05

左右の紐を合わせ、左手を支えに（押さない、添えるだけ）、右手で紐先を手前に引く。できたゆるみをもう一度締める。

06

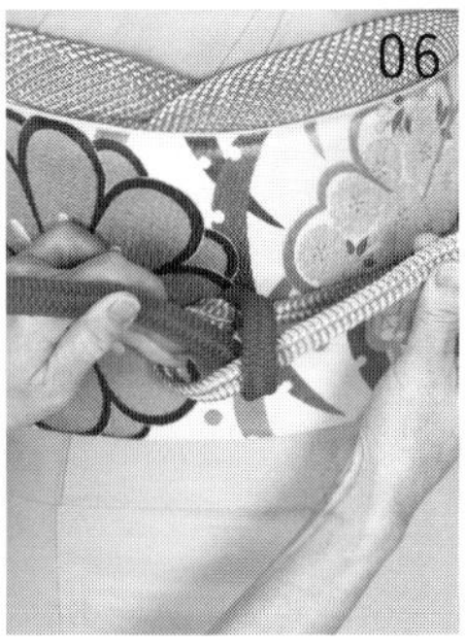

結び目がゆるまぬよう、左手で押さえながら、一結びする。

07

帯〆の紐先は、このように上を向く。紐先は先に締めた帯〆の上に重ねて脇に廻し、房を上向きに挟みおさめる。

帯〆・藤結び

「藤結び」は、華やかさを演出したい時に、便利な帯〆の結び方です。
交差した帯〆は、上前、下前と、交互にからげるようにして結ぶと、左右の紐先が揃います。

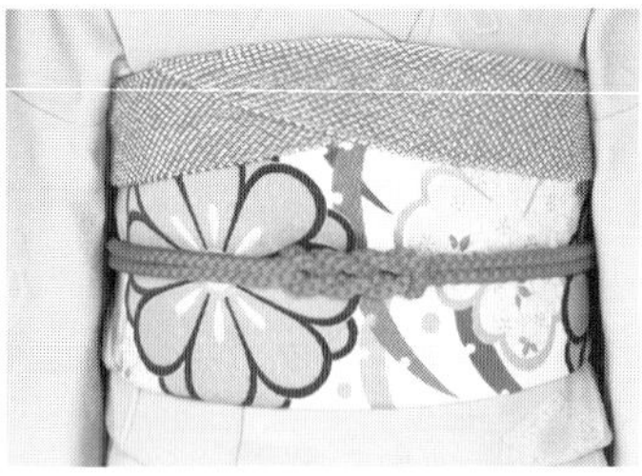

01

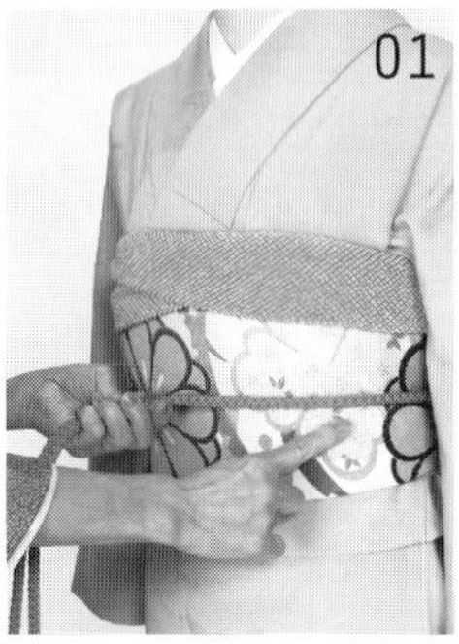

帯〆は、脇で、胴帯幅の中心を通し、前に廻す。前中心で、左右の紐の長さを揃え、衿合わせに交差する。

02

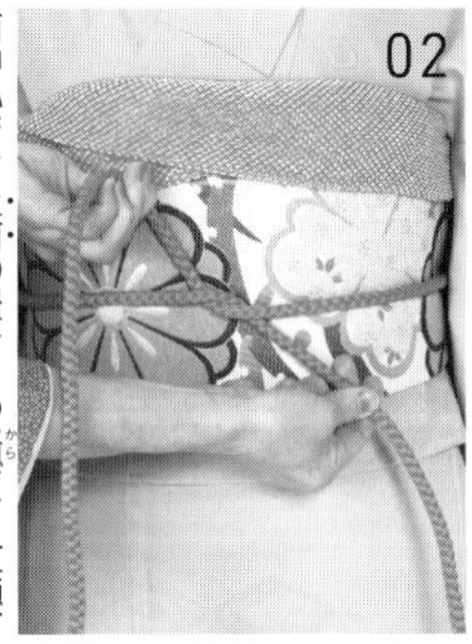

前中心で、上前の紐を1つ絡《から》げて一結びし、

03

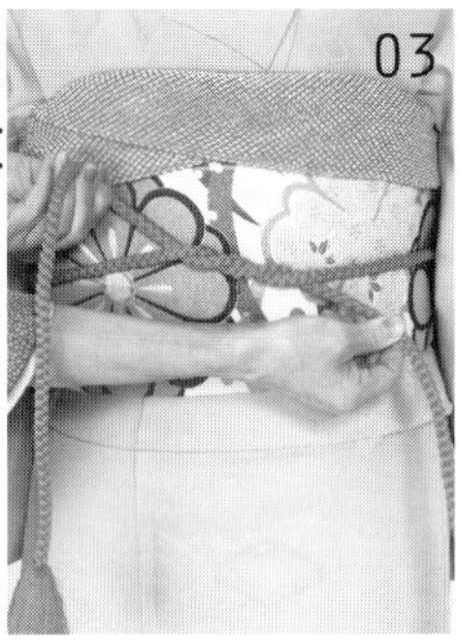

次に、下前の紐を上から下に、もう1つ絡《から》げて、締める。

04

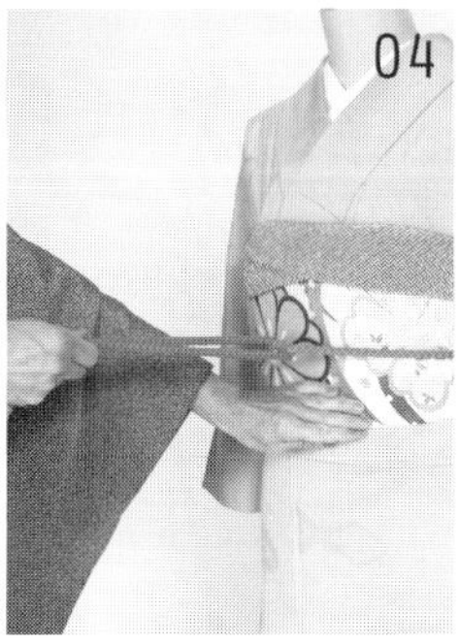

左右の紐を合わせ、左手を支えに（押さない、添えるだけ）、右手で紐先を手前に引き、できたゆるみをもう一度締める。

12

上前の紐を横にわたし、それに下前の紐を上から絡《から》げて下に出し、

12

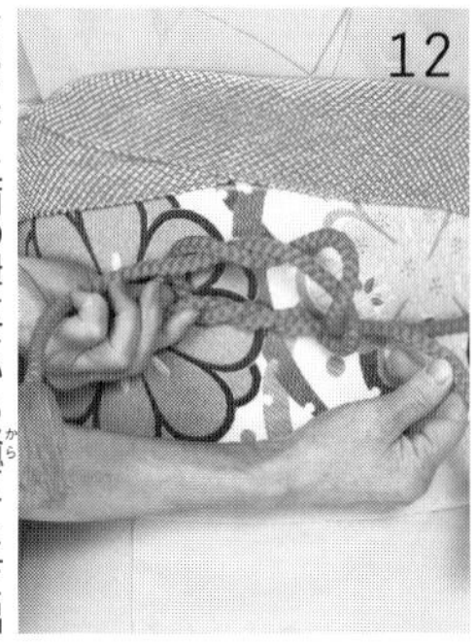

さらに、上前の紐を下から絡《から》げて上に出し、結ぶ。

12

「藤結び」のできあがり。紐先は先に締めた帯〆の上に重ねて脇に廻し、

12

房を上向きに挟み、おさめる。
房の先は、上向きにおさめるのが一般的だが、弔事には房を下向きにおさめる。

【※1】

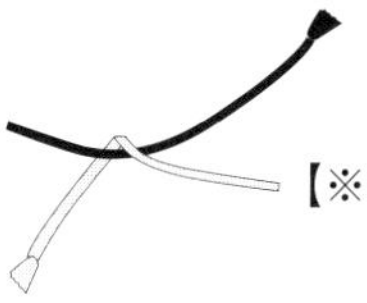

【※2】

8 帯結び いろいろ ～66パターンの結び方～

●本書に掲載の、全66パターンの帯の結び方を、解説します。
●帯結びはそれぞれ、1ページ単位で技術解説しています。写真では分かりにくい所は、イラストで解説しています。
●本書では、帯結びの形を、「お太鼓系」「文庫系」「立て矢系」と「その他」の四種類に分類し、帯結びNo.の隣りに、記号表示してあります。
●帯結びに用いられる基本的な帯ヒダのつくり方やポイントとなる技術も、随所で紹介しています。参考にして下さい。
●羽根やヒダを作るために必要な長さは、目安として表記してあります。お客さまの体型や帯の柄づけや素材に応じて、調整して下さい。
●難しそうに見えても、簡単な手順で結べるものが多いので、いろいろな帯結びに挑戦してみて下さい。
●巻末には、帯結びの仕上がり写真と、技術解説および帯結びカタログ（カラー作品）の掲載ページが一目で分かる【 index（索引）】が付いています。

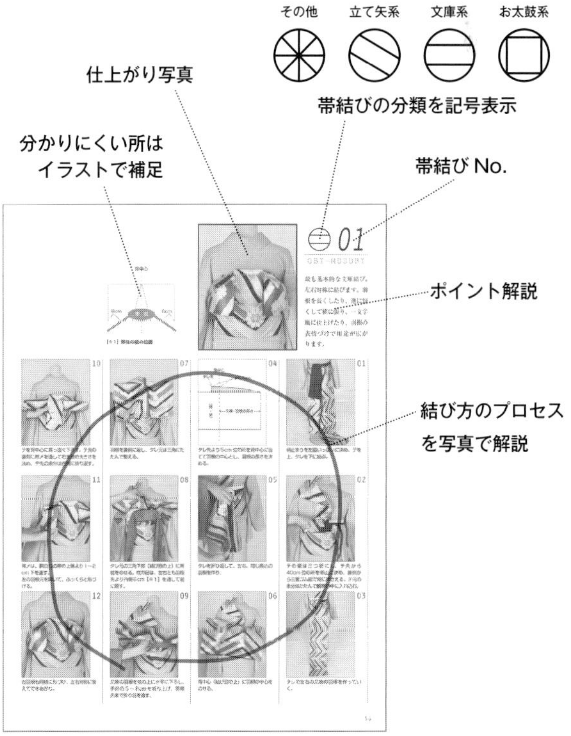

01

OBI-MUSUBI

最も基本的な文庫結び。左右対称に結びます。羽根を長くしたり、逆に短くして横に張り、一文字風に仕上げたり、羽根の表情づけで用途が広がります。

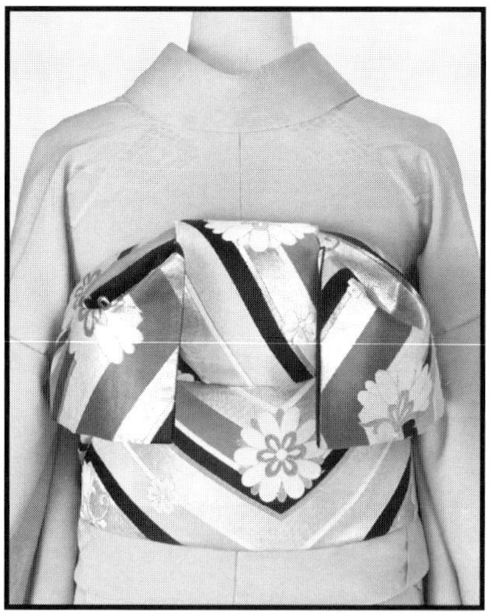

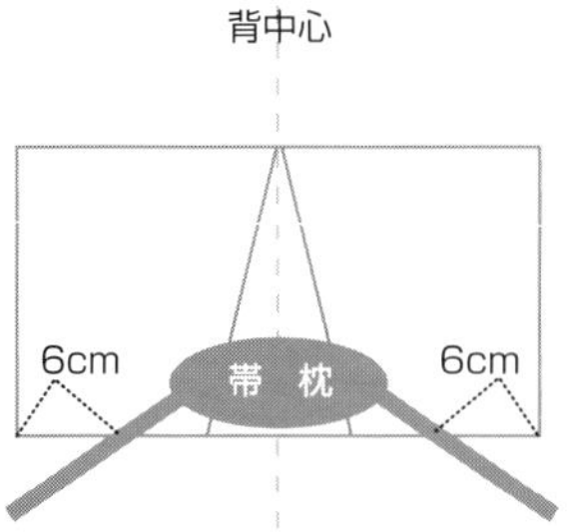

【※1】帯枕の紐の位置

01

柄止まりを左脇いっぱいに決め、テを上、タレを下に結ぶ。

02

テの幅は三つ折にし、テ先から40cm位の所を帯山に決め、裏側から三重ゴム紐で背に押さえる。テ元の余分はたたんで胴帯の中に入れ込む。

03

タレで左右の文庫の羽根を作っていく。

04

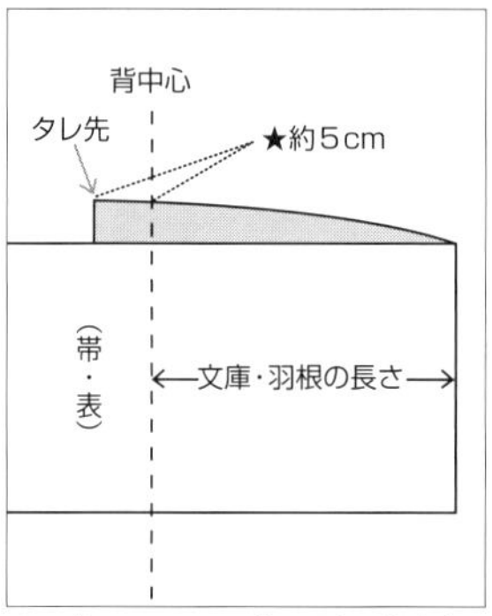

タレ先より5cm位の所を背中心に当てて羽根の中心とし、羽根の長さを決める。

05

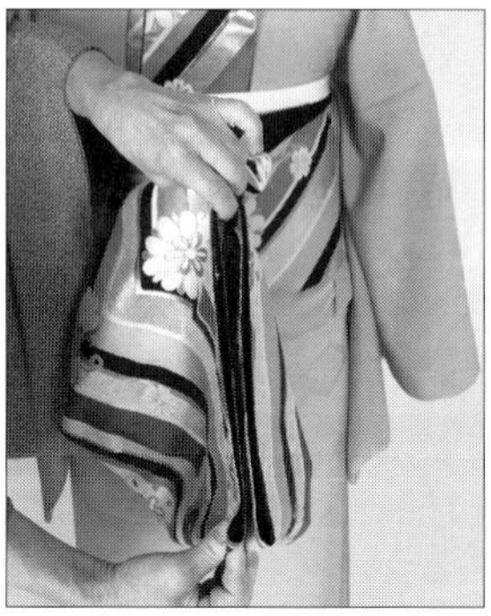

タレを折り返して、左右、同じ長さの羽根を作り、

06

背中心（結び目の上）に羽根の中心をのせる。

07

羽根を裏側に返し、タレ元は三角にたたんで整える。

08

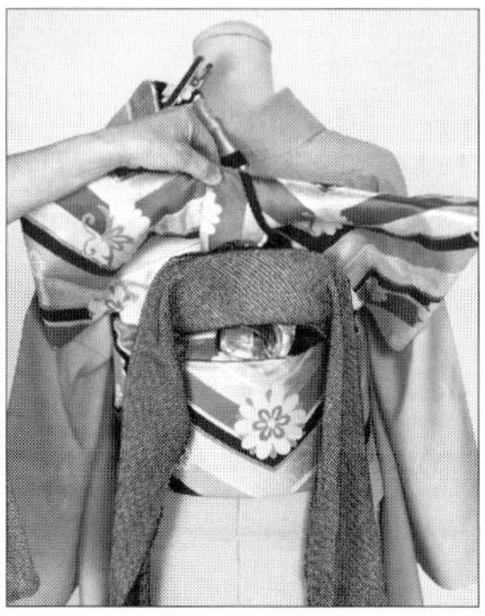

タレ元の三角下部（結び目の上）に帯枕をのせる。枕の紐は、左右とも羽根先より内側6cm【※1】を通して前に廻す。

09

文庫の羽根を枕の上に水平に下ろし、手前の5～8cmを折り上げ、羽根先まで折り目を通す。

10

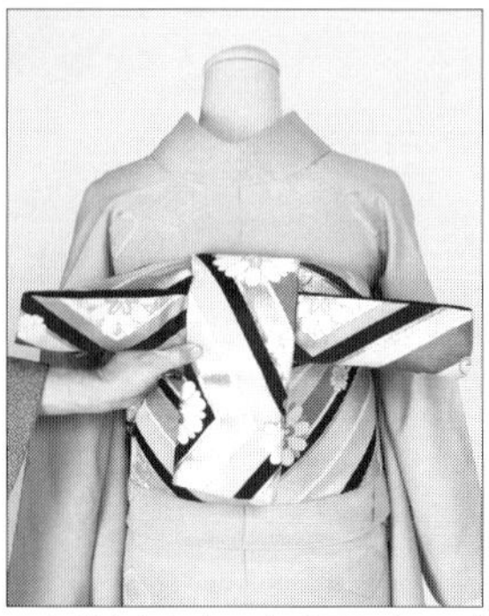

テを背中心に真っ直ぐ下ろす。テ先の裏側に帯〆を通してお太鼓の大きさを決め、テ先の余分は内側に折り返す。

11

帯〆は、胴回りの帯の上端より1～2cm下を通す。
左の羽根元を開いて、ふっくらと形づける。

12

右羽根も同様に形づけ、左右対称に整えてできあがり。

名古屋帯で結ぶ「お太鼓」

01

名古屋帯は帯丈が短いので、二重太鼓には結べない。お太鼓にちょうど良い柄がくるように、タレ元より約20cmの所にお太鼓の山を決め、

02

帯揚げを掛けた帯枕を入れる。帯枕を結び目の上に乗せ、背にピッタリ着けて、紐を締める。

03

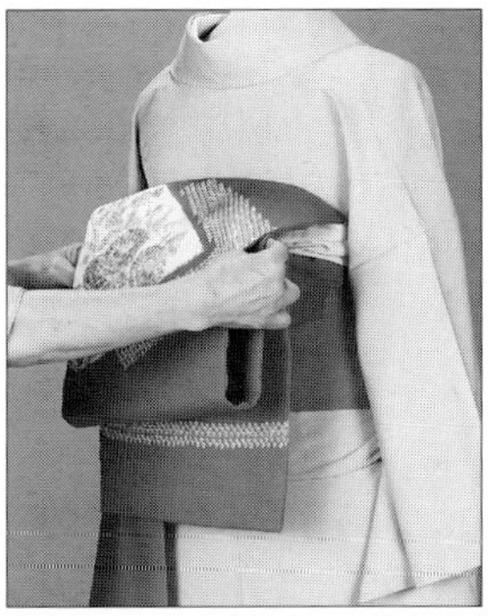

お太鼓の大きさを決め、テ先をお太鼓の中を通して右に出す。テ元の余分はお太鼓の裏側に平らに折り込んで、

04

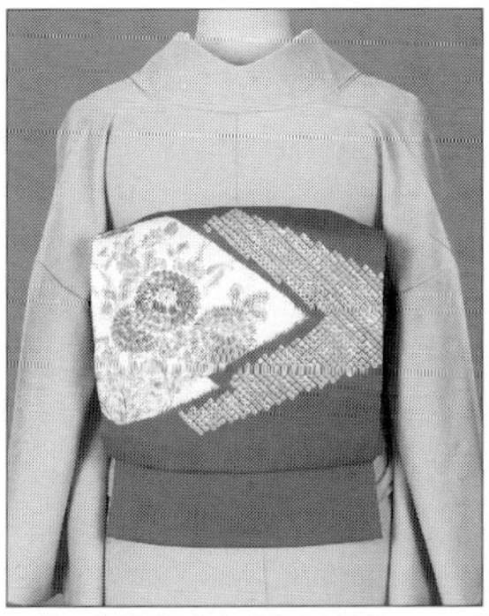

テ先の帯幅中心に帯〆を通して、お太鼓のできあがり。

02

OBI-MUSUBI

二重太鼓。ミセスの礼装に定番の帯結びですが、若いお嬢様の振袖にも品格があり美しい。

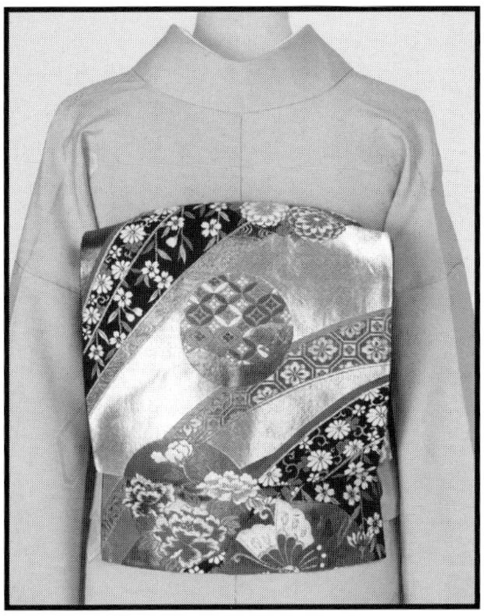

01

柄止まりを背中心に決め、テを下、タレを上に結ぶ。

02

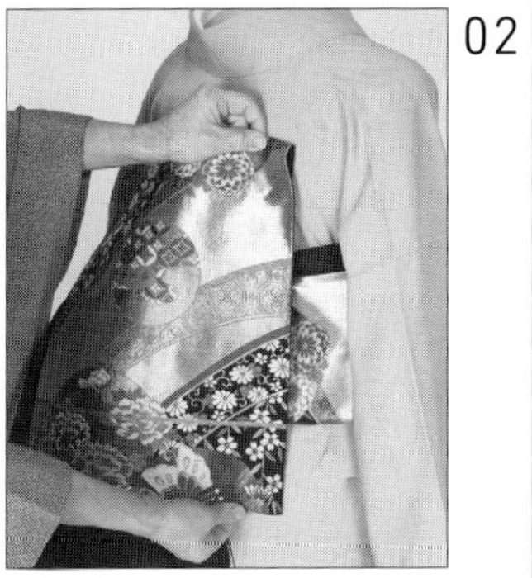

タレ先・約40cm（お太鼓の長さ＋垂れの長さ）をとり、

03

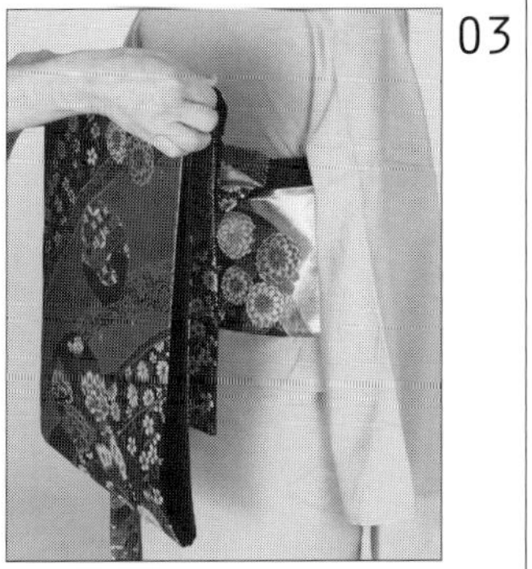

その上に残りのタレを被せ、帯幅を左右から持って布目を正し、タレ元より20cm位の所を目安にお太鼓の山を決める。

04

帯揚げを掛けた帯枕をお太鼓の中に入れ、背におさめる。

05

タレの輪の帯2枚をきちんと重ねて揃え、お太鼓の大きさを決める。
タレの輪の残りは内側に折り上げ、

06

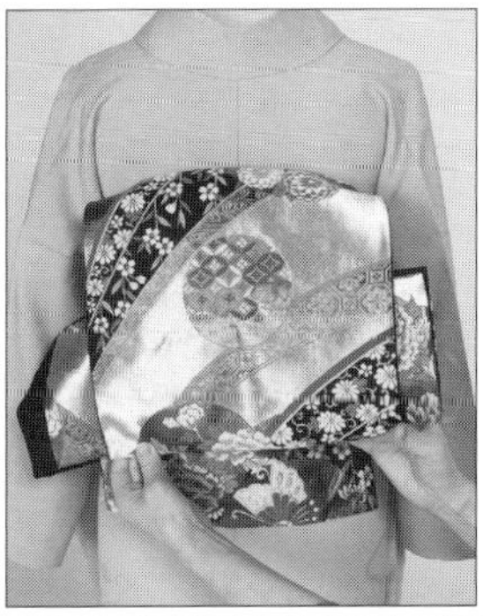

テ先のワを下にして左から右に通し、お太鼓を整える。テ先はお太鼓の右側に3cm位出してもよいし、出さなくてもよい【※1】。

07

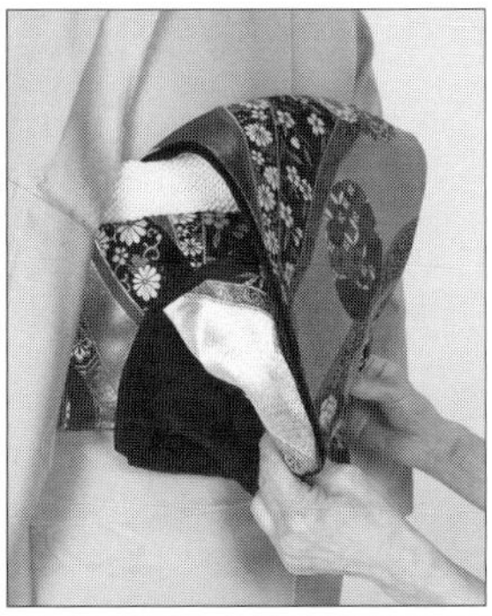

テ元の余分は、左側の帯端の線に添って、お太鼓（垂れ）の裏側に平らに折り込み整える。

08

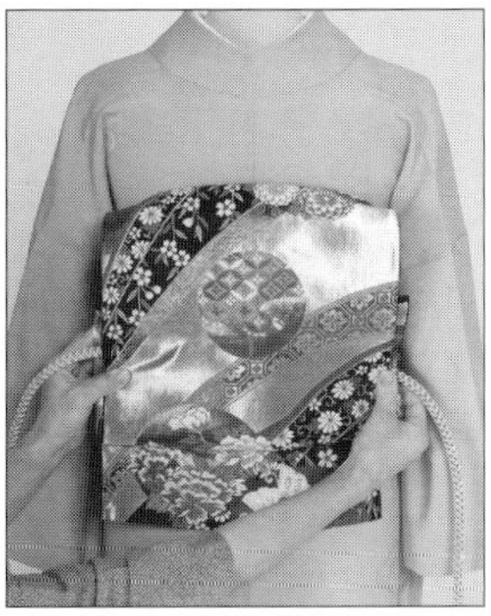

テ先の帯幅の中心に帯〆を通し、お太鼓の下部を胴帯にぴったり着けるように廻し締める。

09

二重太鼓のできあがり。

【※1】テ先を、お太鼓の右側に3cm位出しておくと、テ先がお太鼓の下線両角を押さえるので、下が締まり、崩れにくい。
長時間着ている時は、テ先を少し出しておくとよいでしょう。

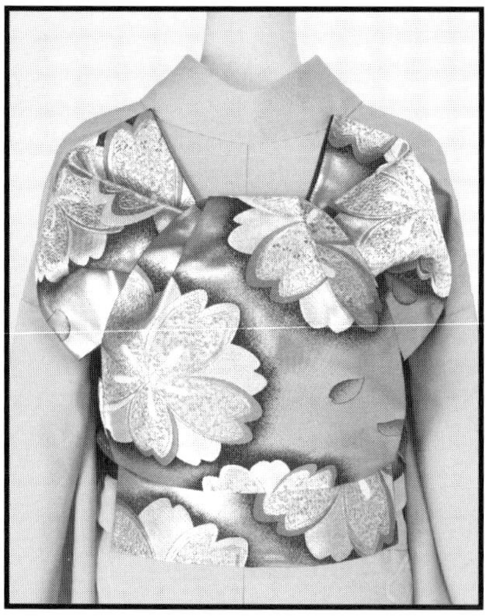

03

OBI-MUSUBI

ミスの礼装の定番ともいえる「ふくら雀」の中でも、最もオーソドックスな形です。振袖はもちろん、訪問着や付下げにも…。

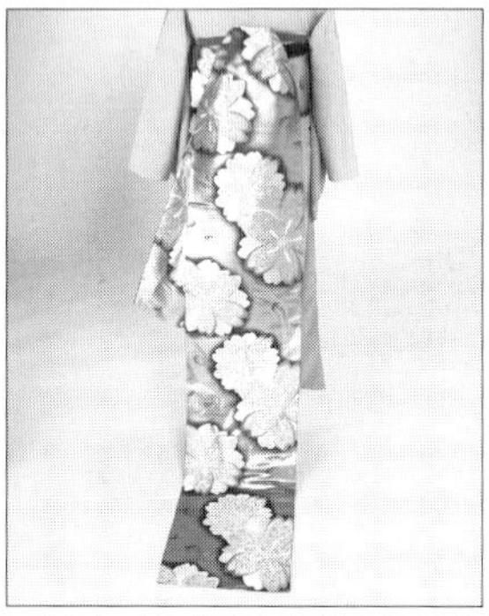

01

テを下、タレを上に結ぶ。タレ元に箱ヒダをとり（帯山になる）、裏側から三重ゴム紐で背に押さえる。

02

タレ先で左羽根を作る。タレ先・約25cmを手前に折り返し、

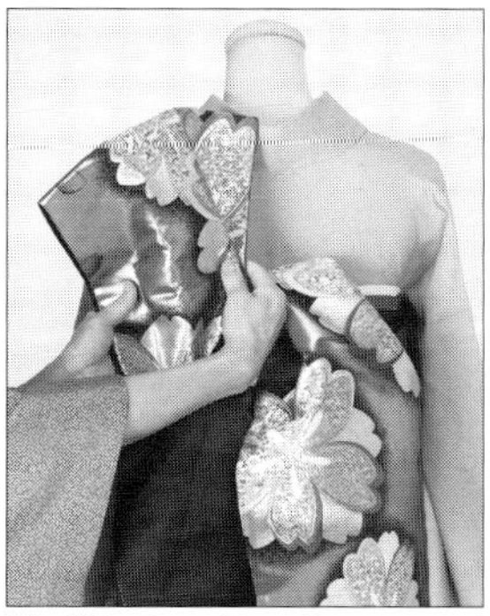

03

帯2枚を重ねて箱ヒダにたたんで左肩におき、

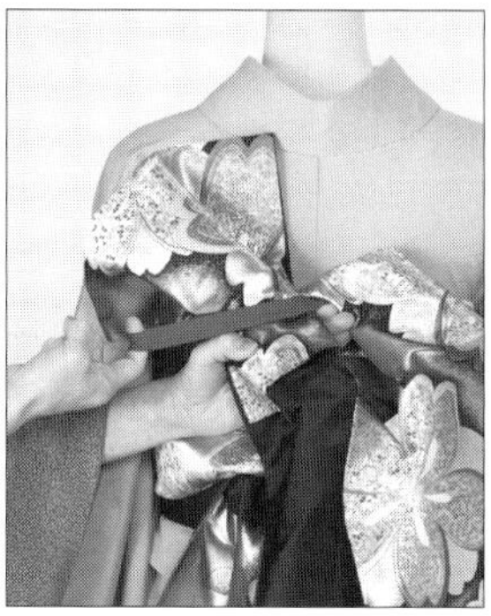

04

三重ゴム紐の[1]を掛ける。残りのタレは輪になる。

05

テ先はタレの輪を通して右肩に出し、テ先・約25cmを折り返して箱ヒダにたたんで右肩におき、

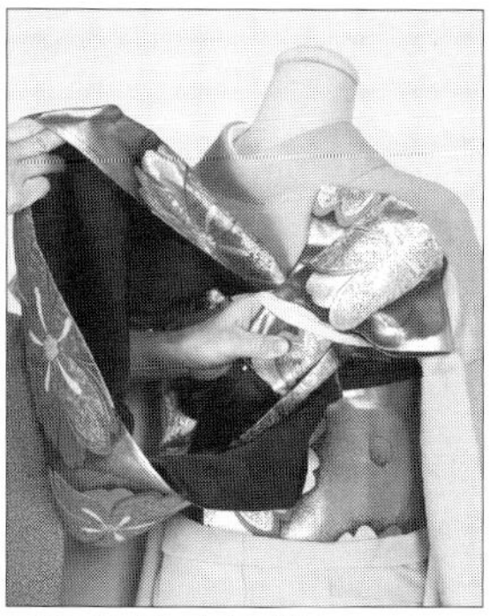

06

三重ゴム紐の[2]を掛けて、クロス掛にする。

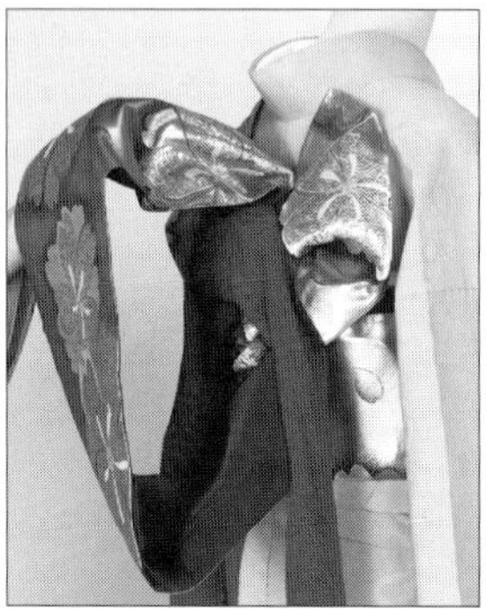

07

帯揚げを掛けた帯枕をする。帯枕は、浮かないように背にぴったりとつけること。

08

お太鼓の帯山（箱ヒダ）、左右の羽根（箱ヒダ）を整える。

09

タレの輪でお太鼓を形づけ、帯〆を通し締める。お太鼓の「垂れ」の長さの目安は約8cm。

Tips

いろいろな帯ヒダ(1)

帯結びによく用いられる、基本的な帯ヒダの折り方を覚えておきましょう。

二つ折 A

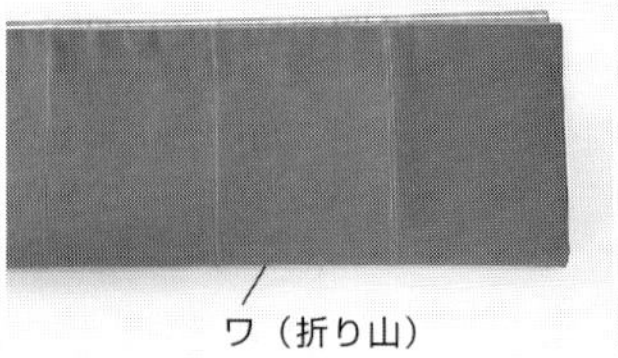

帯幅を半分にたたんだヒダ。
お太鼓結びの「テ」の折り方。

三つ折 B

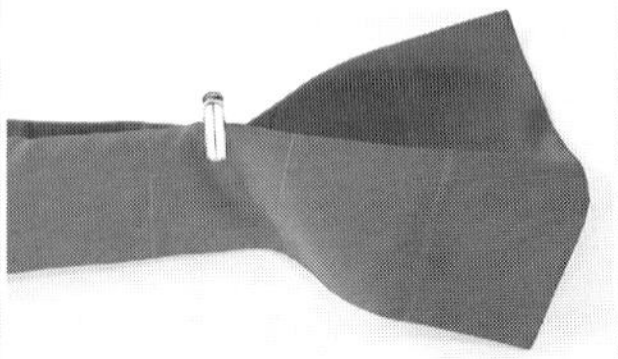

帯幅を3つに折ったヒダ。
①帯端を外側に折り返したもの、
②内側に折り込んだものがある。

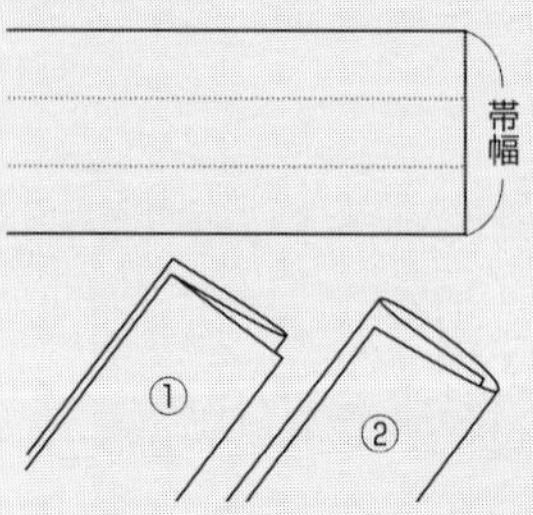

箱ヒダ C

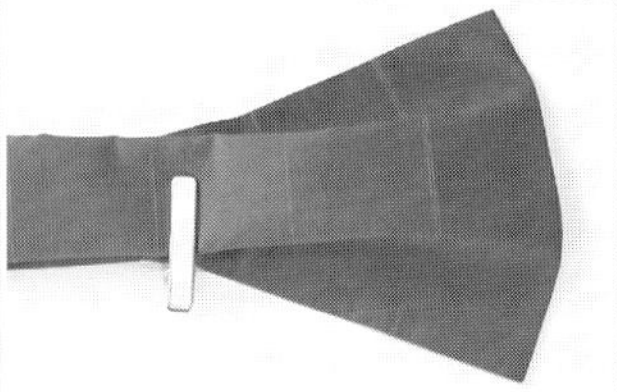

帯の両端を、同じ幅で、裏側に折り込んだヒダ。

裏箱ヒダ D

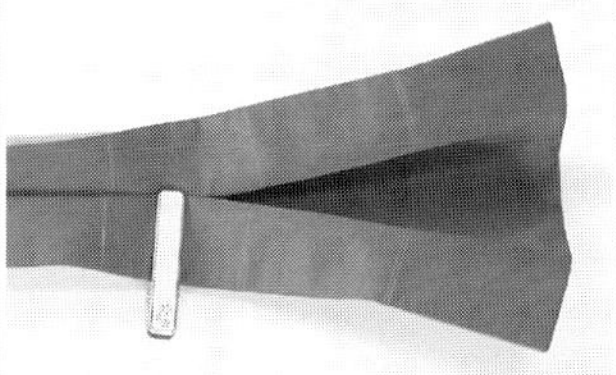

箱ヒダを裏に返した形。
帯の両端を、同じ幅で、表側に折り込んだヒダ。

04

OBI-MUSUBI

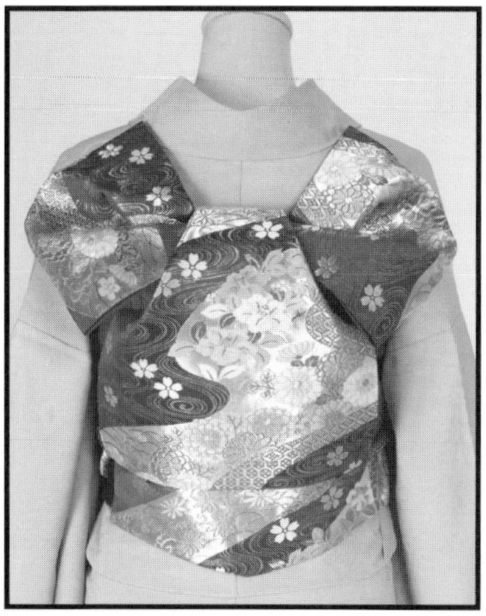

ふくら雀のアレンジ。左右の羽根は裏箱ヒダに、垂れは三角に形づけました。

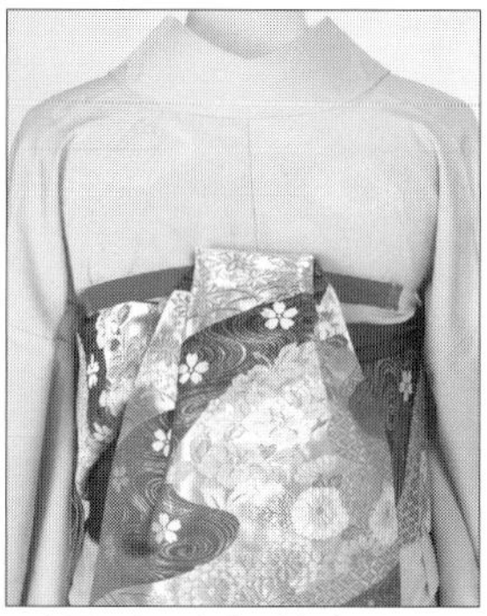

01

テを下、タレを上に結ぶ。タレ元に箱ヒダをとり（帯山になる）、裏側から三重ゴム紐で背に押さえる。

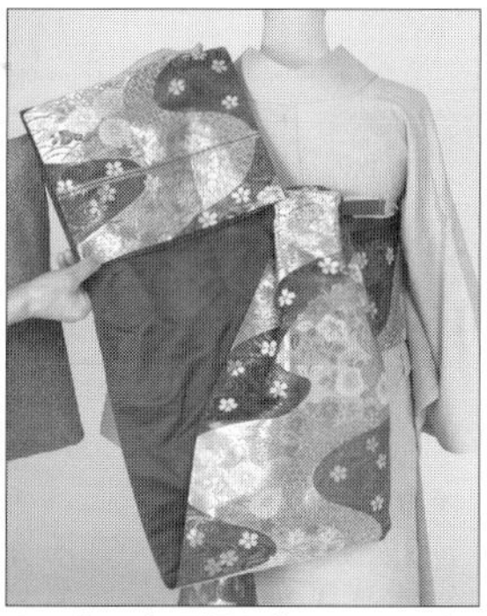

02

タレ先で左羽根を作る。タレ先・約25cm を手前に折り返し、

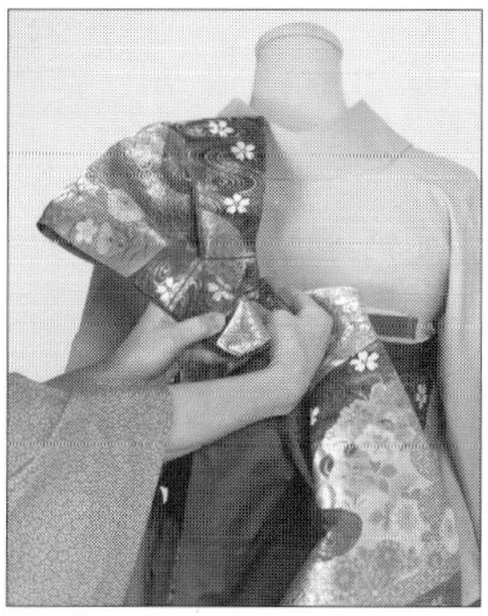

03

帯2枚を重ねて裏箱ヒダにたたみ、左肩におき、

04

三重ゴム紐の[1]を掛ける。残りのタレは輪になる。

05

右羽根はテ先で作る。テ先はタレの輪を通して右肩に出し、テ先・約25cm を折り返して裏箱ヒダにたたんで右肩におさめ、

06

三重ゴム紐の[2]を掛け、クロス掛けにする。

07

帯揚げをかけた帯枕をする。

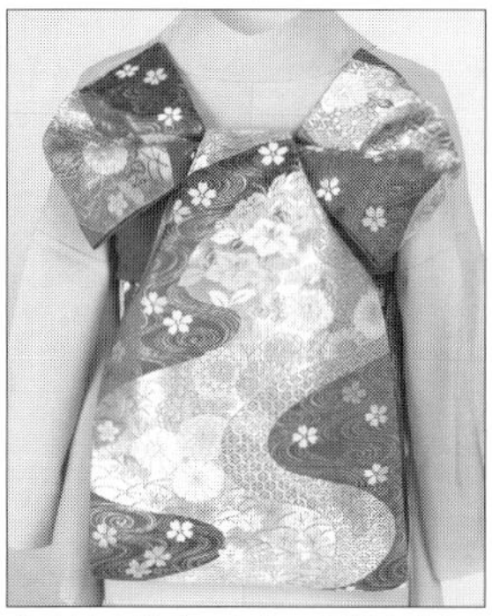

08

お太鼓の帯山、左右の羽根を整える。

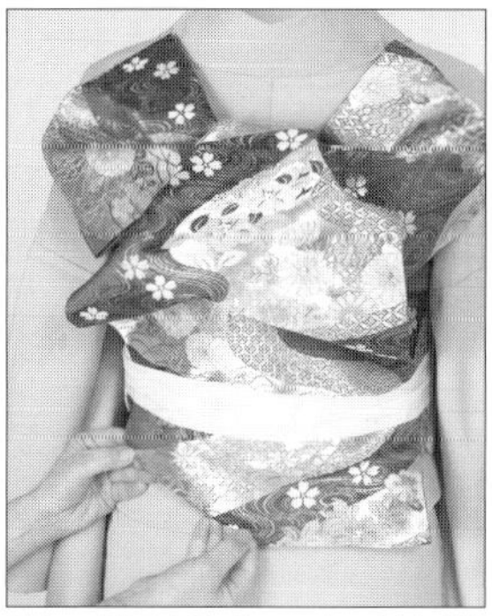

09

垂れの位置を決め、三角の線を整えながら残りは裏側に折り上げ、仮紐で押さえる。

10

垂れの右角も同様に斜めに整え、仮紐で押さえる。

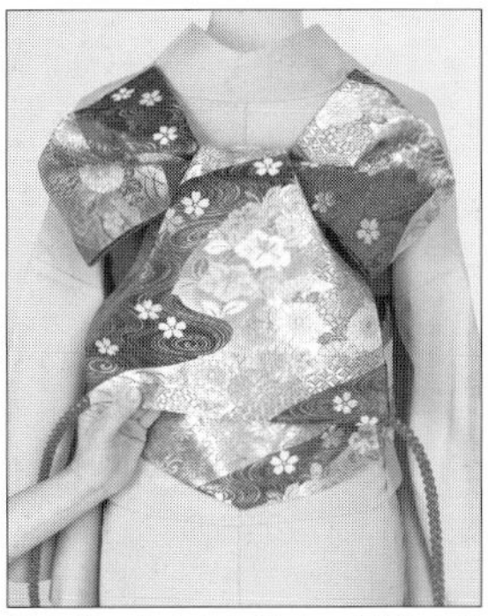

11

お太鼓の大きさを決め、裏側に折り上げたタレを押さえるように帯〆を通し締める。

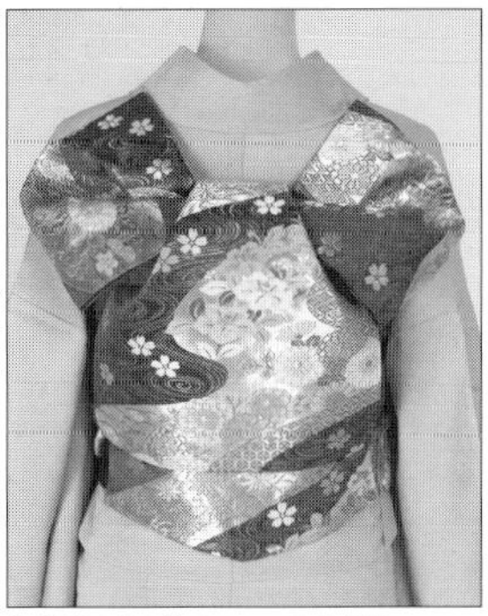

12

仮紐を引き抜き、できあがり。

05

OBI-MUSUBI

お太鼓山の上に可愛らしく裏箱ヒダを飾ったお太鼓系変わり結び。帯山の上にヒダを飾っているので上にポイントを出したい時に重宝します。

▼ アレンジ

左右の羽根を六枚ヒダにとったもの。

01

テを下、タレを上に結ぶ。
※テの長さは短くてよいので、柄止まり位置は、背中心より右寄りでよい。

02

テ先に裏箱ヒダをとり、

03

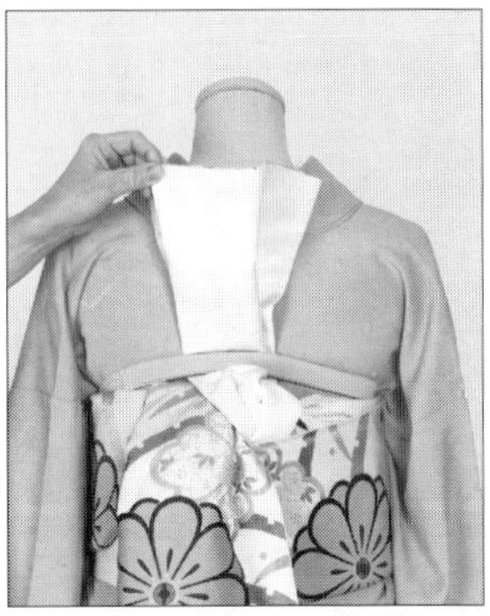

裏側から三重ゴム紐で背に押さえる。
テ元の余分はたたんで、胴帯の中に入れ込む。

04

タレ先より 80cm の所（帯山）を箱ヒダにとり、

05

下から三重ゴム紐の１番奥を通してテ先に重ね、押さえる。

06

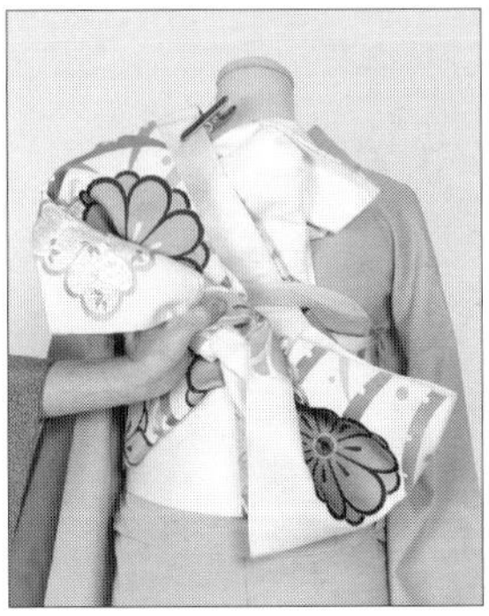

残りのタレの輪で左右の羽根を作る。
帯２枚を重ねて羽根の長さを決め、羽根元を裏箱ヒダにとり、

07

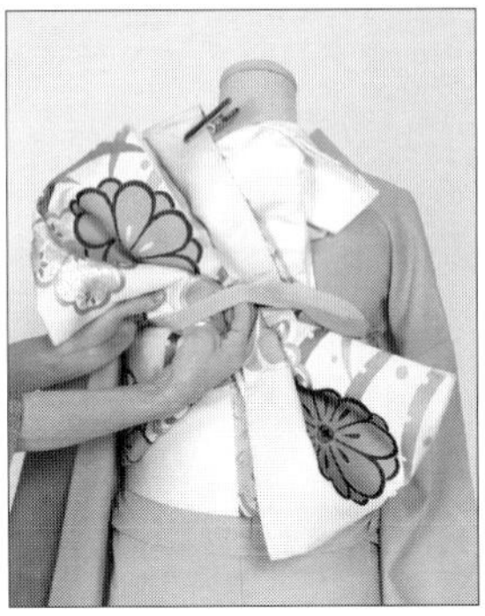

三重ゴム紐の[1]を掛け、左肩におさめる。

08

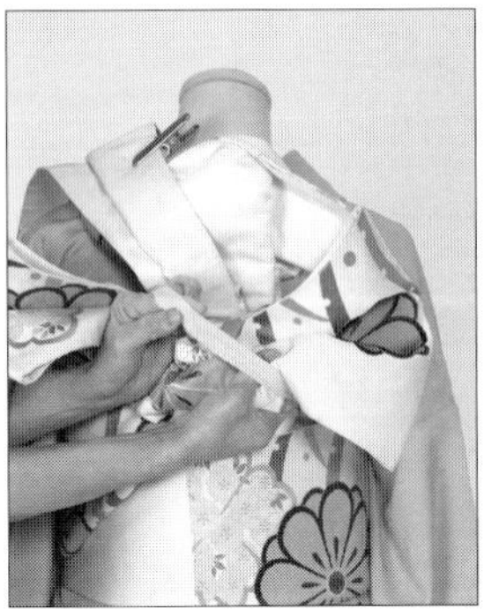

右羽根も裏箱ヒダにとり、三重ゴム紐の[2]を掛け、

09

クロス掛けにする。
帯の余分は胴帯の中に入れ込む。

10

帯揚げを掛けた帯枕をする。

11

タレ先を下ろして帯山を整え、さらにテ先を表に返して、ふっくらと形づける。

12

お太鼓の大きさを決め、帯〆を通し締めて、できあがり。

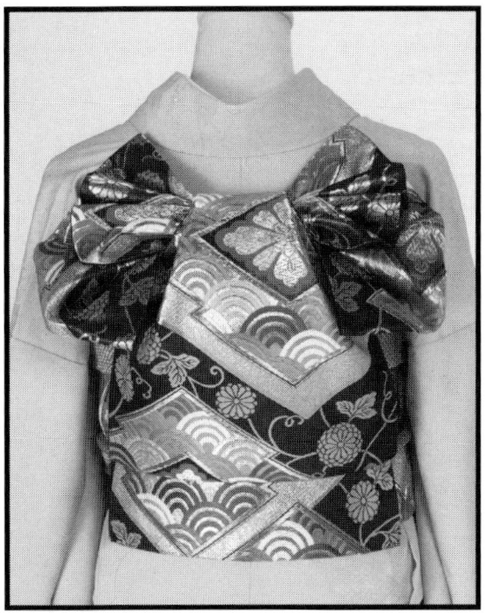

06

OBI-MUSUBI

左右の羽根の上に、テ先に作った扇子ヒダを重ねた華やかな印象のお太鼓系変わり結び。

01

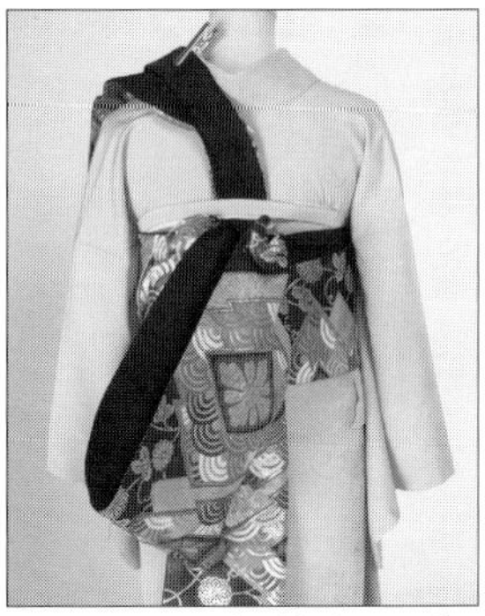

テを下、タレを上に結ぶ。タレ先より80cmの所を箱ヒダに折り、裏側から三重ゴム紐で押さえる。この部分が帯山になる。

02

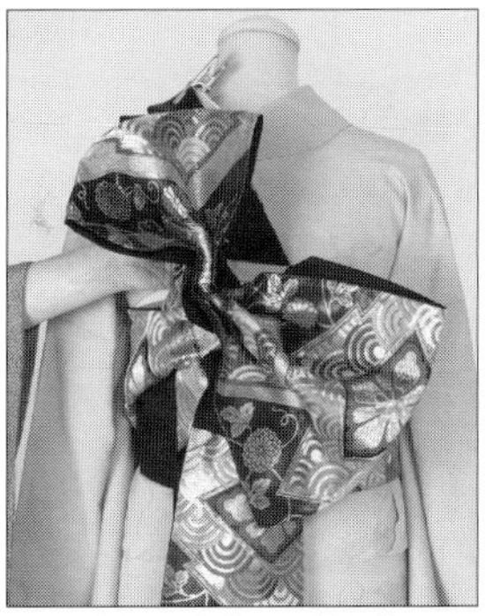

タレの輪で、左右の羽根を作る。
帯を2枚重ね、四枚ヒダをとって左の羽根を作る。

03

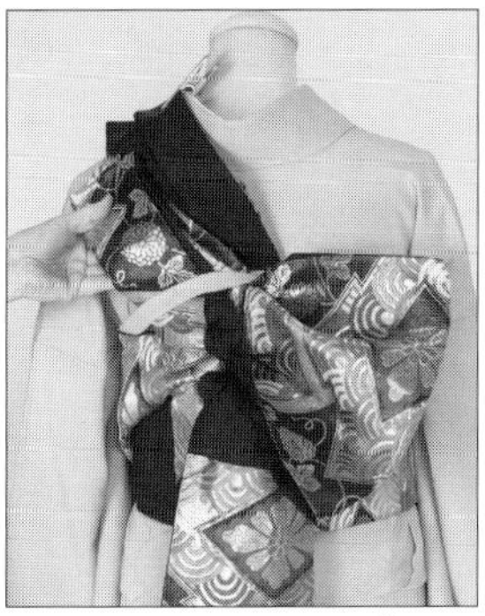

羽根を左肩におき、三重ゴム紐の[1]を掛ける。

04

右の羽根も同様に形づけ、三重ゴム紐の[2]を掛けて、

05

右肩におさめ、クロス掛けにする。

06

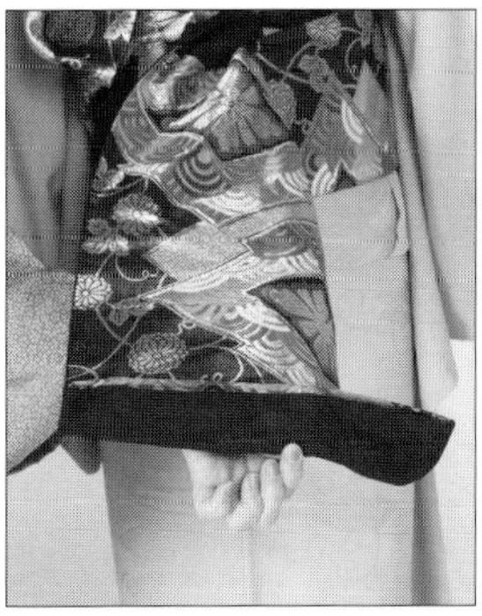

テ先で扇子ヒダを作る。帯幅をテ先から4cm幅で折り上げ、

07

その幅に合わせて、順にヒダを折り重ねていく。

08

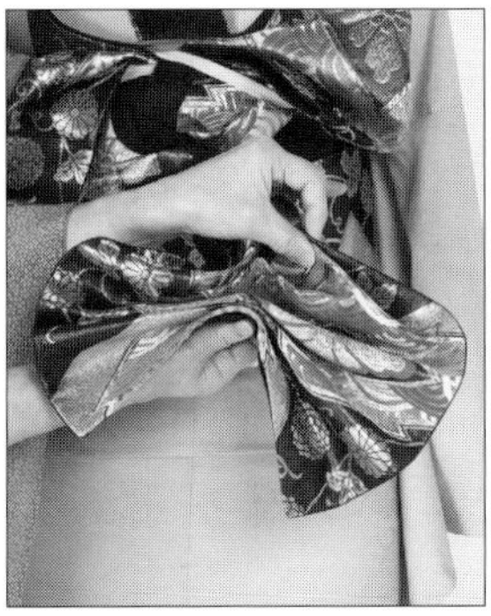

たたんだヒダの延長上に陰ヒダをとり(左右とも)、

09

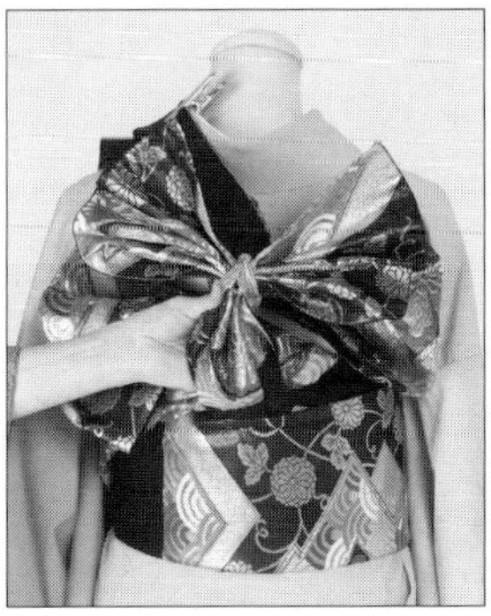

中心でヒダを合わせてゴム紐で結び、扇子ヒダのできあがり。

▷扇子ヒダの作り方：63ページ

10

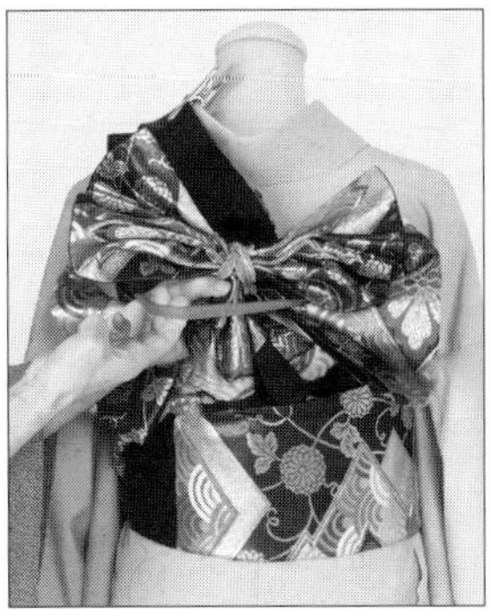

扇子ヒダを三重ゴム紐の[3]に下から通し、タレの羽根の上におさめる。テ元の余分は整えて胴帯の中に入れ込む。

11

帯揚げを掛けた帯枕をして、タレ先を下ろす。

12

お太鼓を形づけ、帯〆を通し締めて、できあがり。

07

OBI-MUSUBI

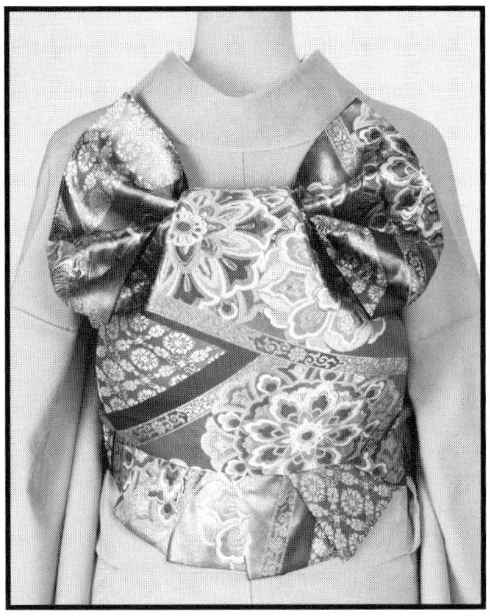

タレ先で大きな扇ヒダを作り、垂れを華やかに飾りました。タレの長さが十分にないが華やかに結びたい…といった場合に便利に使えます。

01

テ先の柄をいっぱいに使いたいので、柄止まりを左脇に決め、テを下、タレを上に結ぶ。タレ元は箱ヒダに折り、裏側から三重ゴム紐で背に押さえる。

02

テ先でお太鼓左右の羽根を作る。テ先40cm位を右脇で表に折り返し、

03

中心で六枚ヒダを折り、ゴムバンドで止める。

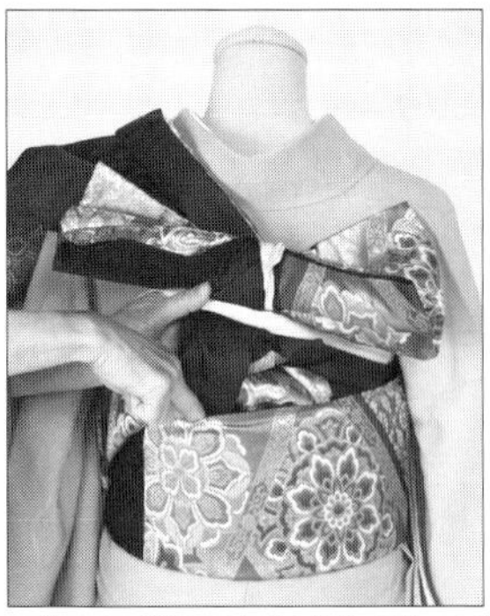

04

テ先のヒダを三重ゴム紐に下から上に通して背におさめ、テ元の余分はたたんで、胴帯の中に入れ込む。

05

帯揚げを掛けた帯枕をする。

06

タレ先から、帯幅に平行に、7cm幅でヒダを5枚折り重ね、

07

左側で5枚を合わせ持って上に引き上げる。下になった右側は、扇状にヒダを広げて、お太鼓の垂れにする。

08

垂れの位置を決めて、仮紐で腰に固定し、

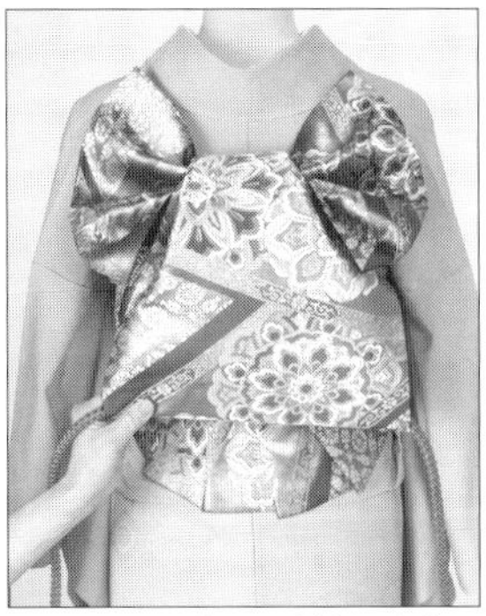

09

残りのタレの輪でお太鼓を形づけ、帯〆を通し締める。垂れを押さえていた仮紐を外し、できあがり。

Tips

いろいろな帯ヒダ(2)

帯結びによく用いられる、基本的な帯ヒダの折り方を覚えておきましょう。

四枚ヒダ E

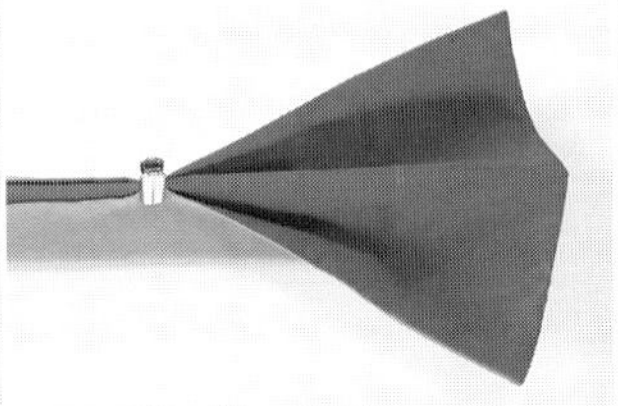

帯幅を「二つ折」にし、さらに「二つ折」して、ヒダが四枚になるように折ったヒダ。折り山が2つできることから「二つ山ヒダ」とも呼ぶ。

二つ山ヒダ F

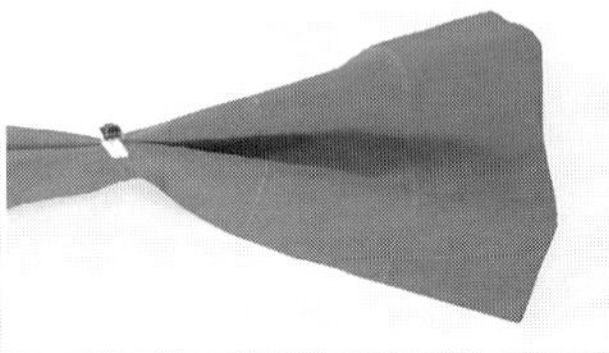

四枚ヒダを裏に返した形。
折り山が2つあるので「二つ山ヒダ」という。

六枚ヒダ G

帯幅を「二つ折」、その一方を「三つ折」、もう一方も「三つ折」にして、ヒダの枚数が六枚になるように折ったヒダ。

三つ山ヒダ H

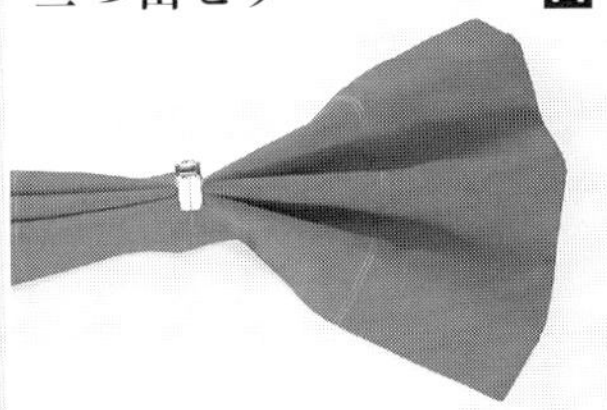

六枚ヒダを裏に返した形。

五枚ヒダ I

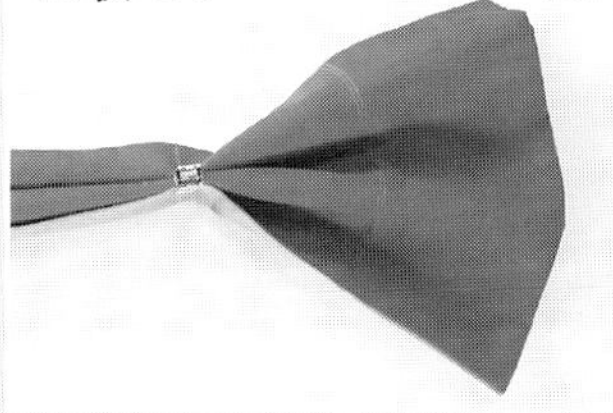

ヒダの枚数が五枚になるように折ったヒダ。

08

OBI-MUSUBI

裏箱ヒダ、追いヒダといったシンプルなヒダの組み合わせで、華やかに結び上げた文庫系変わり結びです。

01

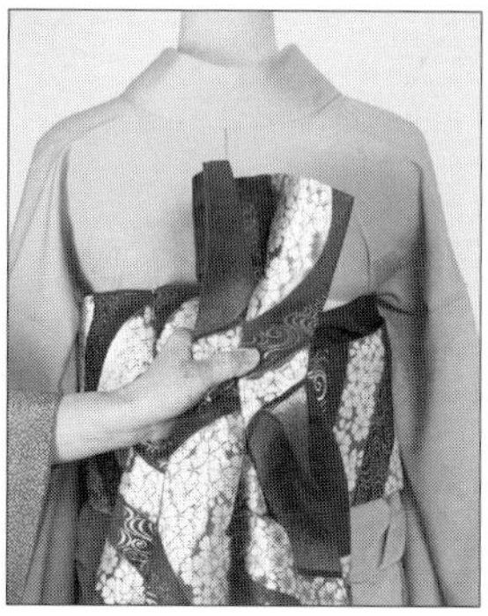

無地部分が表に出ないように、柄止まりを左脇いっぱいに決め、テを下、タレを上に結ぶ。
タレ先に裏箱ヒダをとり、

02

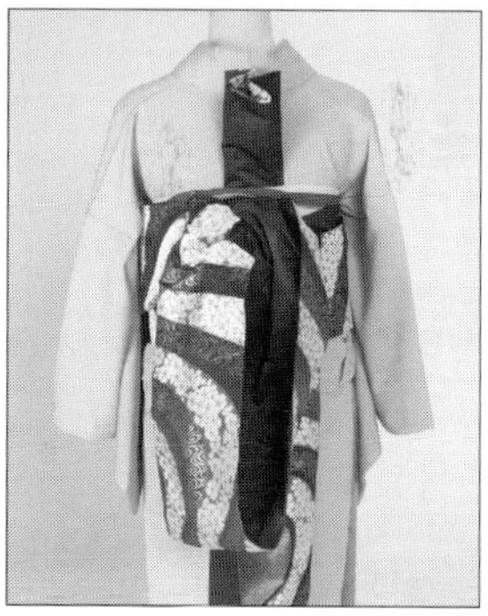

裏側から三重ゴム紐で背に押さえる。

03

残りのタレの輪で文庫の羽根を作る。帯2枚を重ね、2つ追いヒダをとって左羽根を作り、

04

三重ゴム紐の[1]に下から通し左に出す。

05

右羽根も同様に帯2枚を重ねて2つ追いヒダをとり、

06

三重ゴム紐の[2]に下から通してクロス掛けにする。

07

帯揚げを掛けた帯枕をする。

08

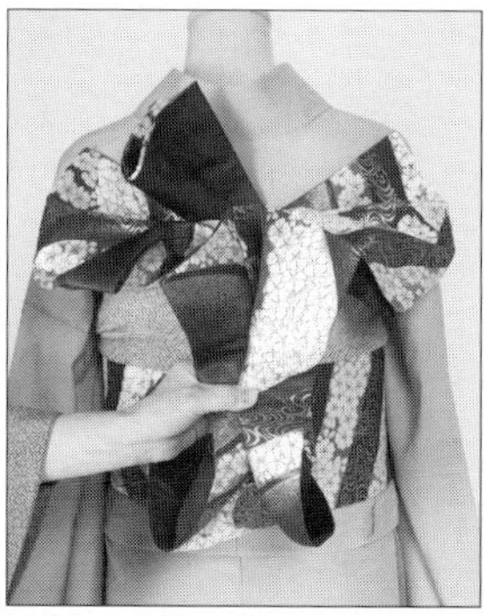

テ先にも裏箱ヒダをとり、

09

三重ゴム紐の[3]に下から通して上に出す。

10

テ先、タレ先のヒダを表に返して、文庫の羽根の上にふっくらと形づける。

11

テ元の輪は2つ追いヒダにたたみ、

12

帯〆を通し締める。

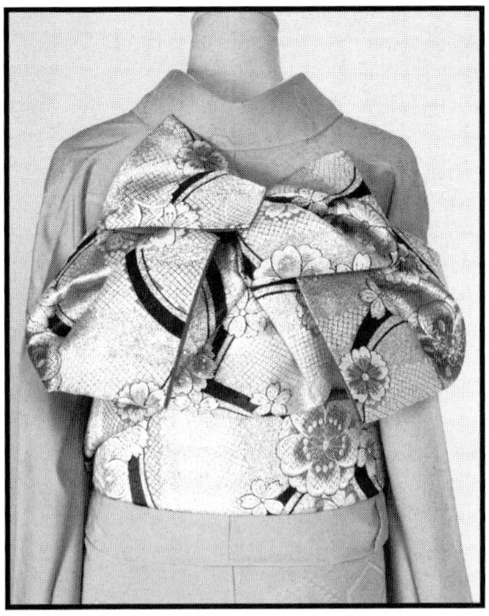

09

OBI-MUSUBI

ふっくらと優しい印象の変わり文庫結びです。

01

テを下、タレを上に結ぶ。タレ先は、裏を見て二つ折にし、さらに1つ追いヒダをとって、

02

三重ゴム紐で背に押さえる。残りのタレの輪で文庫の羽根を作る。

03

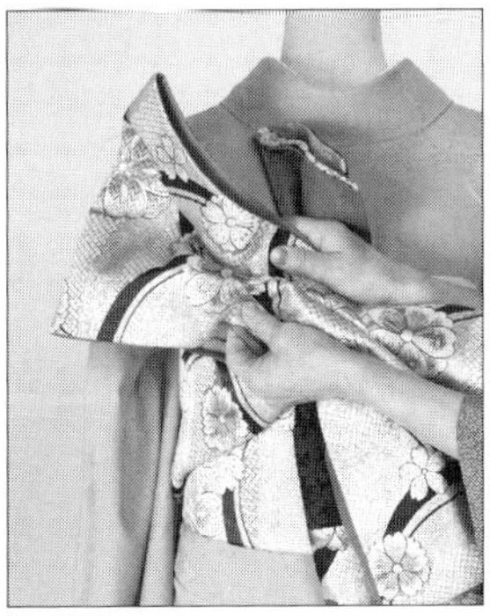

帯2枚を重ねて左羽根の長さを決め、裏箱ヒダにたたむ。

04

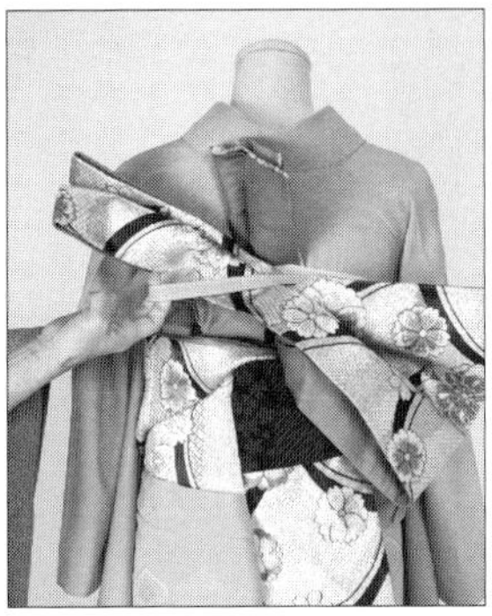

左羽根を三重ゴム紐の[1]に下から通して左上に出す。

05

右羽根も同様に作り、三重ゴム紐の[2]に下から通してクロス掛けにする。

06

帯揚げを掛けた帯枕をする。

07

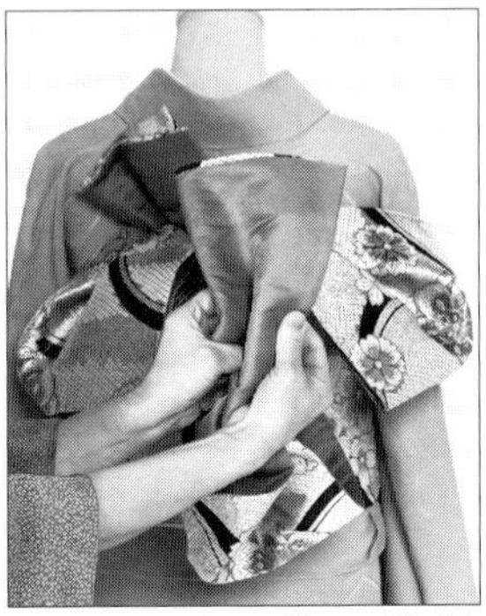

テ先にもタレ先と同様のヒダを作り、

08

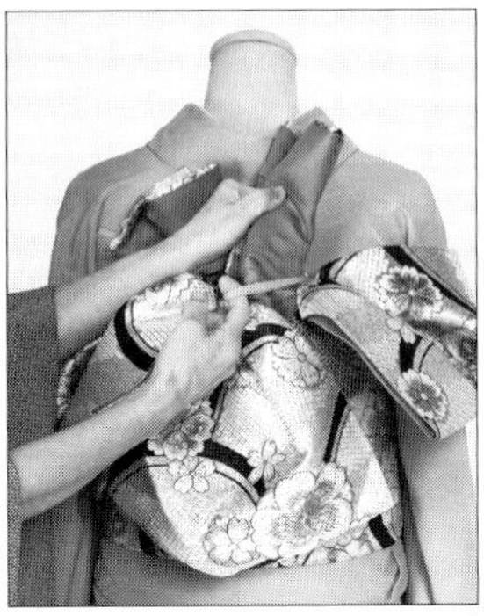

三重ゴム紐の[3]に下から通して上に出す。

09

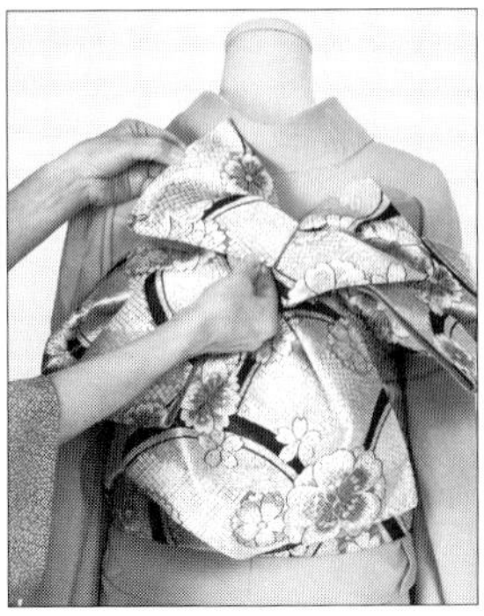

テ先、タレ先のヒダを表に返し、ふっくらと形づける。

10

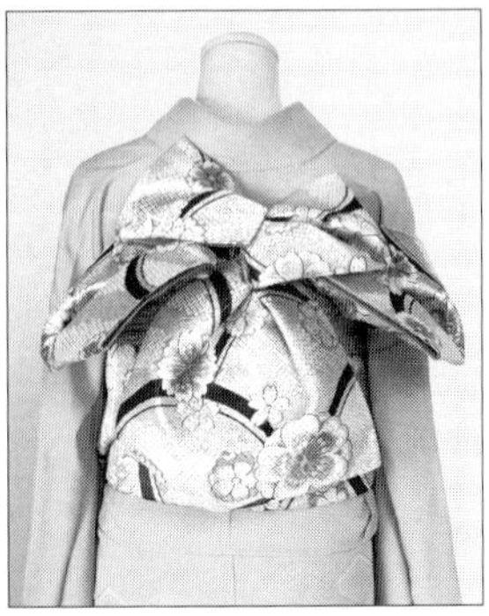

残りのテ元の輪を整え、

11

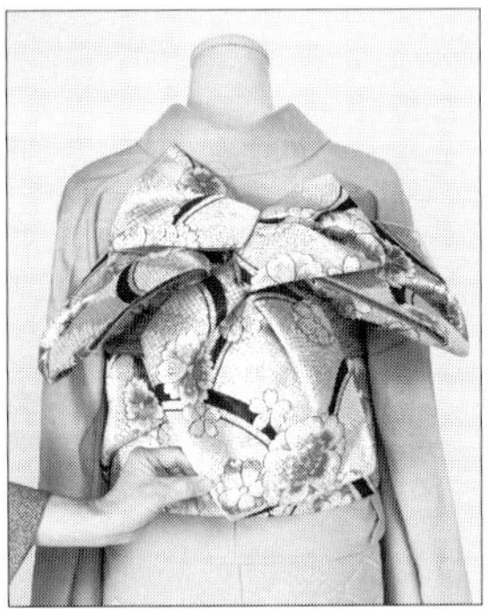

左右の角を、裏側に斜めに折り込んでお太鼓部分を形づける。

12

帯〆を通し、余分は裏側に折り返す。帯〆を締めて、できあがり。

10

OBI-MUSUBI

文庫の羽根を下げずに横に張った、シャープな印象の変わり文庫。

01

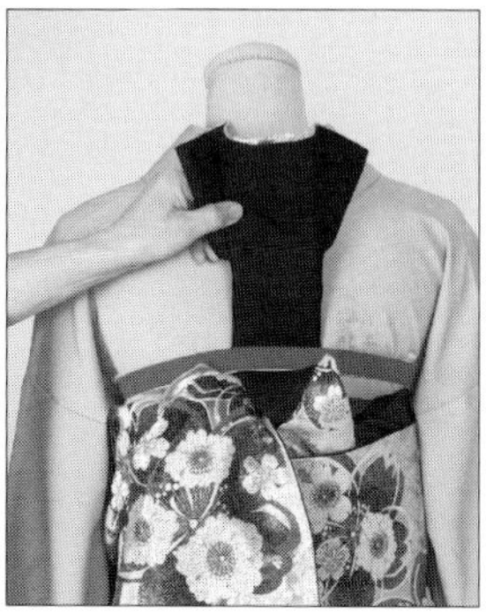

テを下、タレを上に結ぶ。テ先・約20cmを箱ヒダにたたみ、裏側から三重ゴム紐で背に押さえる。テ元の余分はたたんで、胴帯の中に入れ込む。

02

タレ先より50cm位の所を裏箱ヒダにとり、三重ゴム紐の2本（①②）に下から上に通して背におさめる。残りのタレは輪になる。

03

タレの輪で文庫の羽根を作る。帯2枚を重ねて左羽根の長さを決め、六枚ヒダにたたむ。

04

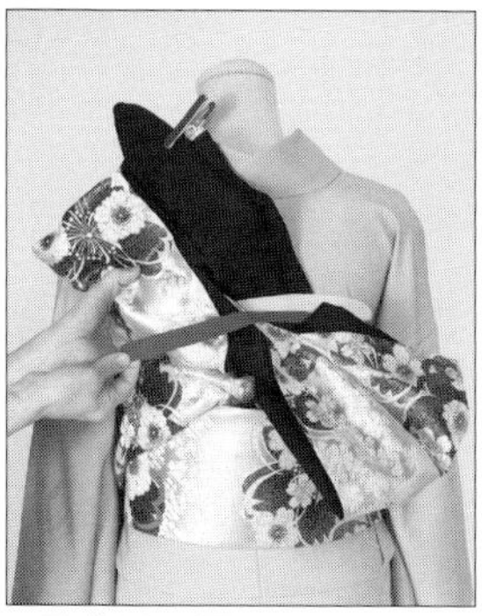

三重ゴム紐の①に下から通して左肩に出す。

05

右羽根も同様に六枚ヒダにたたみ、

06

三重ゴム紐の②に下から通して右肩に出し、クロス掛けにする。

07

帯揚げを掛けた帯枕をする。

08

タレ先を下ろして帯山の裏箱ヒダを整え、さらにテ先を表に返して、帯山の上にふっくらと飾る。

09

タレ先でお太鼓を形づけ、帯〆を通し締める。

Tips

扇子ヒダの作り方

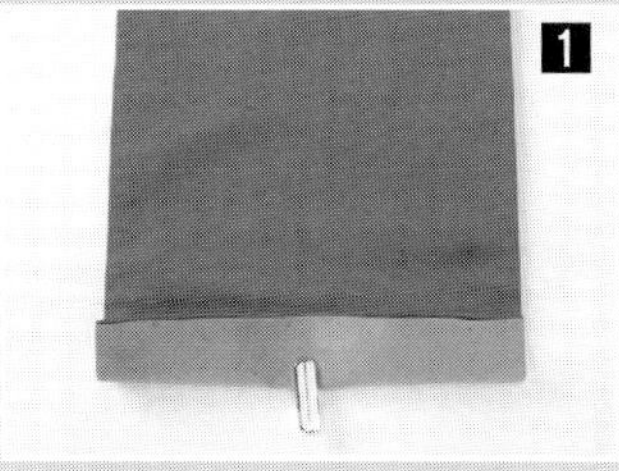

1 帯の先から4cm幅で1つ折り上げ、

2 それに合わせて、順にヒダをたたみ、重ねていく。帯幅の中心をクリップで止めておく。

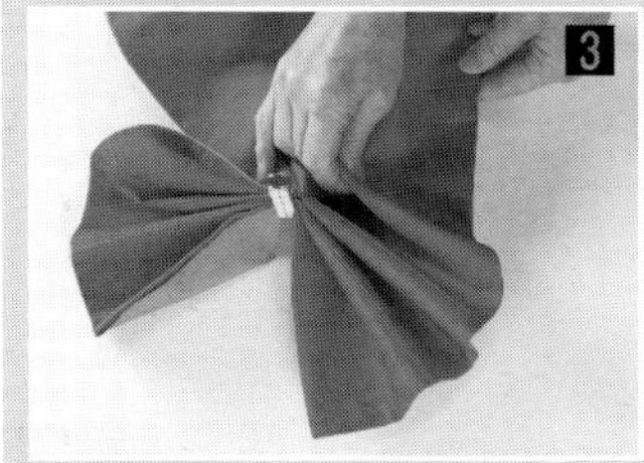

3

4 左右とも、たたんだヒダの延長で陰ヒダをとり、中心でヒダを合わせる。

5 中心をゴムバンドで結び、扇子ヒダのできあがり。ヒダを下に向けた形。

6 ヒダを上に向けた形。

11

OBI-MUSUBI

シンメトリーなデザインが、凛と美しい文庫結び。文庫の羽根は全て六枚ヒダにとっています。

▼ アレンジ

左右の大きな羽根を裏箱ヒダにとり、上の小さな羽根は六枚ヒダにとったもの。

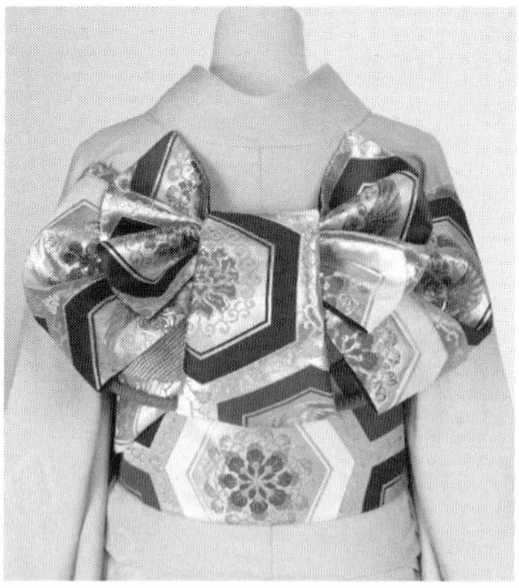

01

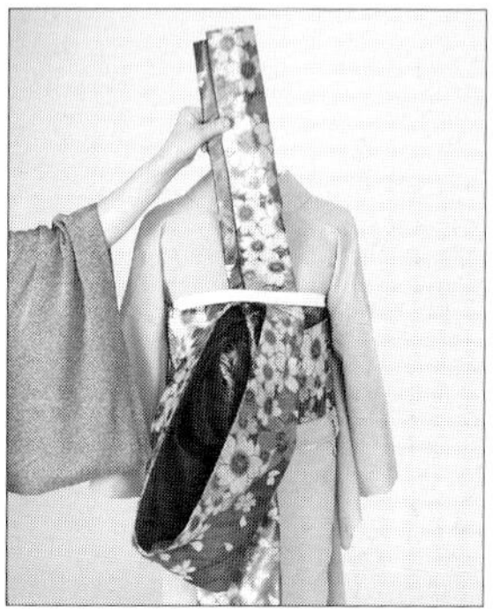

テを下、タレを上に結ぶ。タレ先50cm を三つ折にし、三重ゴム紐で押さえる。

02

タレの輪で文庫・左右の羽根を作る。帯を2枚重ねて六枚ヒダにたたみ、左羽根を作る。

03

三重ゴム紐の[1]を掛ける。

04

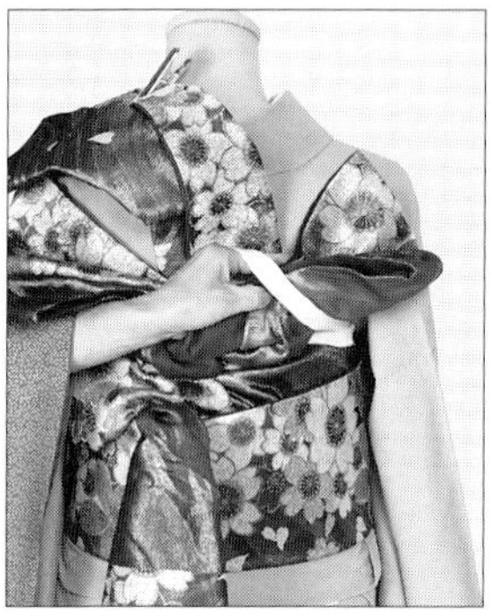

右羽根も同様に六枚ヒダにたたみ、三重ゴム紐の[2]を掛け、クロス掛けにする。

05

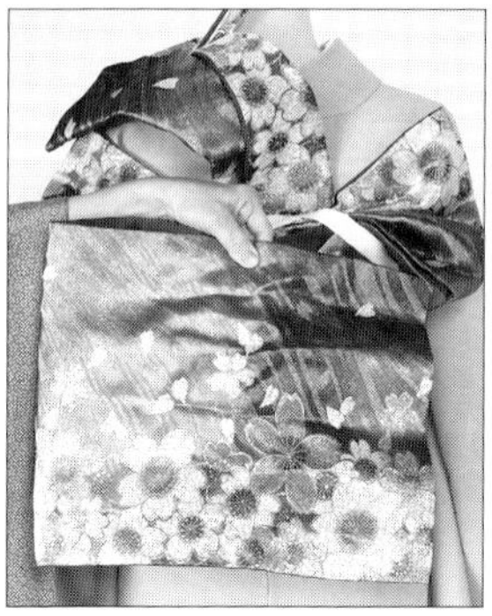

テ先 40cm を左側で表に折り返し、帯を2枚重ねて、

06

六枚ヒダにたたみ、三重ゴム紐の[1]に下から通し、左羽根の上におさめる。

07

残りのテ先にも六枚ヒダをたたみ、三重ゴム紐の[2]に下から通し、右羽根の上におさめる。

08

テ元の余分は整えて、胴帯の中に入れ込む。

09

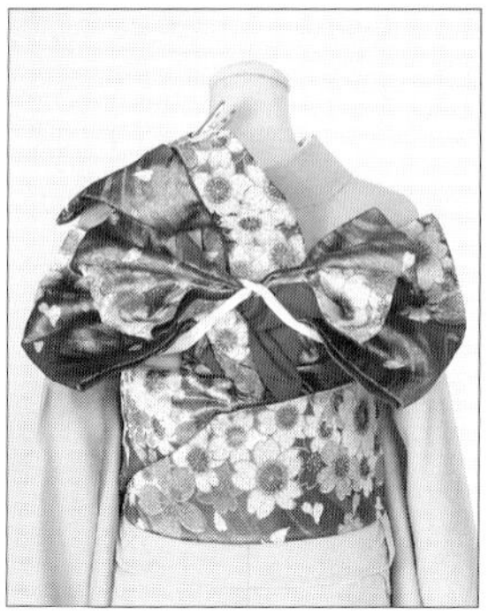

ここまでの状態。

10

帯揚げを掛けた帯枕をして、タレ先を下ろす。

11

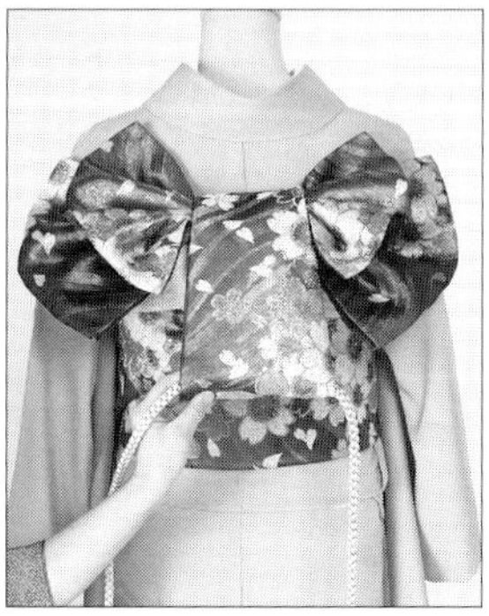

帯〆を当て、お太鼓の大きさを決め、残りは裏側に折り返す。

12

帯〆を通し締め、できあがり。

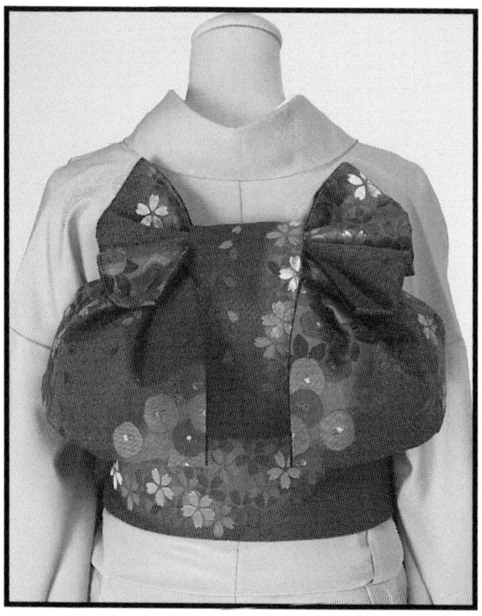

12
OBI-MUSUBI

文庫の羽根を大きくふっくらと下げ、その上に小さな羽根を可愛らしく飾りました。帯の柄を選ばず、いろいろな着物にも合わせやすい、便利な文庫結びです。

01

テを下、タレを上に結ぶ。

02

タレ先 50cm を三つ折にし、

03
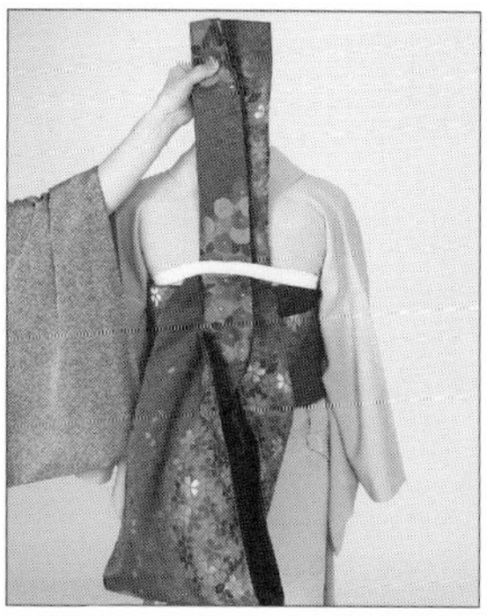
裏側から、三重ゴム紐で押さえる。

04

残りのタレの輪で、文庫の羽根を作る。帯2枚を重ねて六枚ヒダにたたみ、

05

三重ゴム紐の[1]に下から通して左に出す。

06
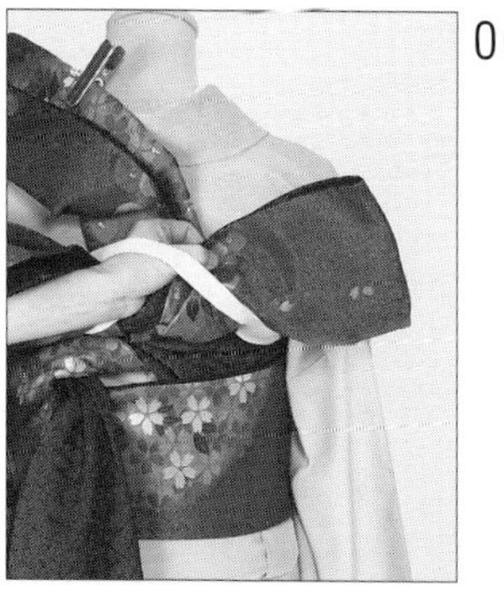
右羽根も同様に作り、三重ゴム紐の[2]に下から通してクロス掛けにする。

07
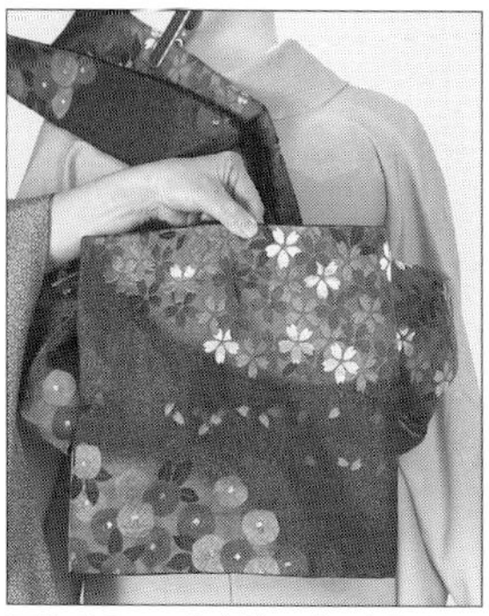
テ先 30cm を右脇で表に折り返し、

08

帯2枚を重ねて中心に六枚ヒダをとり、ゴム紐で止める。

09

テ先のヒダを、三重ゴム紐の[3]に下から上に通し、

10

文庫の羽根の上におさめる。テ元の余分を整えて、胴帯の中に入れ込む。

11

帯揚げを掛けた帯枕をする。

12
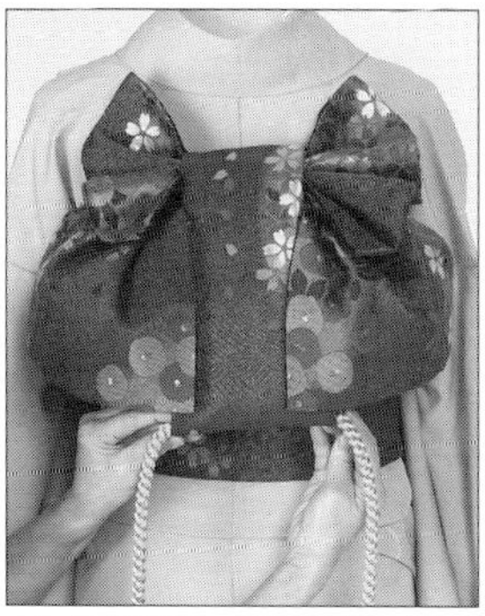
タレ先を下ろし、帯〆を通し締める。

13

OBI-MUSUBI

左右の羽根、お太鼓山を裏箱ヒダで構成した「ふくら雀」です。

01

柄止まりを背中心に決め、テを下、タレを上に結ぶ。
タレ元に裏箱ヒダをとり、裏側から三重ゴム紐で背に押さえる。

02

タレ先を内側から左肩に折り上げ、さらに約 25cm（羽根の長さ＋余分）を表に折り返して、裏箱ヒダにたたむ。

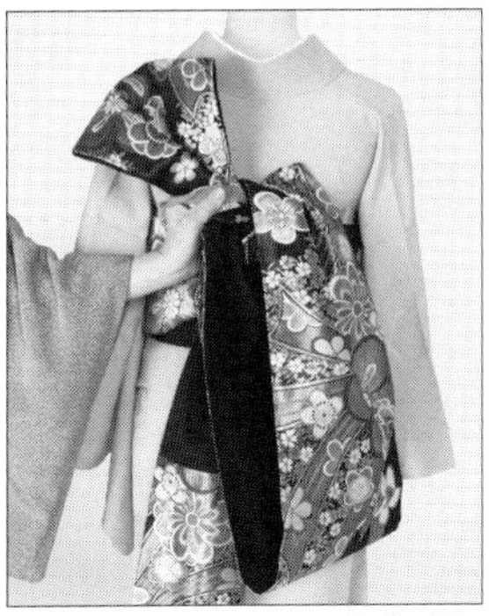

03

羽根を左肩におき、三重ゴム紐の1を掛ける。

04

テ先も同様に約 25cm 折り返して、裏箱ヒダの羽根を作り、

05

タレ元の輪の中を通して右に出し、

06

三重ゴム紐の2を掛け、右肩におさめる。

07

左右の羽根元を押さえるように帯枕をする。

08

帯山の裏箱ヒダ、左右の羽根を整える。

09

タレの輪でお太鼓を形づけ、帯〆を通し締める。

Tips

よく使う帯山ヒダ(1)

「お太鼓結び」の帯山の形。
帯幅をそのまま、ヒダをとらずに帯枕で背中におさめたもの。

「角出し太鼓」「後見結び」などに用いる帯山の形。
帯幅の両角を内側に斜めに折り込んで、帯枕を背におさめたもの。

箱ヒダ①
帯幅の両側で左右同じ幅にヒダを折り込み、上端は中に折り込んだまま、下側を開いて整えたもの。

箱ヒダ②
上端を1～2cm引き出した箱ヒダ。背中の幅が広い方に向く。また、帯山を下げて羽根を横に広げた「ふくら雀」などに用いられる。

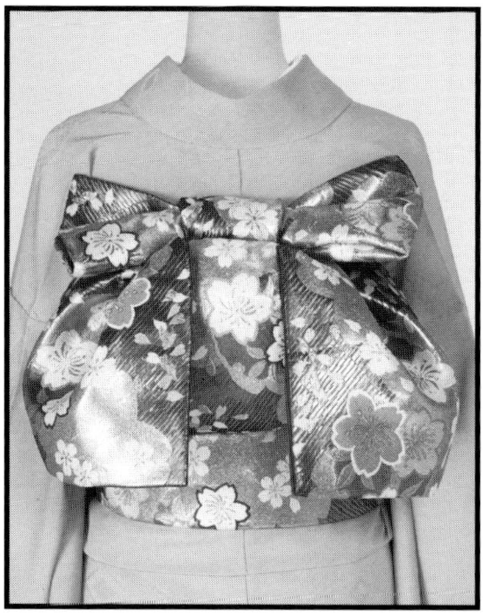

14

OBI-MUSUBI

リボン結びのように羽根を左右に広げ、文庫中心を二重に重ねた、シンメトリーなデザインの文庫結び。

01

テを下、タレを上に結ぶ。

02

タレ元は二つ折、さらに二つ折にして細く整え、

03

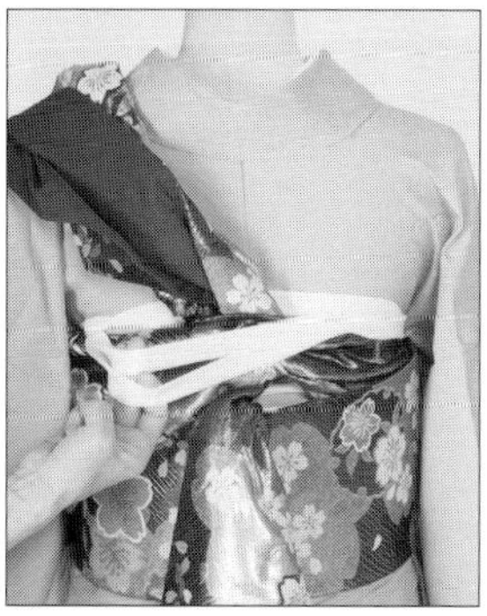

裏側から三重ゴム紐で背に押さえる。ゴム紐の③を背に残して、タレを元からゴム紐に通し、左肩に預けておく。

04

テは帯幅を半分にたたみ（二つ折）、テ先40cm位を折り返す。

05

中心に1つ追いヒダをとり、ゴムバンドで止める。

06

三重ゴム紐（①②）で背中心に押さえ、テ元の余分はたたんで胴帯の中に入れ込む。

07

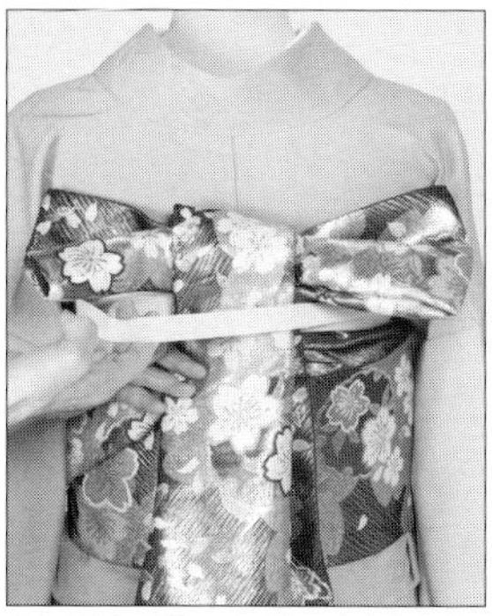

タレ元をテ先のヒダの中心に下ろし、三重ゴム紐の③で背に押さえる。

08

タレ先で文庫の羽根を作る。左右の羽根の中心に1つ追いヒダをとってゴムバンドで止め、

09

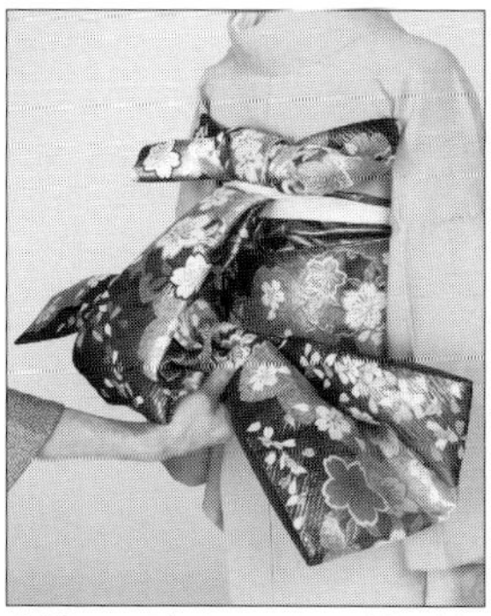

内側に一回転させてタレが上に被さるようにする。

10

左羽根は、三重ゴム紐の①に下から上に通す。

11

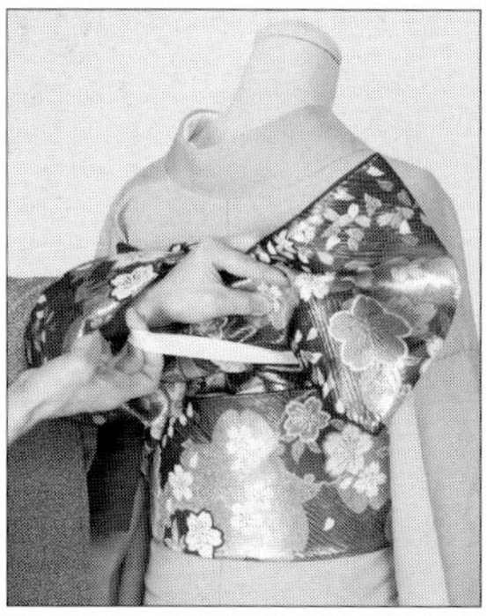

右羽根は、三重ゴム紐の②に下から上に通して、クロス掛けにする。

12

タレの輪の中、羽根の下に、帯揚げを掛けた帯枕をおき、帯〆を通し締める。

15

OBI-MUSUBI

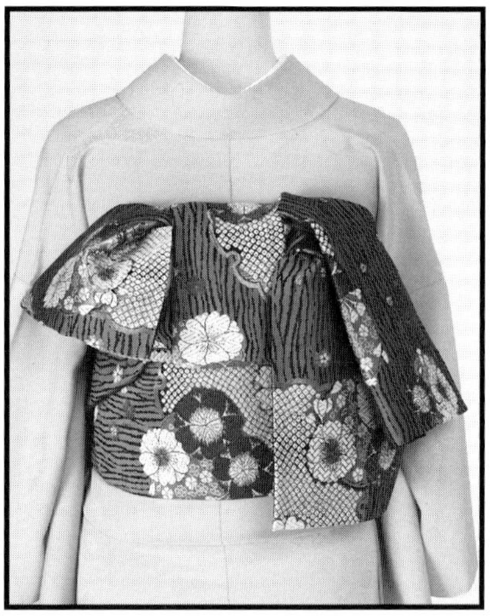

江戸時代からの「水木結び」を、袋帯で結びました。
羽根の長さの大まかな比率は、1：2：1.5。全体をバランスよく整えることが大切です。

01

テを下、タレを上に結ぶ。タレ元を三つ折にし、裏側から三重ゴム紐で背に押さえる。この部分が帯山になる。

02

タレ先より 90cm 位の所で折り返して帯2枚を重ね、左右の羽根の長さのバランスを決め、1つ追いヒダをとってゴム紐で止めておく。

03

その羽根を内側に一回転させて、タレ元が被さるようにし、

04

タレ元の奥で、左羽根を三重ゴム紐の[1]に下から通して左上に出す。

05

右羽根も、タレ元の奥で、三重ゴム紐の[2]に下から通して上に出し、クロス掛けにする。

06

テ先は帯幅を二つ折にし、さらに1つ追いヒダをとって、

07

三重ゴム紐の[2]に下から通して、タレで作った右羽根の上に出す。

08

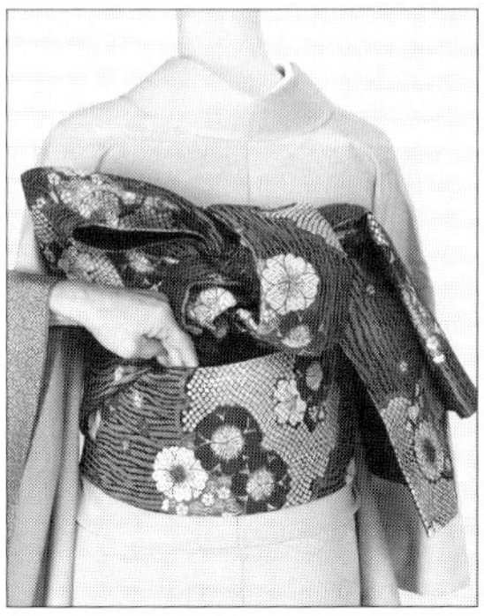

テ元の余分は整えて、胴帯の中に入れ込む。

09

タレ元の輪の中、羽根元の下に帯枕をし、お太鼓部分を整えて帯〆を通す。

Tips

よく使う帯山ヒダ(2)

E

1つ追いヒダ
帯山の角に、ヒダを1つとったもの。

F

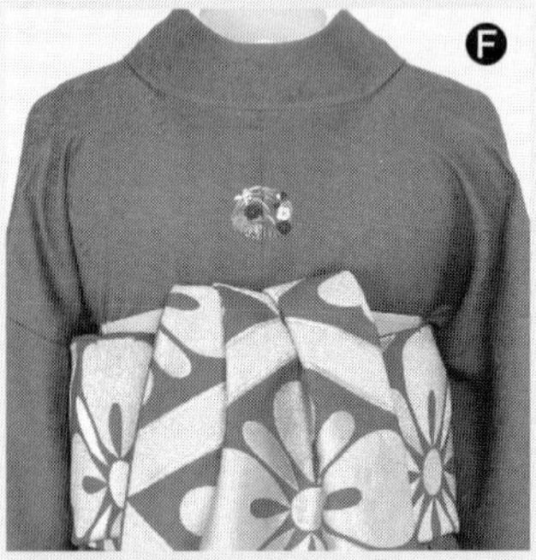

2つ追いヒダ
ヒダを2つ、追いかけるようにとったもの。

G

三つ折
帯幅の両端を内側に折り返して、帯幅を 1/3 にたたんだもの。「文庫結び」のお太鼓部分などに用いる。

H

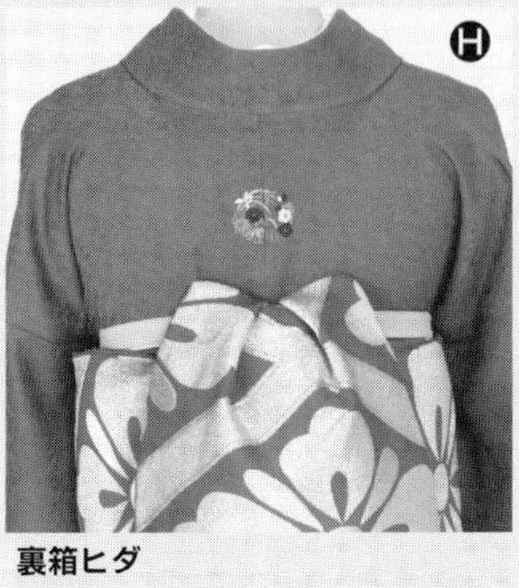

裏箱ヒダ
帯幅の両側から、左右同じ幅でヒダを中央に向かって折ったもの。箱ヒダを裏に返した形。

16

OBI-MUSUBI

立て矢の羽根のヒダを斜めに引き合って動きを出した、変形の立て矢結びです。

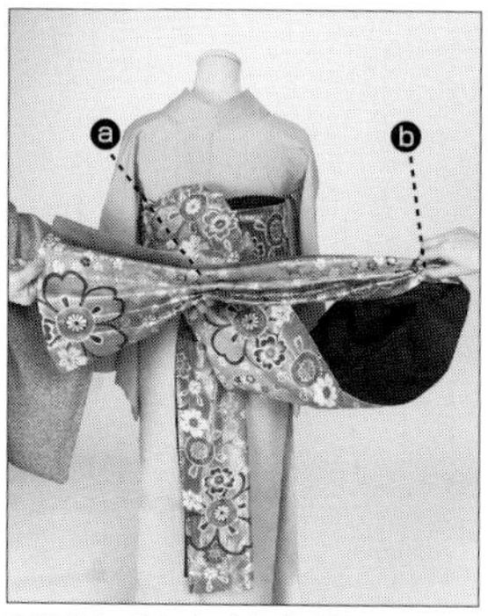

01

テを下、タレを上に結ぶ。
タレ先 70cm を 4cm 巾で屏風ヒダにたたみ、タレ先 30cm の所を基点（ⓐ）として、

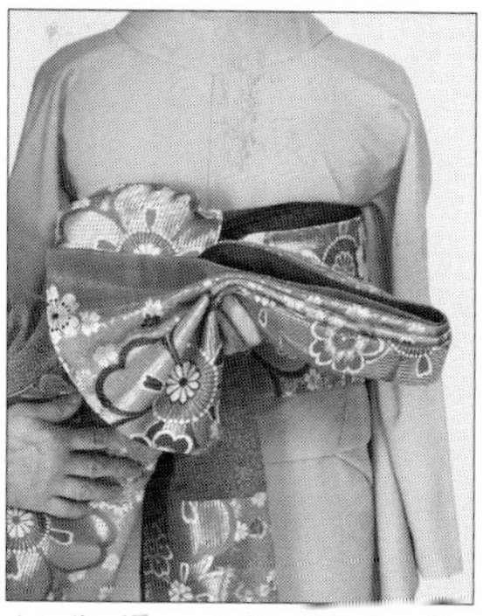

02

タレ先 70cm の所（ⓑ）を、ⓐに合わせるように折り返す。

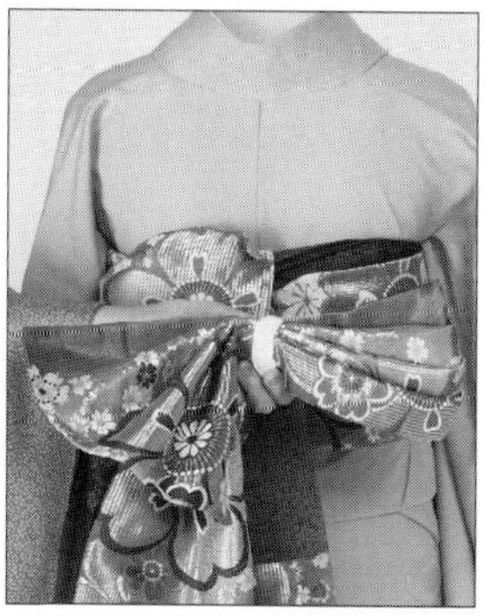

03

中心をゴムバンドで止める。
ヒダを広げて形づけ、

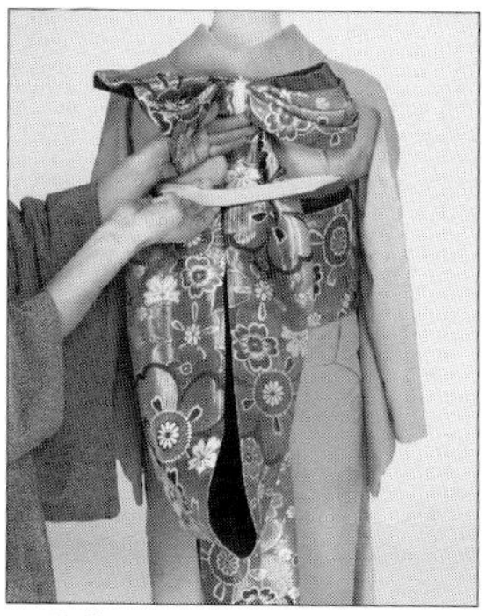

04

三重ゴム紐で背におさめる。

05

残りのタレは輪になる。

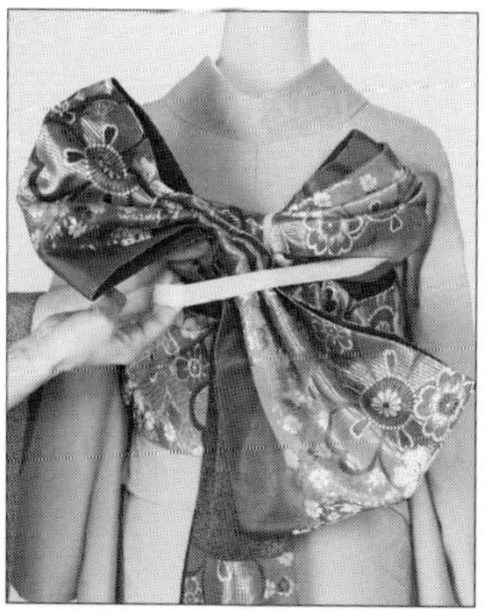

06

タレの輪で立て矢の羽根を作る。帯2枚を重ねて六枚ヒダを折り、三重ゴム紐の[1]に下から通して左肩におき、

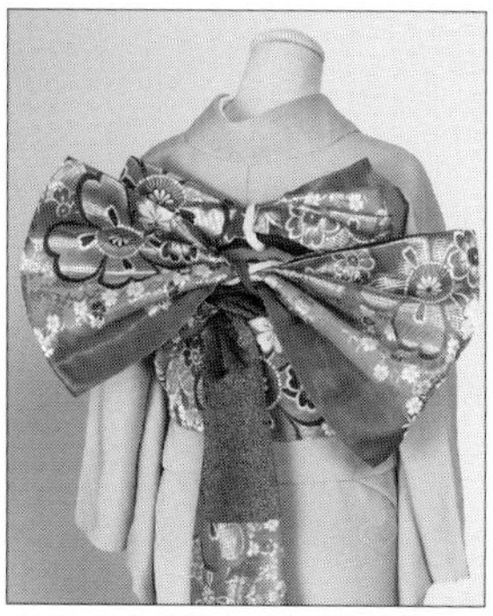

07

右羽根も同様に六枚ヒダに折り、三重ゴム紐の[2]に通して、クロス掛けにする。

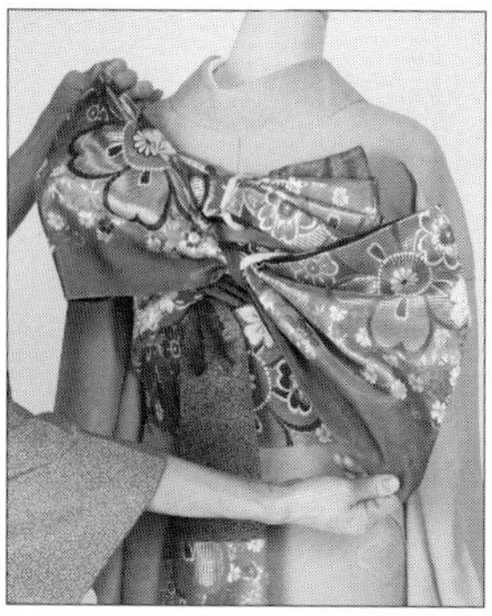

08

左羽根・上部と右羽根・下部を持ち、立て矢の羽根を対角線で引き合って、ヒダ山を曲線的に通し整える。

09

テ先に七枚ヒダをとり、

10

三重ゴム紐の[3]に上から下に通して、右羽根の上に出す。

11

帯揚げを掛けた帯枕を、テ元の輪の中、立て矢の羽根の下におさめる。

12

テ元の輪を整え、帯〆を通し締めて、できあがり。

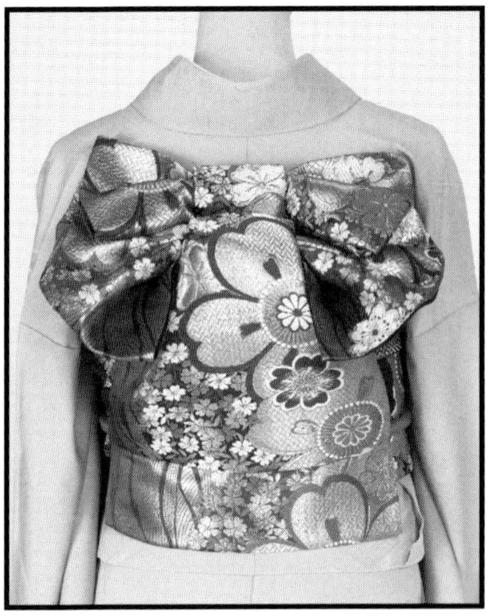

17

OBI-MUSUBI

ふくら雀の上に、リボン結びを飾り、帯山を高く、華やかに結びました。

01

テを下、タレを上に結ぶ。

02

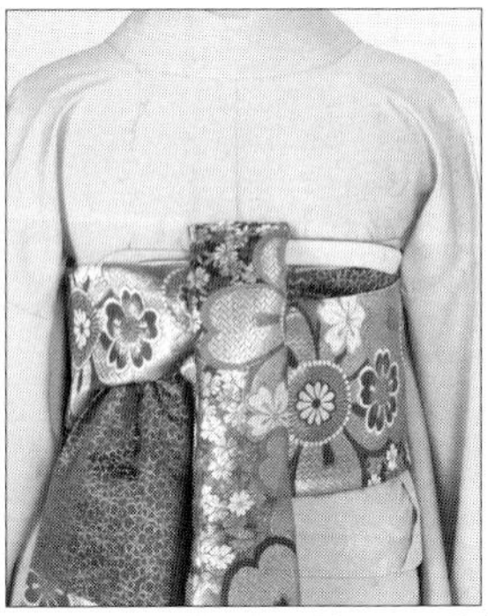

タレ元は四つ折に細く整え、三重ゴム紐で背に押さえる。三重ゴム紐の[1]を背に残し、タレ元をゴム紐[2][3]で押さえる。

03

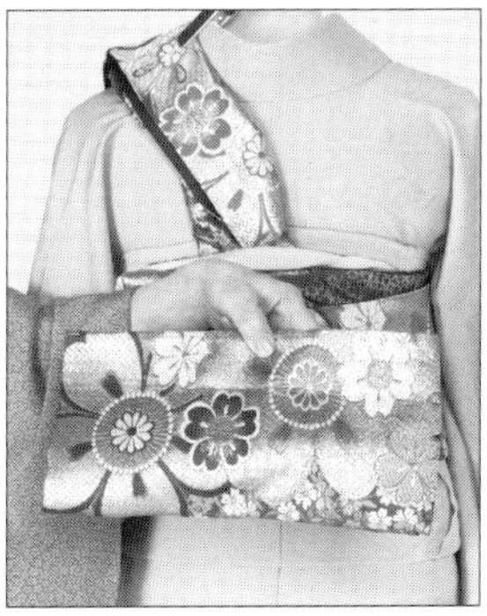

テ先は2つ折り（半幅）にし、ワを下にして右脇で折り返し、

04

中心に1つ追いヒダをとってゴム紐で止める。

05

テ先のヒダを、三重ゴム紐の2本に下から通して上に出し、テ元の余分はたたんで胴帯の中に入れ込む。

06

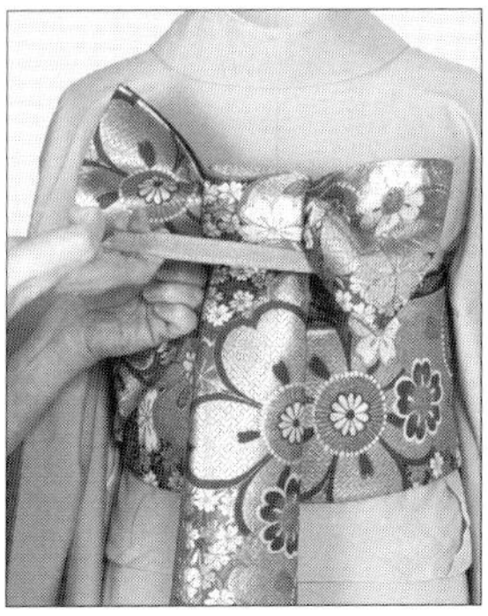

タレ元を背中心から真っ直ぐ下ろして、テ先のヒダの中心に掛け、元を三重ゴム紐の[1]で押さえる。

07

タレ先で左右の羽根を作る。タレ先より 40cm 位を左脇で折り返し、

08

中心に六枚ヒダをたたんでゴムバンドで止める。タレ先の羽根を内側から折り上げて、

09

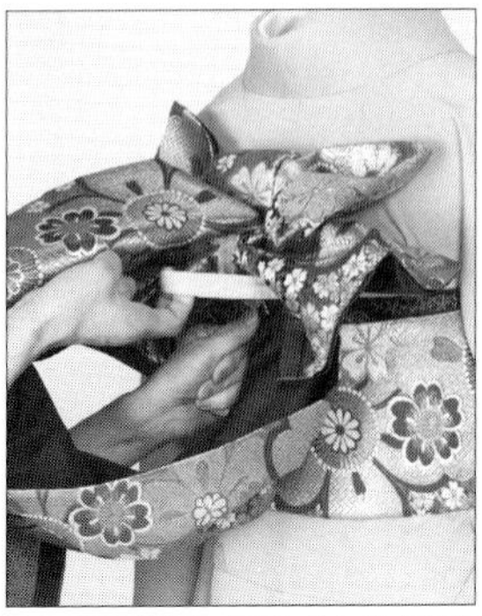

タレの内側で、三重ゴム紐の[2]に下から通して、背中心におさめる。

10

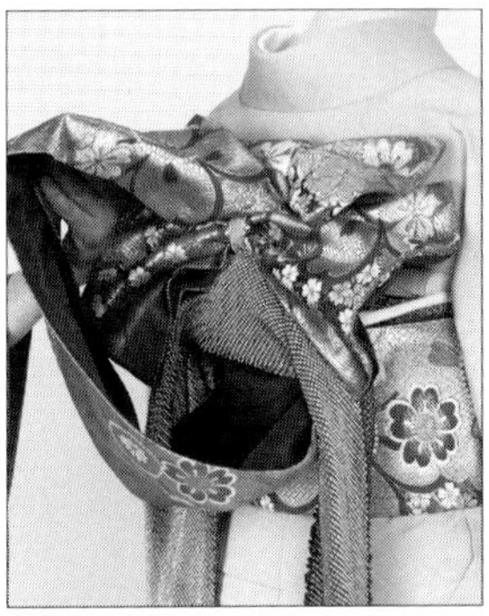

羽根元を固定し、押し上げるように帯枕をする。

11

帯山、左右の羽根を整える。

12

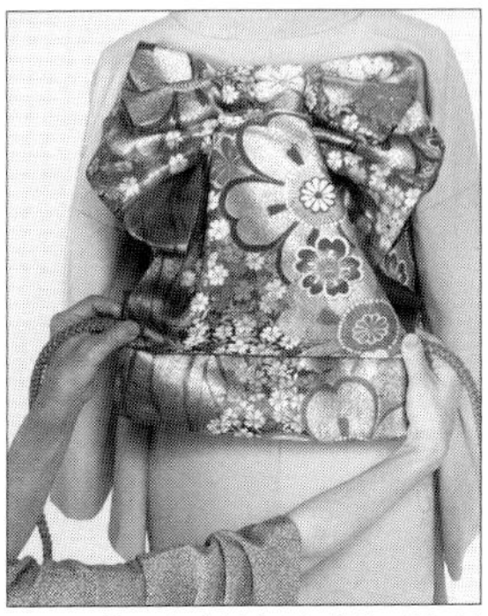

タレの輪でお太鼓を形づけ、帯〆を通し締める。

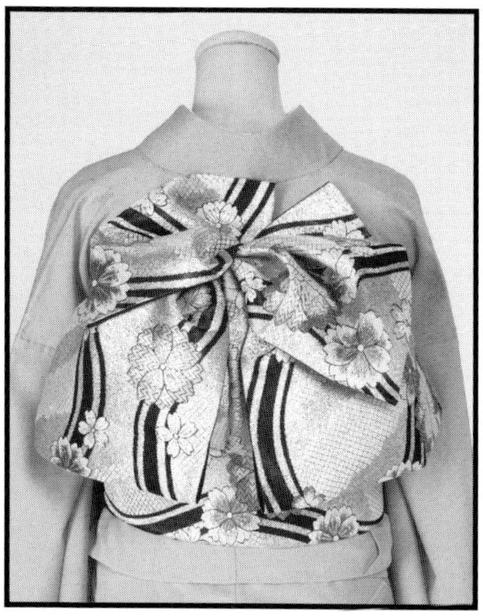

18

OBI-MUSUBI

ゆるやかに流れるようなヒダが優しい印象の、文庫系変わり結びです。ヒダの重なり、方向性の異なる曲線的なヒダの流れを生かしながら、形づけていきます。

01

テを下、タレを上に結ぶ。

02

タレ先にバイアスヒダをとり、

03

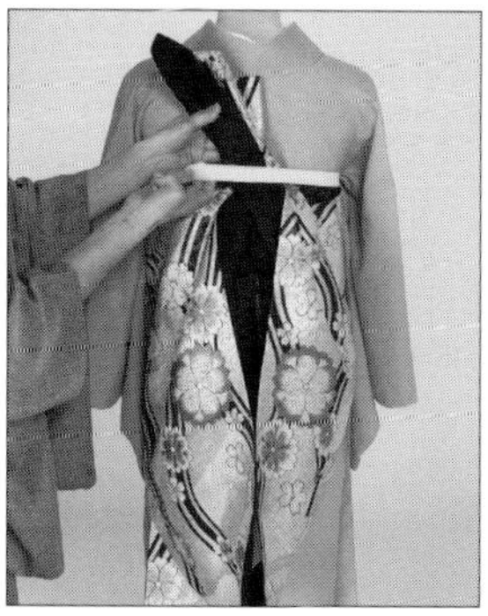

裏側から三重ゴム紐で背に押さえる。

04

タレ元側を左肩で折り返して帯を2枚重ね、六枚ヒダをとる。

05

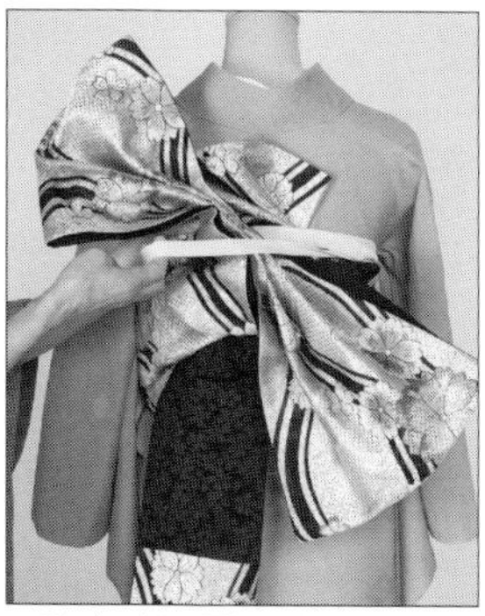

三重ゴム紐の[1]に下から通して左上に出す。

06

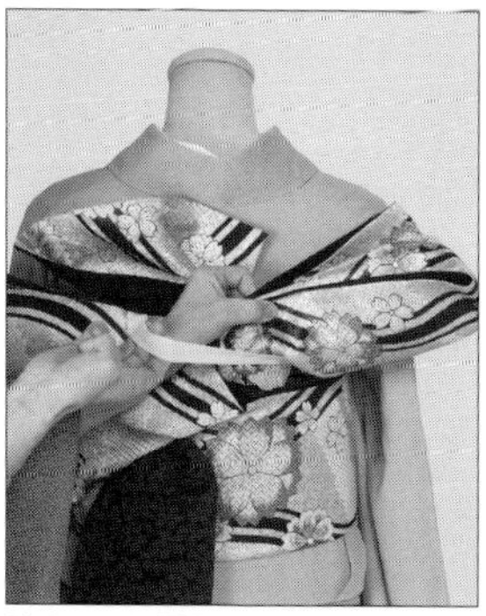

続くタレも帯を2枚重ねて折り山を通し、三重ゴム紐の[2]に下から通して右上に出し、

07

クロス掛けにする。

08

テ元の余分はたたんで胴帯の中に入れ込み、帯揚げを掛けた帯枕をする。

09

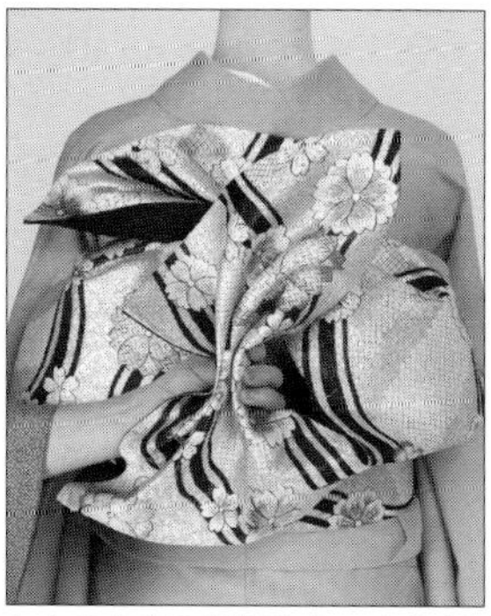

左右の文庫の羽根をふっくらと下ろし、整える。
テ先にもバイアスヒダをとり、

10

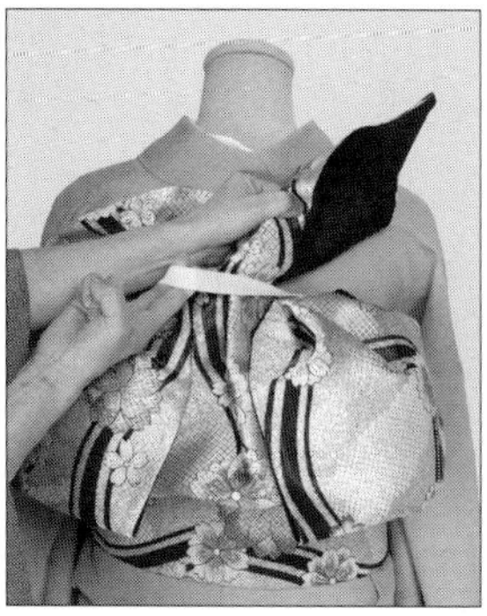

三重ゴム紐の[3]に、下から通して上に出し、

11

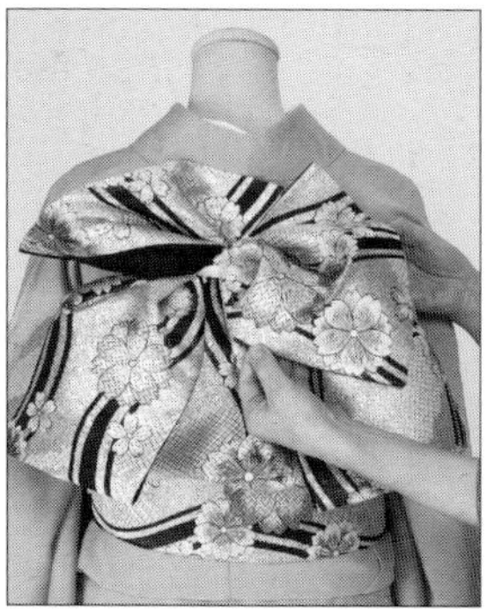

右羽根の上にふっくらと、曲線的なヒダの流れを作りながら形づける。左肩のタレ先で作ったバイアスヒダも、左羽根の上に同様に形づける。

12

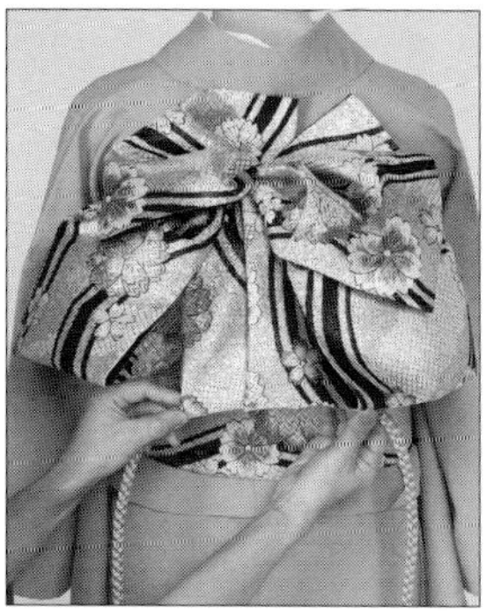

テ元の輪のヒダ山を通して整え、帯〆を通す。

19

OBI-MUSUBI

文庫中心にバラの花のような飾りヒダをあしらった文庫系変わり結びです。お太鼓部分は垂れを広げて「お太鼓結び」のように形づけています。

01

テを下、タレを上に結ぶ。テ先30cmにバイアスヒダをとり、

02

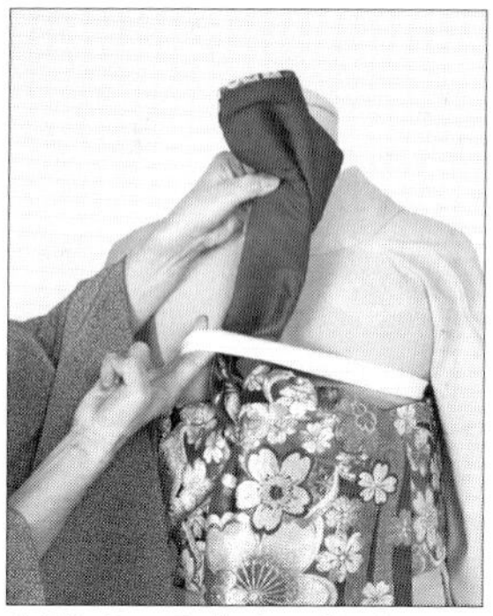

裏側から三重ゴム紐で背に押さえる。

03

タレ先より50cmの所に1つ追いヒダをとり、

04

三重ゴム紐の2本（①②）に下から通して背に押さえ、タレ先は右肩に預けておく。

05

残りのタレの輪で文庫の羽根を作る。帯2枚を重ね、六枚ヒダをたたんで左羽根を作り、

06

三重ゴム紐の①に下から通して左肩に出す。

07

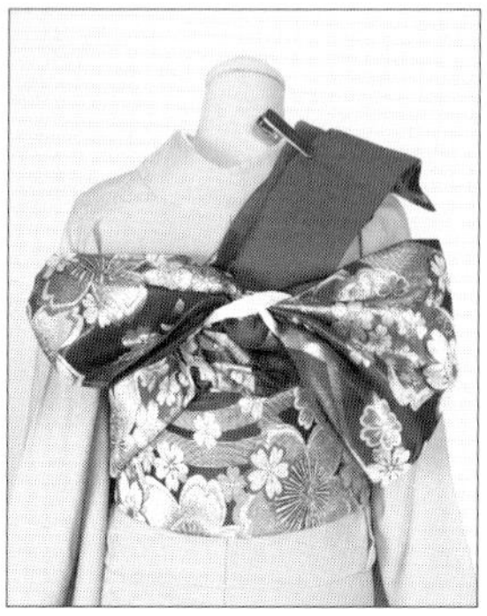

右羽根も同様に六枚ヒダにたたみ、三重ゴム紐の②に下から通してクロス掛けにする。タレの余分はたたんで胴帯の中に入れ込む。

08

帯揚げを掛けた帯枕を背におさめ、タレ先を下ろす。

09

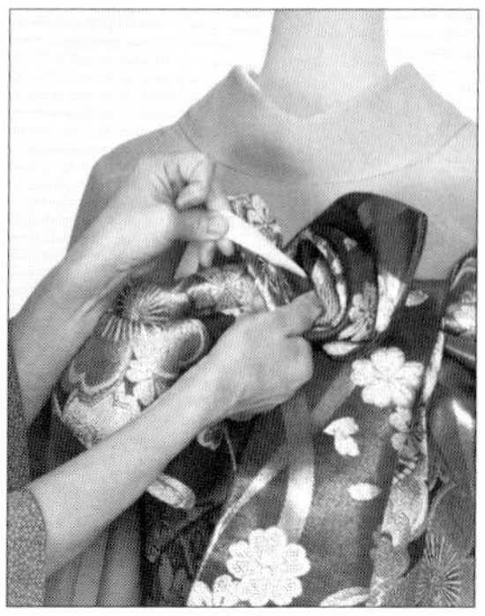

テ先のヒダは一回転させ、先を三重ゴム紐に絡げて背におさめ、

10

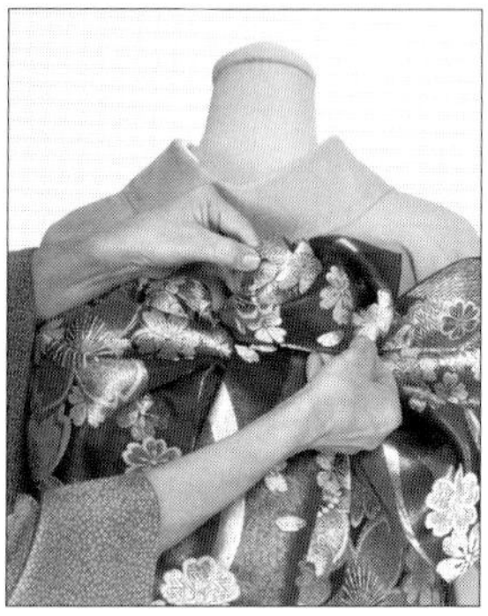

ヒダ山を引き出しズラしながら、帯山の上で形を整える。

11

タレ先で小さなお太鼓を形づけ、

12

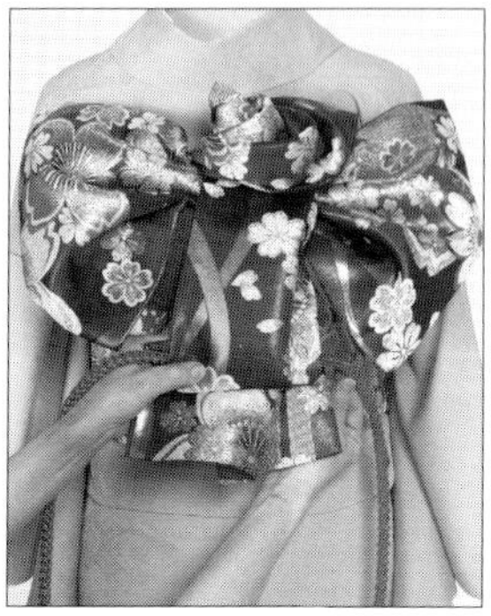

帯〆を通して、できあがり。

20

OBI-MUSUBI

テ先、タレ先に、ヒダを幾重にも重ねた飾り羽根を左右対称になるように作り、お太鼓の左右に華やかに飾りました。

01

柄止まりを背中心に決め、テを下、タレを上に結ぶ。

02

タレ元に裏箱ヒダをとり、裏側から三重ゴム紐で背に押さえる。

03

タレ先の飾り羽根を左肩におき、【※1】「テ先・タレ先の飾り羽根の作り方」参照

04

三重ゴム紐の[1]を掛け、左肩におさめる。

05

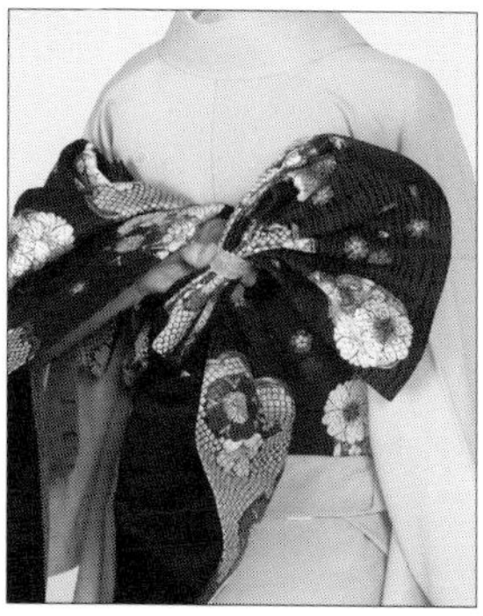

テ先の飾り羽根は、タレの輪の中を通して右肩におさ、【※1】「テ先・タレ先の飾り羽根の作り方」参照

06

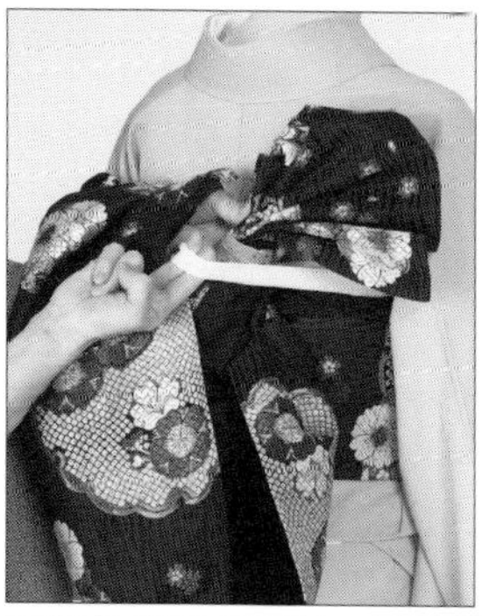

三重ゴム紐の[2]を掛け、クロス掛けにする。

07

タレの輪の中で、羽根元を押さえるように、帯揚げを掛けた帯枕をする。

08

お太鼓山の裏箱ヒダ、左右の羽根を整える。飾り羽根は、上部を背につけ、肩の円みに沿って、円を描くように背に飾る。

09

お太鼓を形づけ、帯〆を通し締める。

【※1】テ先・タレ先の飾り羽根の作り方

1

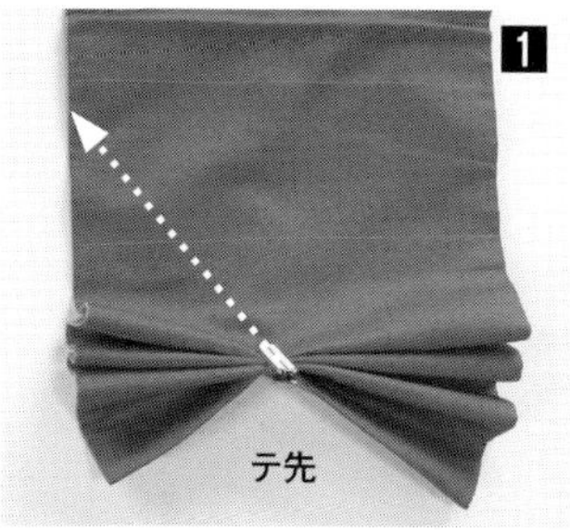

テ先を手前にして、4cm幅で、帯の左端に向かって、斜めにヒダを折りたたみ、

2

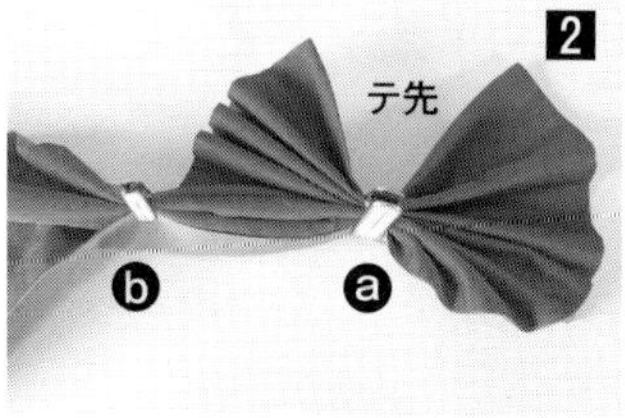

クリップⓐで止めておく。
テ先を上にして、ヒダの折り山を反対側の帯端まで通し、クリップⓑで止める。

3

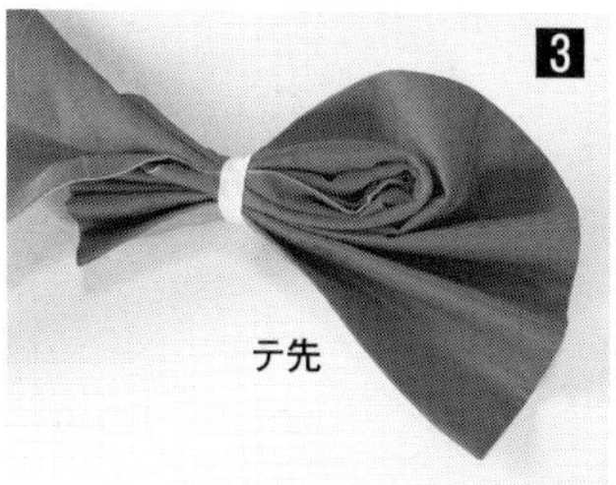

テ先を手前に折り返してクリップⓐⓑを合わせ、その左側をゴムバンドで止める。

4

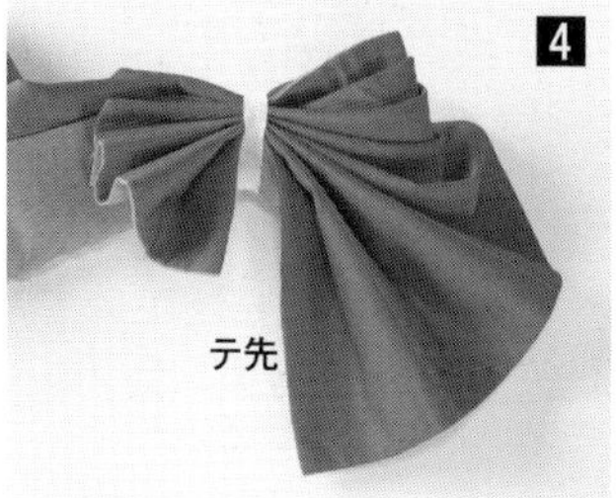

ヒダ山を少しずつ引き出しながら、飾り羽根を形づけ、テ先の飾り羽根（右羽根）のできあがり。

5

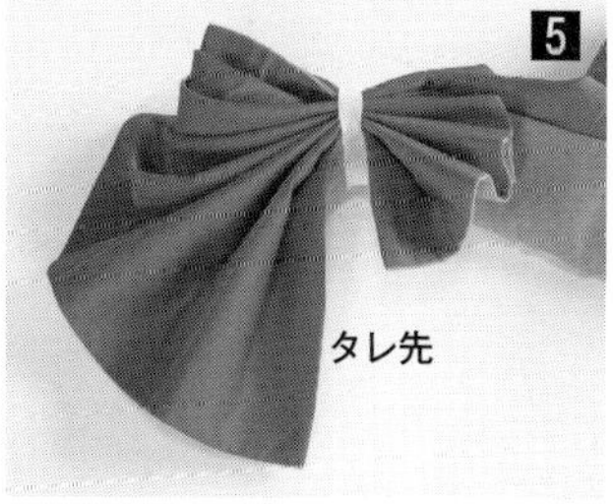

タレ先の飾り羽根（左羽根）は、右羽根と対称になるように、タレ先を手前にして、4cm幅で、帯の右端に向かって、斜めにヒダを折りたたみ、同様の手順で羽根を作っていく。

21

OBI-MUSUBI

立て矢の羽根の上に小さな羽根を飾り、シャープな雰囲気に可愛らしさをプラス。立て矢中心は裏箱ヒダの亀甲に…。バランスをとりやすく、結びやすい帯結びです。

01

テを下、タレを上に結ぶ。

02

タレ先50cmの所に裏箱ヒダをとり、

03

裏側から三重ゴム紐で背に押さえる。

04

残りのタレの輪で立て矢の羽根を作る。帯2枚を重ね、羽根の中心に五枚ヒダをとり、

05

左羽根を三重ゴム紐の２本（①②）に下から通して左肩に出す。

06

テ先に扇子ヒダを作り、

07

ゴムバンドで止める。

08

三重ゴム紐の①に、下から上に通して背におさめる。

09

テ元の輪は平らに整えて、胴帯の中に入れ込む。

10

帯枕の上部を背にぴったり着けるようにして、背におさめる。枕の左紐は立て矢の下端を、枕の右紐は立て矢とテ先のヒダの間を通る。

11

タレ先を下ろし、左右を斜め内側に折り込んで亀甲に整える。

12

帯〆を通し、タレ先の余分は裏側に折り上げる。

22

OBI-MUSUBI

バイアスに、幾重にもとったヒダが華やかな文庫系変わり結び。

01

テを下、タレを上に結ぶ。テ先にループヒダ【※1】を作り、

02

ヒダ元を三重ゴム紐で背に押さえる。

03

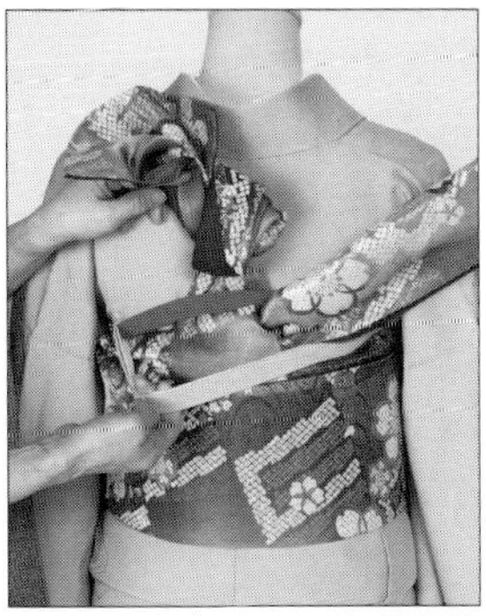

タレは三重ゴム紐の2本（①②）に下からくぐらせ上に出しておく。

04

タレ先に斜め追いヒダをとり、ヒダ元をゴム紐で止めておく。

05

タレ先のヒダ先を、テ先のループヒダの「ループ」に通して右肩に出す。残りのタレの輪は帯幅を2/3に整え、

06

左の文庫の羽根になる分（ⓐ）を残して、三重ゴム紐の2本（①②）に上から下にくぐらせる。

07

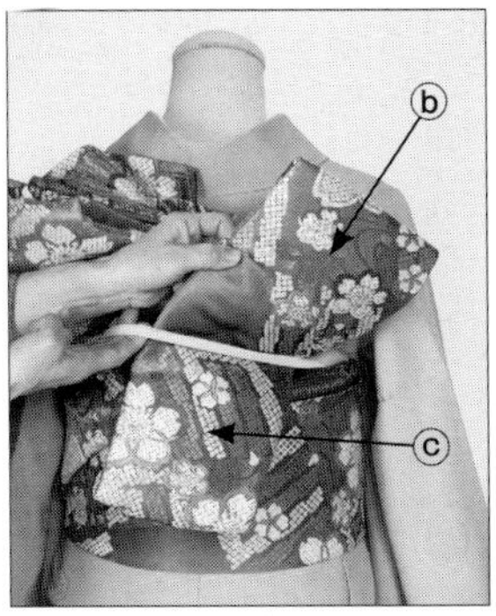

タレ元側を三重ゴム紐の②に下から上にくぐらせて、右の文庫の羽根（ⓑ）を作る。三重ゴム紐の下に残った部分がお太鼓（ⓒ）になる。

08

お太鼓の中に、帯揚げを掛けた帯枕を入れ、背におさめる。

09

帯〆を通し締める。

【※1】

テ先のループヒダの作り方

1

テ先にバイアスヒダをとり、クリップで止めておく。

2

さらにヒダの折り山を通してクリップで止め、

3

テ先を一回転させるようにしてループを作る。

4

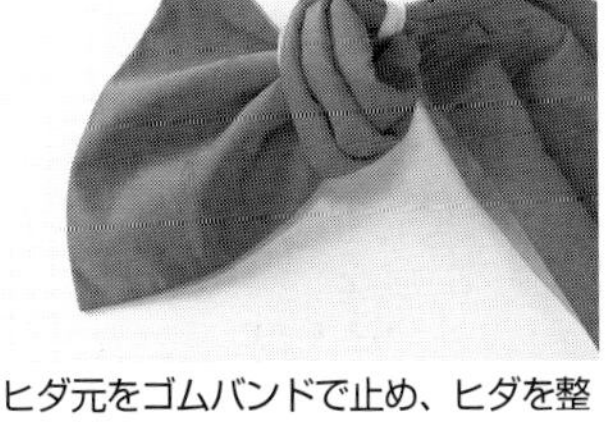

ヒダ元をゴムバンドで止め、ヒダを整えて、テ先のループヒダのできあがり。

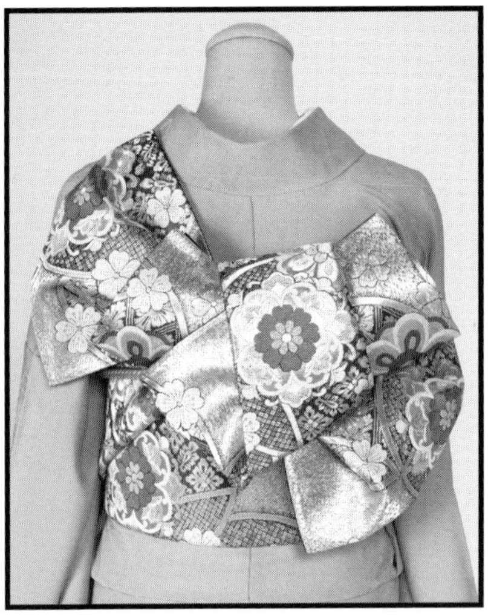

23

OBI-MUSUBI

「熨斗目」立て矢結び。帯〆は、中心で結んだテとタレの奥に通して表に見えないように締めていますが、テとタレの上を通してもよいでしょう。

01

テを下、タレを上に結ぶ。

02

タレ先 60cm は、帯幅を半分に折り(二つ折)、さらに端を少し折り込んで幅を狭め、

03

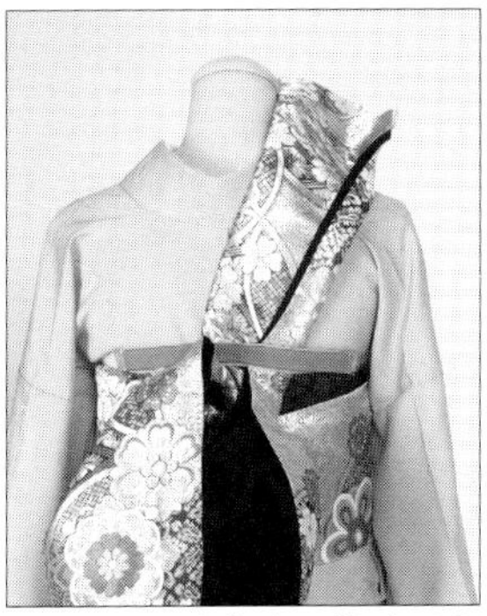

裏側から、三重ゴム紐で背に押さえる。

04

残りのタレの輪で立て矢の羽根を作る。帯2枚を重ね、中心を箱ヒダにとってヒダを通して背に置き、

05

三重ゴム紐の[1]で左羽根を押さえる。

06

三重ゴム紐の[2]で右羽根を押さえて、クロス掛けにする。

※

テ元の余分は、たたんで胴帯の中に入れ込んでおく。

07

帯揚げを掛けた帯枕をする。

08

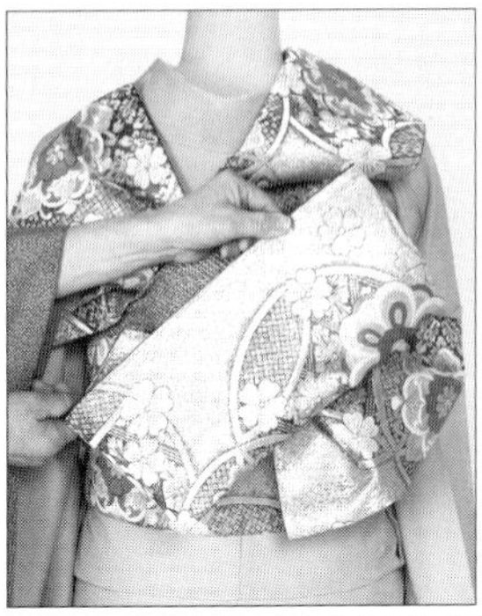

テ先のワを下にして、右上に折り返し、

09

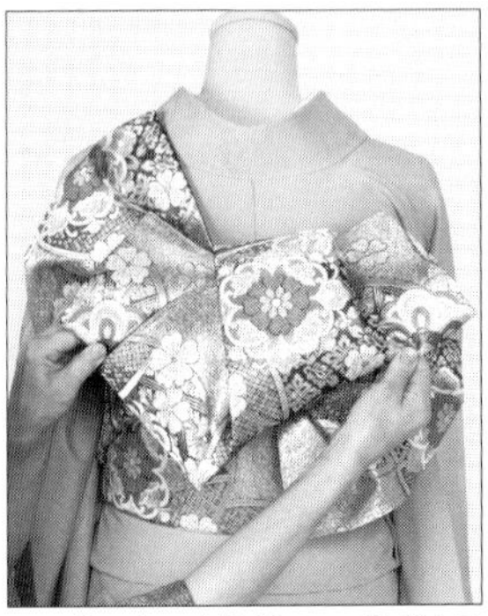

その上にタレを被せて、一結びする(貝の口の要領)。

10

結び目の中（中心で結んだテとタレの奥、折り山の角）に帯〆を通し締める。

11

できあがり。

24

OBI-MUSUBI

文庫の羽根の長さを違えてアシンメトリーに仕上げた文庫結び。
タレ元から文庫の羽根を作っていきます。簡単に結べてバランスがとりやすい帯結びです。

01

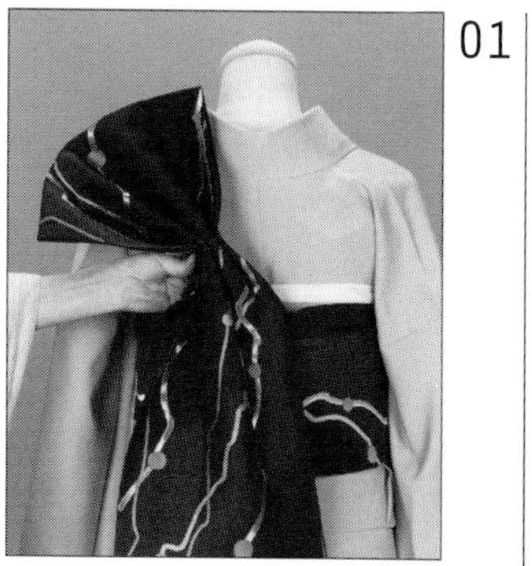

テを下、タレを上に結ぶ。タレ元を左肩に折り上げ、帯2枚を重ねて六枚ヒダに折り、

02

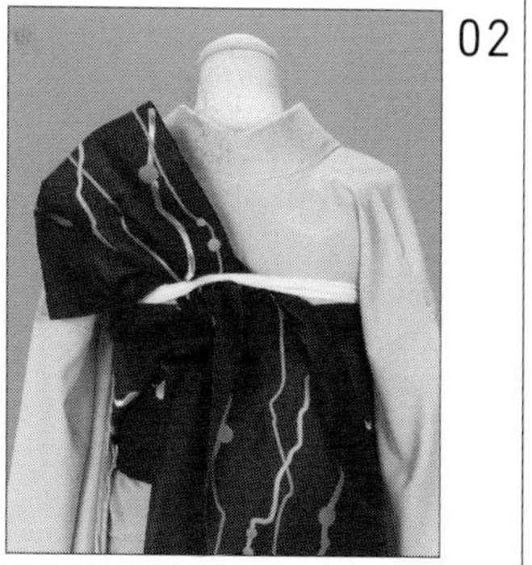

三重ゴム紐で押さえる。

03

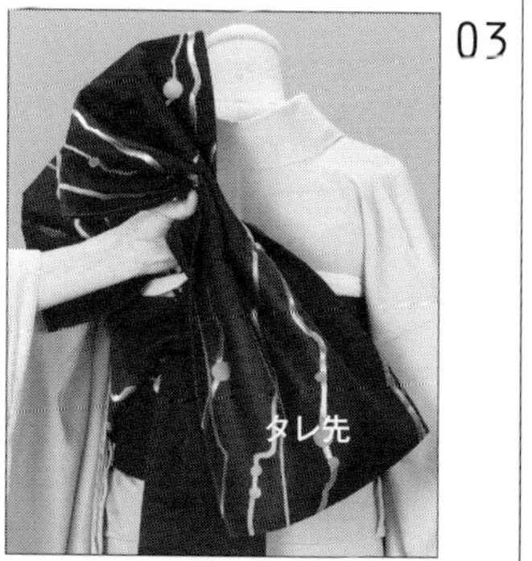

続くタレも左肩に折り上げ、帯2枚を重ねて六枚ヒダに折り、

04

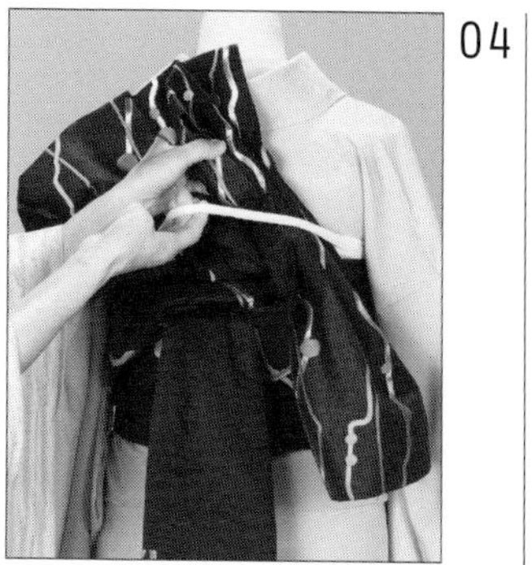

三重ゴム紐の2本（[1][2]）で押さえる。

05

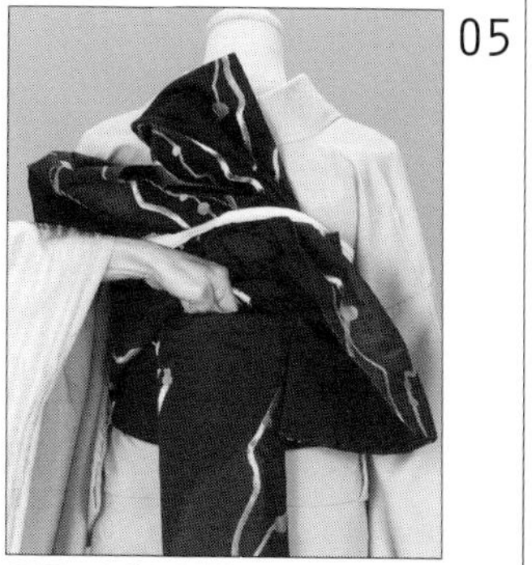

テ元の余分は胴帯の中に入れ込む。

06

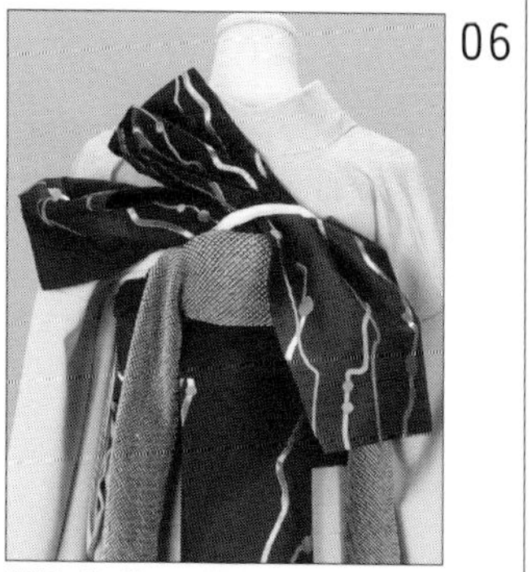

帯揚げを掛けた帯枕をする。

07

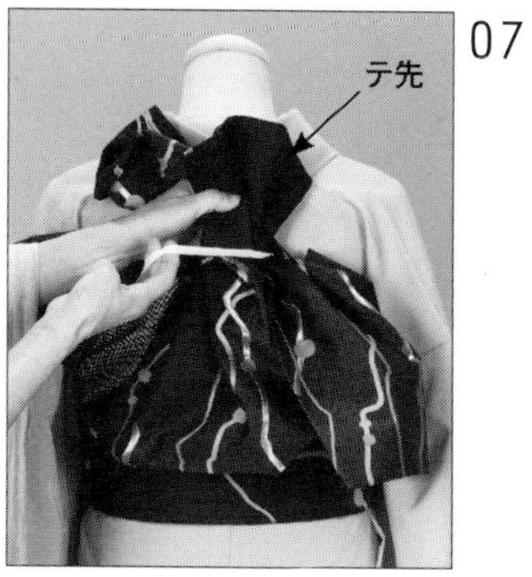

テ先も六枚ヒダにたたみ、三重ゴム紐の[1]で押さえる。

08

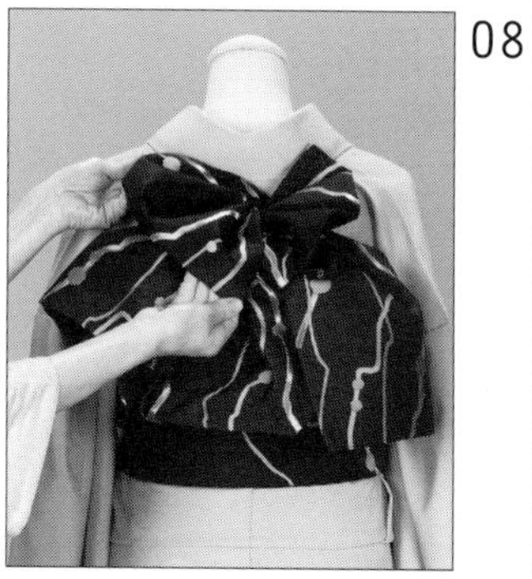

文庫の羽根やヒダをふっくらと形づける。

09

テ元の輪に帯〆を通し締める。

Tips

屏風ヒダから作る飾り羽根

帯結びによく用いられる、基本的な帯ヒダの折り方を覚えておきましょう。

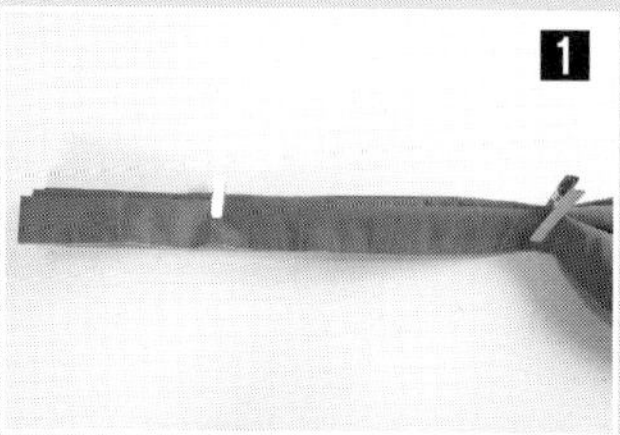

帯の丈に平行に、ヒダを何枚かたたみ（屏風ヒダ）、ヒダの折り山を通して、テ先と元の２ヶ所をクリップ（またはゴムバンド）で止めておく。

作りたい羽根の長さに合わせて、屏風ヒダを一折りし、
※ここでは、左右の飾り羽根の長さが等しくなるように折っている。

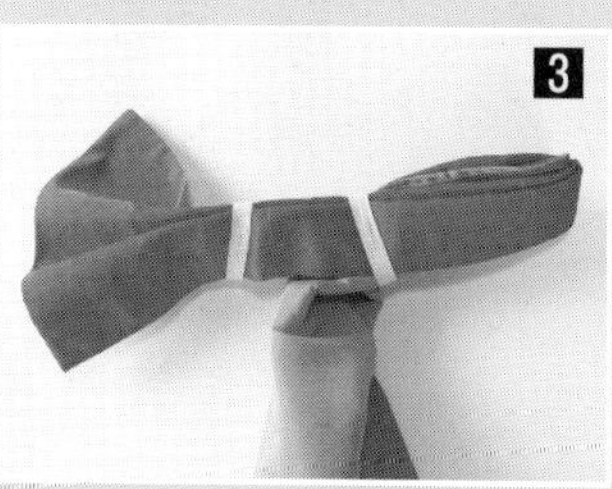

それぞれの羽根元をゴムバンドで止めておく。

輪になった方のヒダ山を引き出し、整えて、屏風ヒダをつかった飾り羽根のできあがり。

25

OBI-MUSUBI

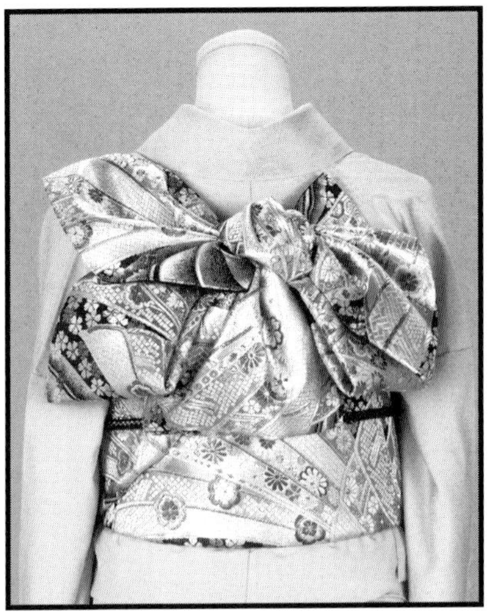

流れるような曲線で構成された変わり文庫。一見複雑に見えますが、作り方はシンプルです。

【※1】75ページ／No.22のループヒダの作り方を参照のこと。
【※2】タレ先を上げてお太鼓部分を形作っているため、**柄の向きがある帯で結ぶ場合**には、**テ先とタレ先のヒダを逆にする**必要があります。

01

テを下、タレを上に結ぶ。

02

テ先にループヒダ【※1】を作り、

03

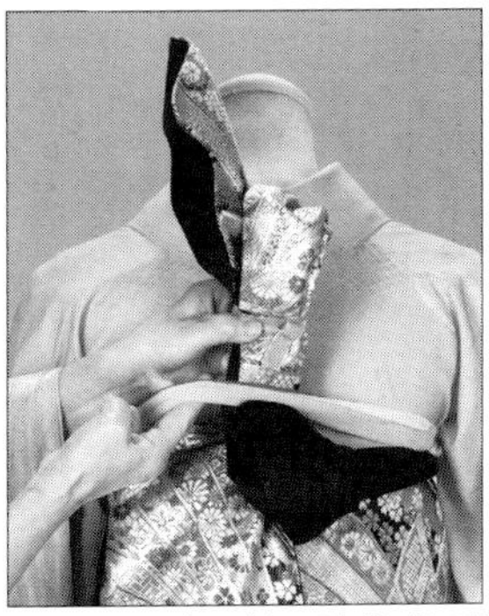

テ先のループヒダを三重ゴム紐で背に押さえる。

04

テ元の余分は胴帯の中に入れ込む。

05

タレ元の帯幅を2/3幅にたたみ、左肩で折り返し、羽根元に1つ追いヒダをとって左羽根を作る。

06

三重ゴム紐の[1]をかけて、左肩におさめる。

07

右羽根も同様に、帯幅を2/3幅にたたんで右肩で折り返し、羽根元に下向きの1つ追いヒダをとり、

08

三重ゴム紐の[2]を掛ける。

09

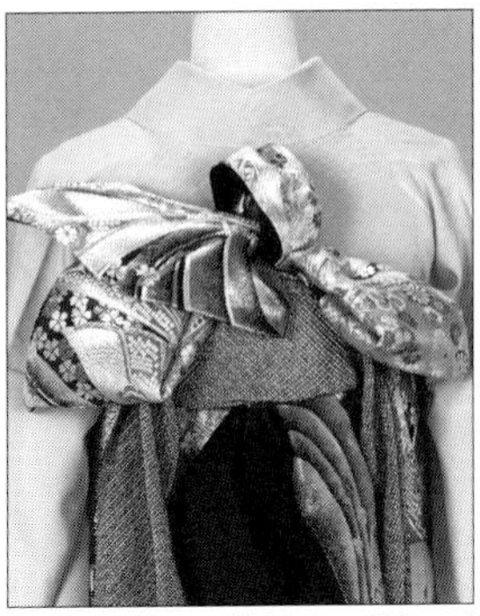

帯揚げを掛けた帯枕をし、残りのタレ先で右羽根の上の飾りヒダと、お太鼓を作る【※2】。

10

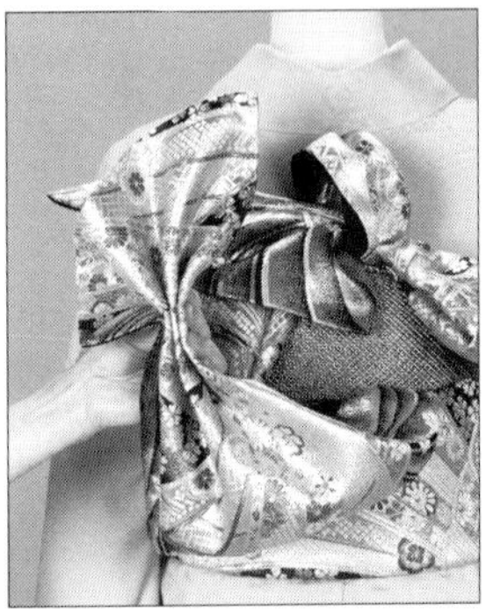

タレ先にバイアスヒダをとり、

11

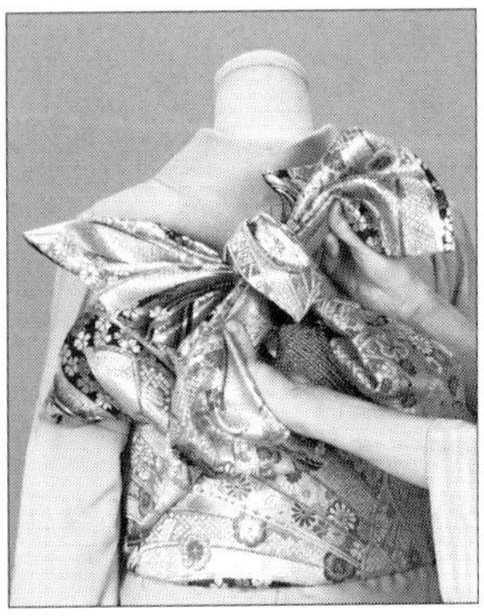

テ先のループに、左から通して右に引き出し、

12

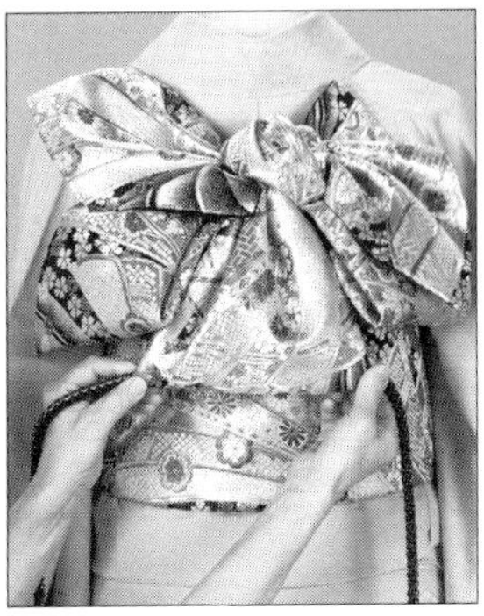

羽根の上に飾る。
タレの輪に帯〆を通し締める。

26

OBI-MUSUBI

色とり彩りの花びらの重なりを感じる、ファッショナブルな文庫系変わり結び。

【※1】作り方は75ページ／No.22のループヒダと同様ですが、この帯結び(No.26）のループヒダの「ループ」には、ヒダを通さないので、タイトに整えます。
【※2】上げたタレ先でお太鼓部分を形作っているため、**柄の向きがある帯で結ぶ場合**には、**テ先とタレ先のヒダを逆にする**必要があります。

01

テを下、タレを上に結ぶ。

02

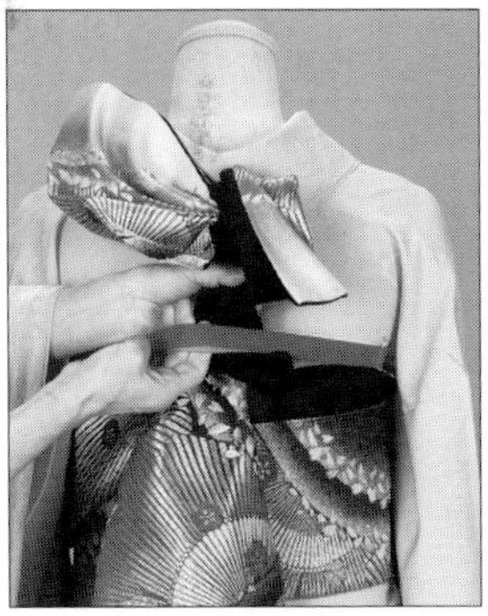

テ先に飾りヒダ【※1】をつくり、三重ゴム紐で背におさめる。

03

テ元の余分はたたんで胴帯の中に入れ込む。

04

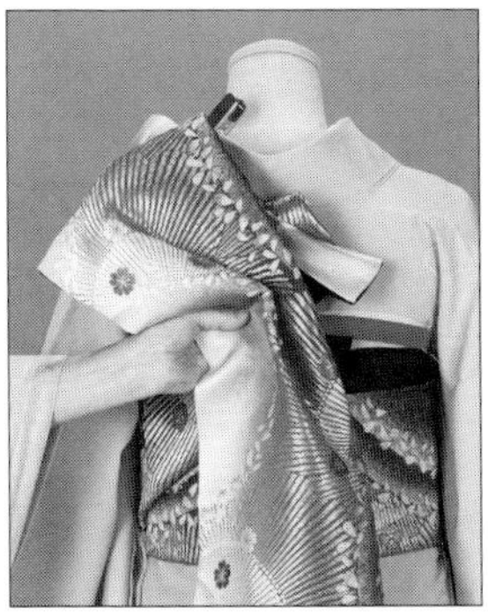

タレ元から文庫の羽根を作っていく。帯幅を2/3位に整え、左肩で折り返して羽根元に1つ追いヒダをとり、

05

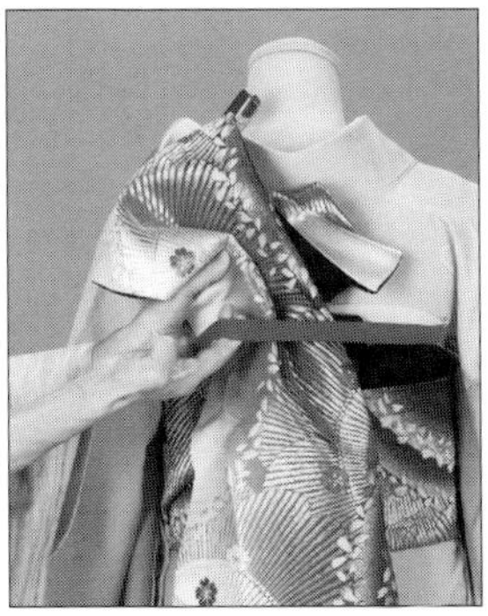

三重ゴム紐の[1]を掛け、左肩におさめる。

06

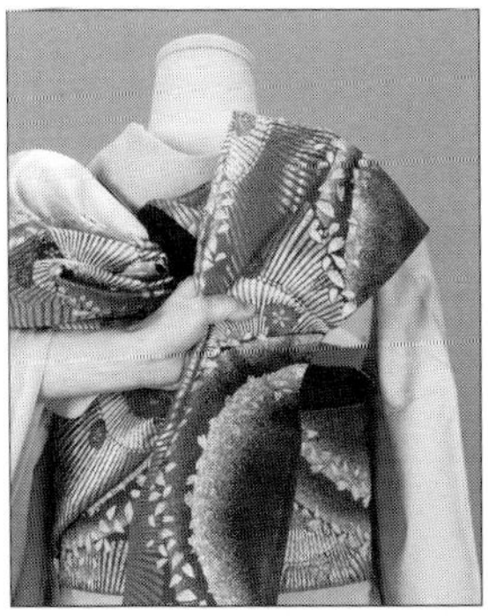

右羽根も同様に帯幅を2/3位に整えて右肩で折り返し、

07

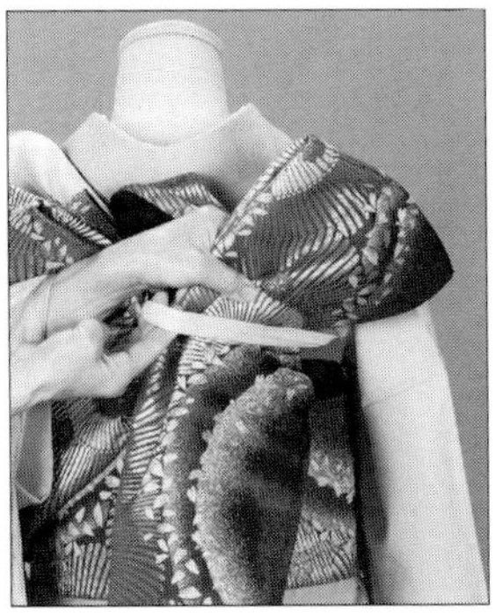

羽根元に1つ追いヒダをとり、三重ゴム紐の[2]に掛ける。

08

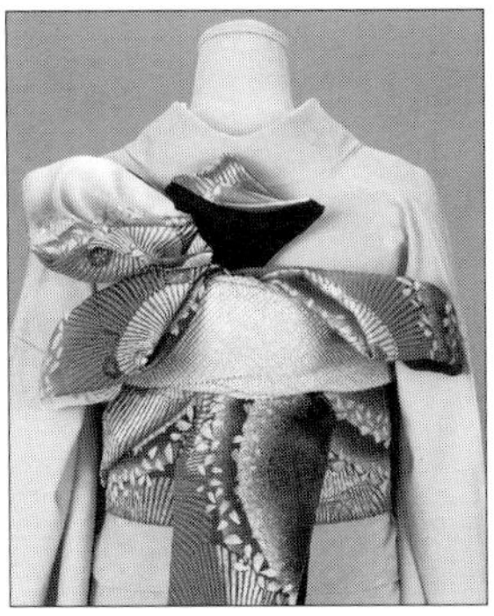

帯揚げを掛けた帯枕をし、左右の羽根を枕の上にふっくらと被せ、整える。

09

タレ先にバイアスヒダをとり、

10

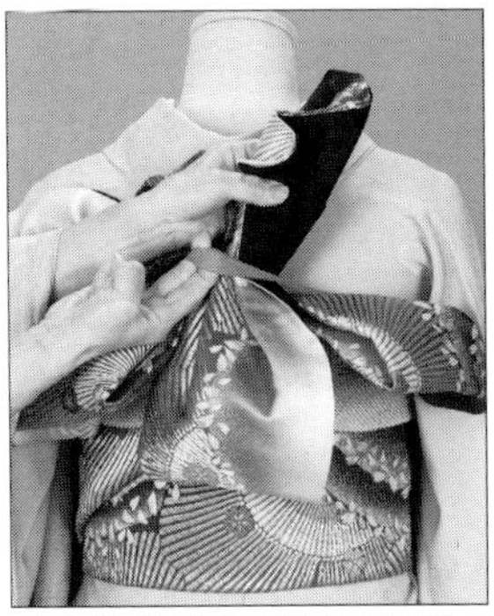

三重ゴム紐の[3]に下から上に通して、

11

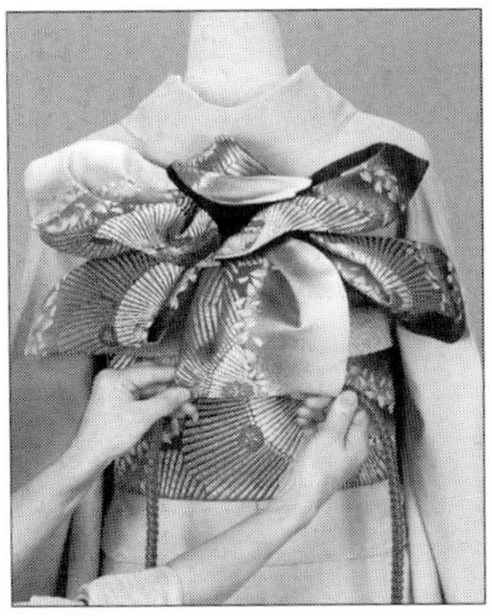

右羽根の上に飾る。タレ元の輪に帯〆を通し締める【※2】。

12

できあがり。

27

OBI-MUSUBI

青空に向かって大きく羽ばたく翼をイメージさせる、上向きの躍動感ある文庫結び。

01

テを下、タレを上に結ぶ。タレ先50cmの所を箱ヒダにたたみ、

02

三重ゴム紐で背に押さえる。

03

残りのタレの輪で左右の文庫の羽根を形作る。帯2枚を重ねて六枚ヒダにたたみ、

04

三重ゴム紐の[1]を掛けて、左肩におさめる。

05

右羽根も同様に六枚ヒダにたたみ、三重ゴム紐の[2]を掛けて、右肩におさめる。

06

羽根元・下部をつまんで、羽根の下側を上側より短く整え、

07

上向きの羽根を、左右対称に形づける。

08

テ先を左脇で表に折り返し、中心に六枚ヒダをたたんで小さな羽根を作り、

09

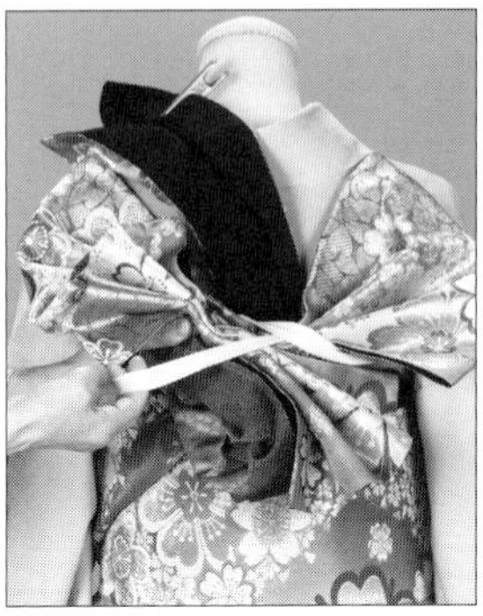

左羽根を三重ゴム紐の[1]に掛け、

10

右羽根を三重ゴム紐の[2]に掛け、大きな羽根の下にそわせるように、おさめる。テ元の余分は、たたんで胴帯の中に入れ込む。

11

帯揚げを掛けた帯枕をして、タレ先を下ろす。

12

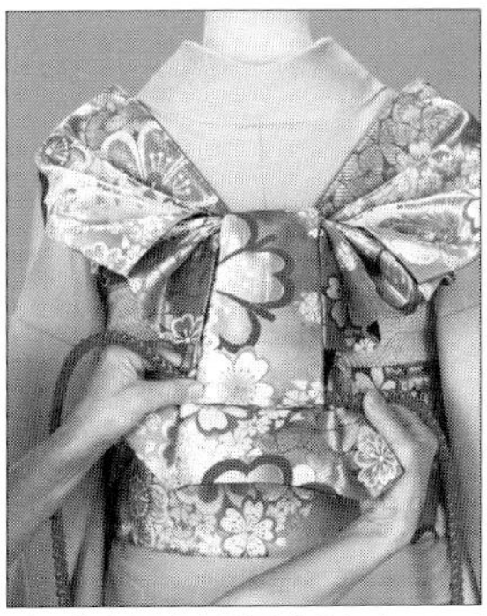

垂れ先を円く広げるようにして、小さなお太鼓を形づけ、帯〆を通し締める。

28

OBI-MUSUBI

左右の羽根の微妙なバランスが可愛らしい、アシンメトリーな文庫結びです。

【※ 1】屏風ヒダから作るループヒダ。
【※2】上げたタレ先でお太鼓部分を形作っているため、**柄の向きがある帯で結ぶ場合**には、**テ先とタレ先のヒダを逆にする**必要があります。

01

テ先にあらかじめループヒダ【※ 1】を作っておき、テを下、タレを上に結ぶ。テ先のヒダはタレ元の下をくぐらせて背中心に置き、

02

三重ゴム紐でヒダ元を背に押さえる。テ元の余分は、たたんで胴帯の中に入れ込む。

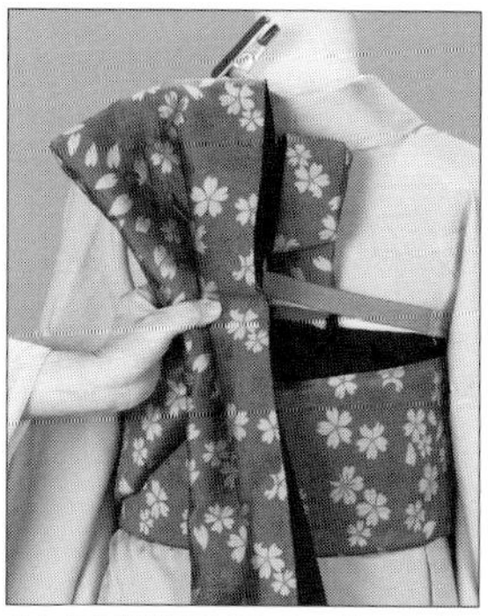

03

タレ元で帯幅 2/3、1つ追いヒダの左羽根を作る。羽根を広げた時に表が出るように、ワを背中心に向けて左肩におさめ、三重ゴム紐の①を掛け、

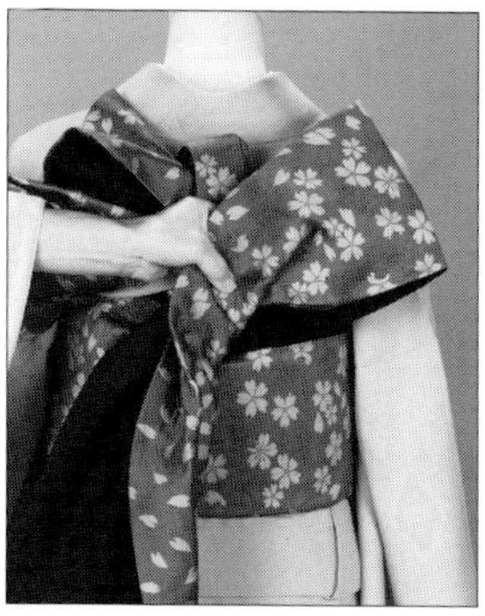

04

続くタレで同様に帯幅 2/3、1つ追いヒダの右羽根を作り、ワを背中心に向けて右肩におき、

05

三重ゴム紐の②を掛け、クロス掛けにする。

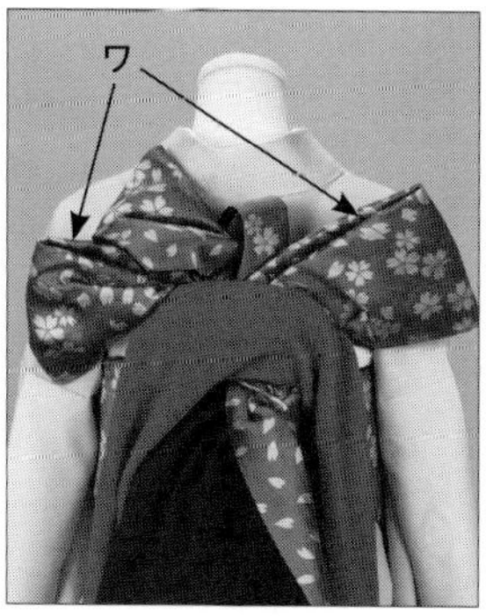

06

帯揚げを掛けた帯枕をする。

07

左右の羽根を枕の上に被せ、ふっくらと形づける。

08

残りのタレ先は三つ山ヒダに折りたたむ。

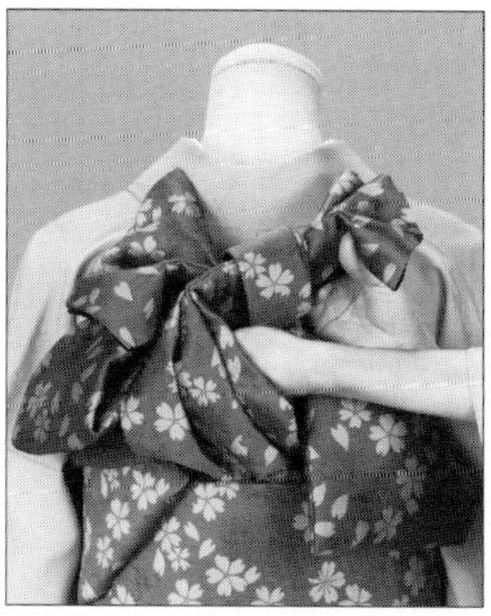

09

タレ先を、テ先のヒダの輪に通して右肩に出し、

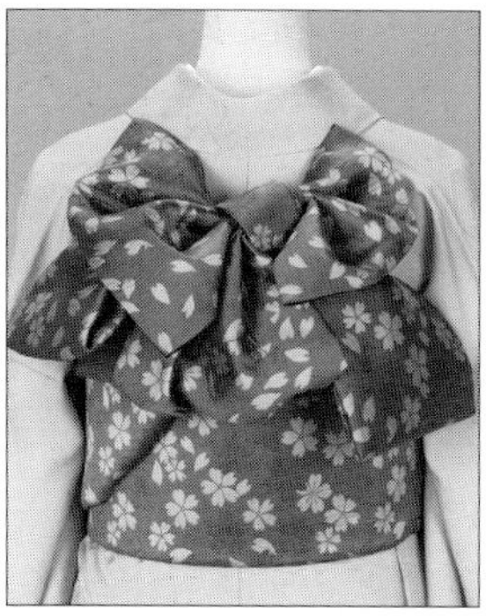

10

右肩にふっくらと飾る。

11

残りのタレの折り山を整え、帯メを通し締める【※ 2】。

【※ 1】屏風ヒダから作るテ先のループヒダの作り方

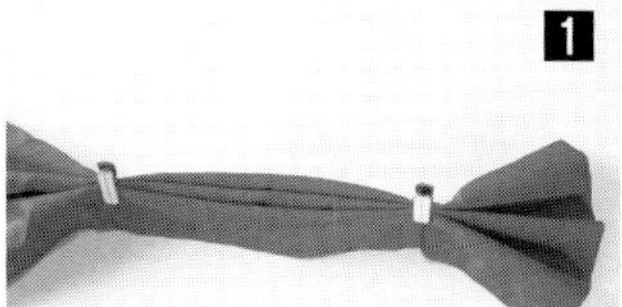

1

ループ分

最少で 15cm、通常 20cm 必要

帯の丈に平行に屏風ヒダをたたみ（六枚ヒダ）、2ヶ所をクリップで止めておく。なお、ループに必要な長さは、最少で 15cm、通常 20cm 必要。

2

クリップを合わせるようにしてループを作り、ゴムバンドで止め、テ先のループヒダのできあがり。

29

OBI-MUSUBI

文庫風に羽根を下げて飾った、優しく、可愛らしい印象のお太鼓結びです。

01

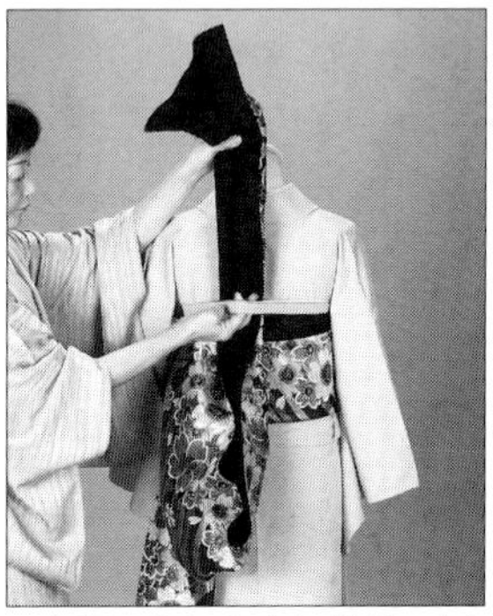

テを下、タレを上に結ぶ。タレ先80cmの所に箱ヒダをとり、裏側から三重ゴム紐で背に押さえる。

02

残りのタレの輪で左右の大きな羽根を作る。手前の帯幅1/3を裏側に折り込み、帯幅を2/3に整え、

03

羽根元に1つ追いヒダをとり、折り山を左右に通す。

04

左羽根を三重ゴム紐の①に下から通して左に出す。

05

右羽根は、三重ゴム紐の②に下から通して上に出し、

06

クロス掛けにする。

07

テ先は二つ折にし、ワを下にして右脇で折り返し、

08

中心で1つ追いヒダをとり、ゴム紐で止めておく。

09

テ先のヒダを、三重ゴム紐の③に下から通し、

10

大きな羽根の上におさめる。テ元の余分は整えて、胴帯の中に入れ込む。

11

帯揚げを掛けた帯枕をする。

12

タレ先を下ろし、お太鼓を形づけて帯〆を通す。

30

OBI-MUSUBI

ヒダの枚数や、文庫の羽根の長さの配分で、さまざまな表情を楽しめる文庫結びです。帯によっても雰囲気が変わり、幅広く便利に結べます。

▼ **アレンジ**

左右の文庫の羽根をたっぷりとったもの

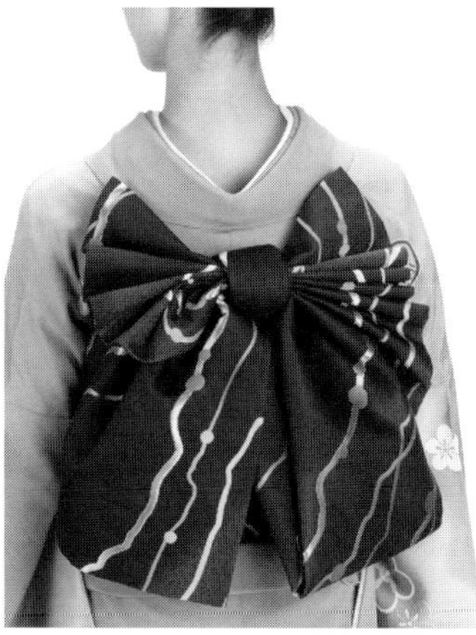

【※1】ループ分として15cm～20cmが必要。テ先の柄がたっぷりあれば、左の文庫の羽根もたっぷりとれる。

【※2】タレ先を手前にして、帯の右端に向かって、斜めにヒダを折っていく。

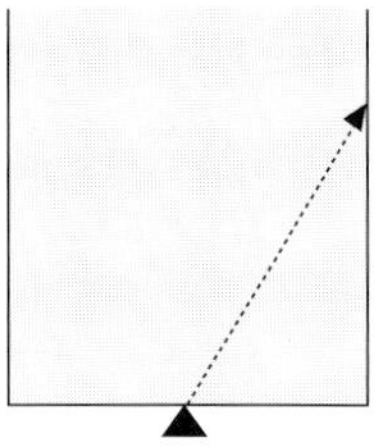

タレ先

01

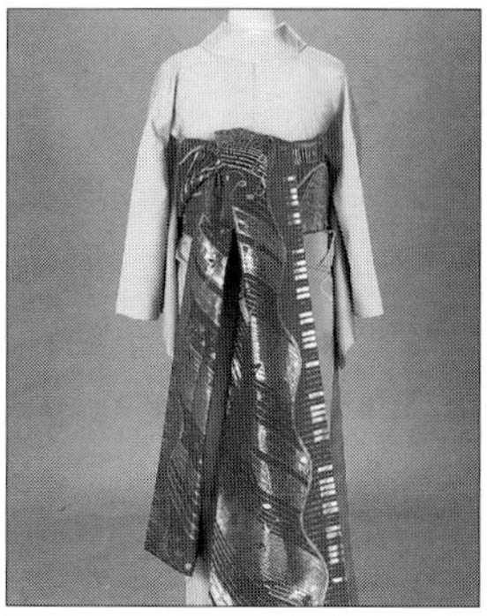

テを下、タレを上に結ぶ。

02

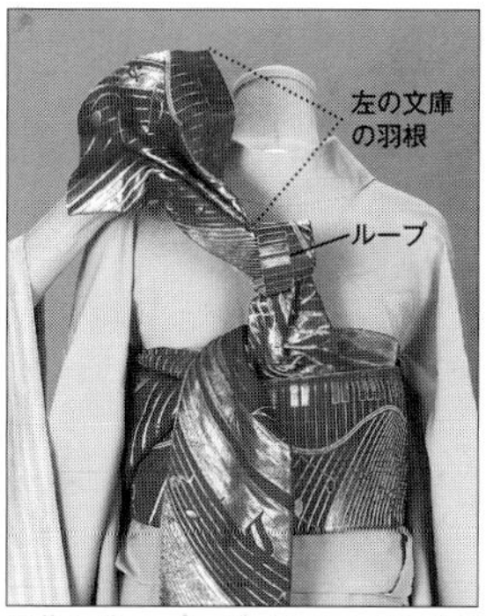

テ先にループヒダ（左の文庫の羽根＋ループ）を作り【※1】、背中心に置く。テ元の余分は、胴帯の中に入れ込む。

03

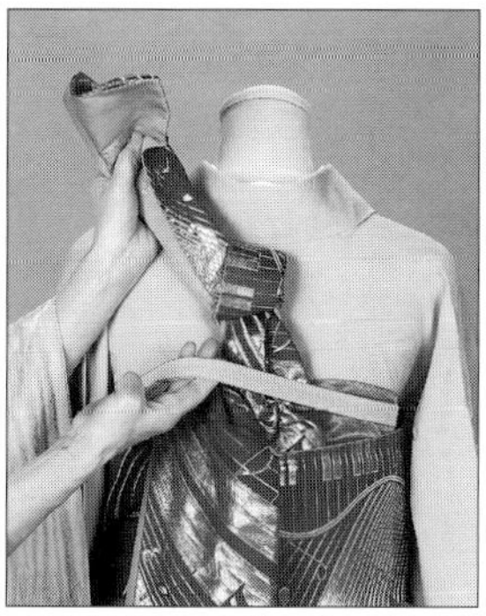

三重ゴム紐で、テ先のループヒダを押さえる。

04

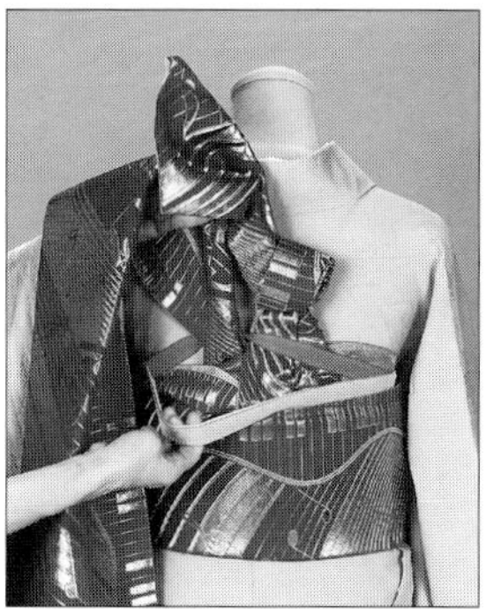

タレを元から、三重ゴム紐の2本（①②）に通しておく。

05

タレ先に飾りヒダを作り【※2】、ヒダ元をゴムバンドで止める。

06

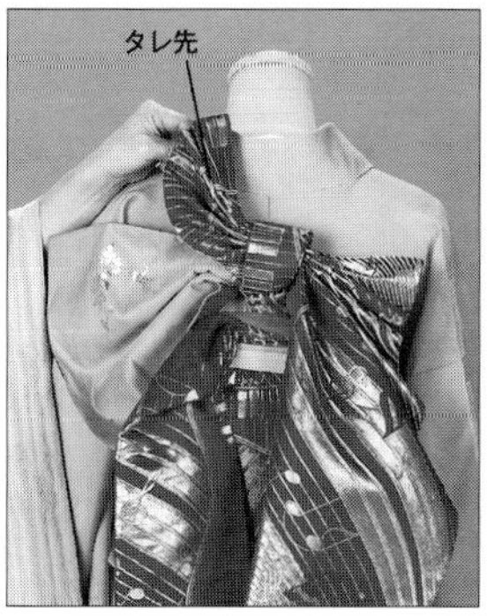

タレ先のヒダを、テ先のループに右から通し、左肩に出す。残りのタレの輪で、文庫の右羽根とお太鼓部分を作っていく。

07

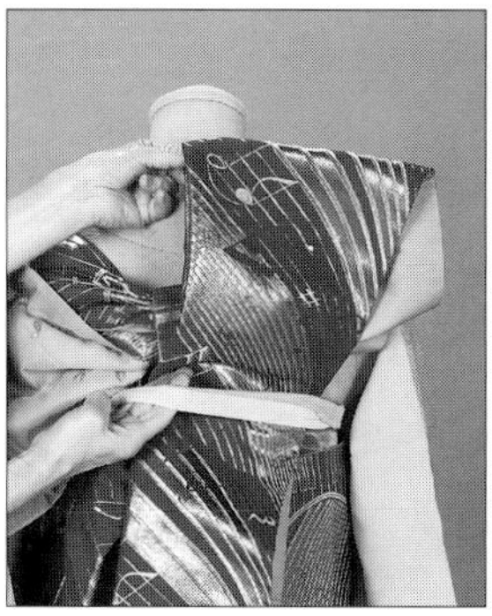

タレ先から続いて右羽根を形づけ、三重ゴム紐の2本（①②）で押さえる。

08

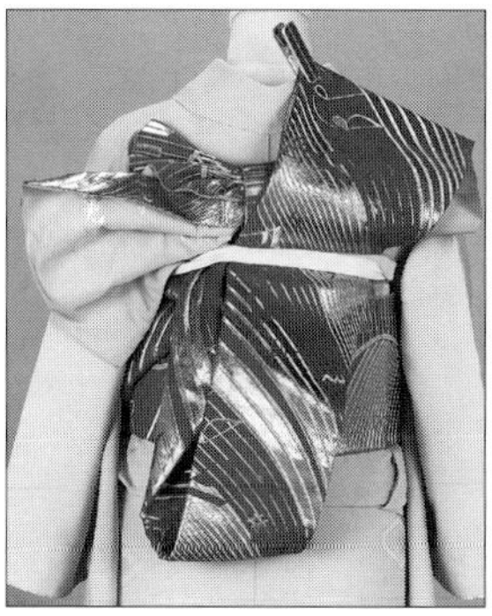

残りのタレは帯幅を半分に整え、

09

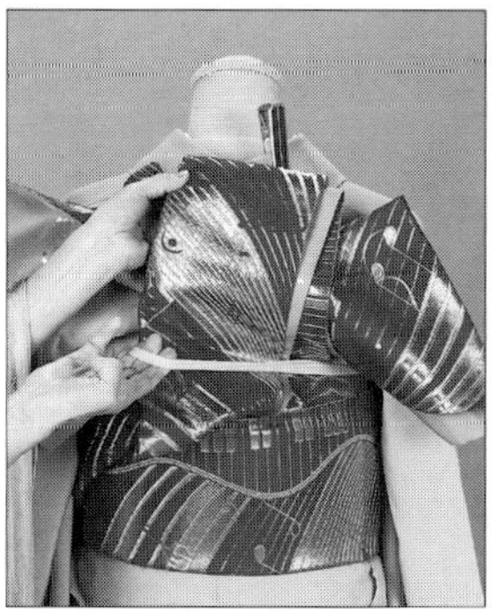

真上に折り上げて三重ゴム紐の①で押さえる。この部分がお太鼓になる。

10

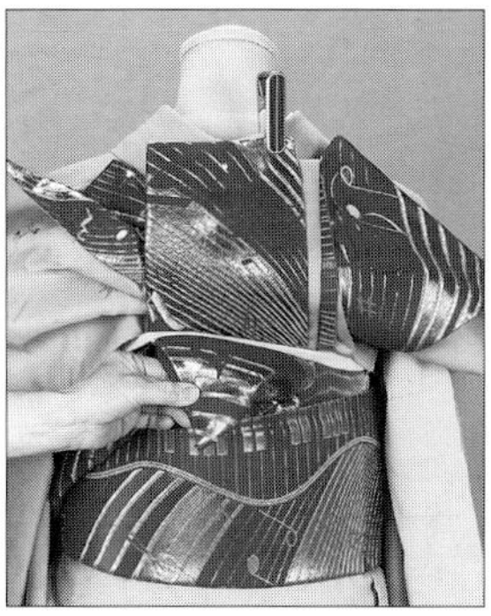

タレ元の余分は三角に整えて、胴帯の中に入れ込む。

11

帯揚げを掛けた帯枕をする（帯枕は、タレ元の輪の中におさめてもよい）。

12

タレ元の輪を下ろし、帯〆を通し締め、できあがり。

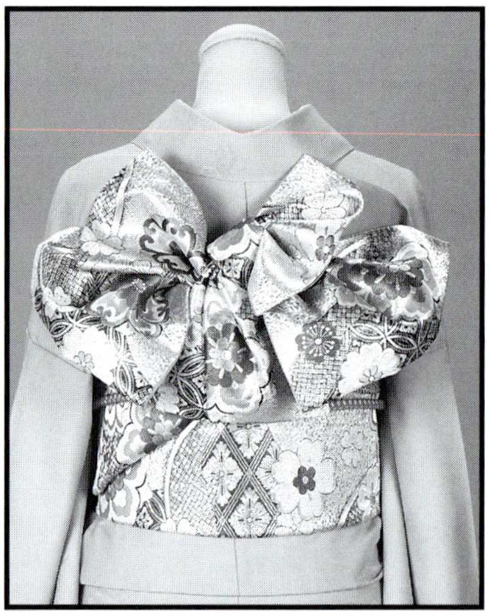

31

OBI-MUSUBI

柔らかな優しい曲線で、
大らかに結び上げた、
文庫系変わり結び。

01

テを下、タレを上に結ぶ。タレ先50cmを二つ折にし、さらに追いヒダを1つとって三つ折にする。

02

タレ先50cmの所（帯山になる所）を裏側から三重ゴム紐で押さえる。

03

残りのタレの輪で文庫の羽根を作る。輪を広げて帯2枚を重ね、羽根の中心に六枚ヒダをとる。

04

左羽根は、三重ゴム紐の①に下から通して左肩に出し、

05

右羽根は、三重ゴム紐の②に下から通して右肩に出し、

06

クロス掛けにする。

07

テ元の余分は整えて胴帯の中に入れ込み、帯揚げを掛けた帯枕をする。

08

テ先に六枚ヒダをたたんでゴムバンドで止め、

09

その上にタレ先を被せる。

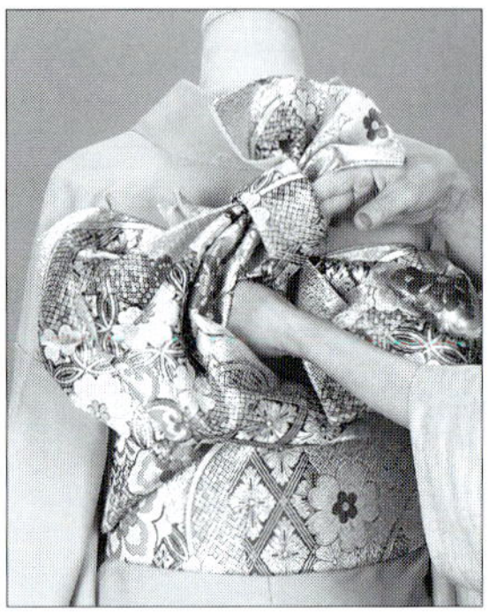

10

タレ先は、テ先の奥をくぐらせて左肩に出し、

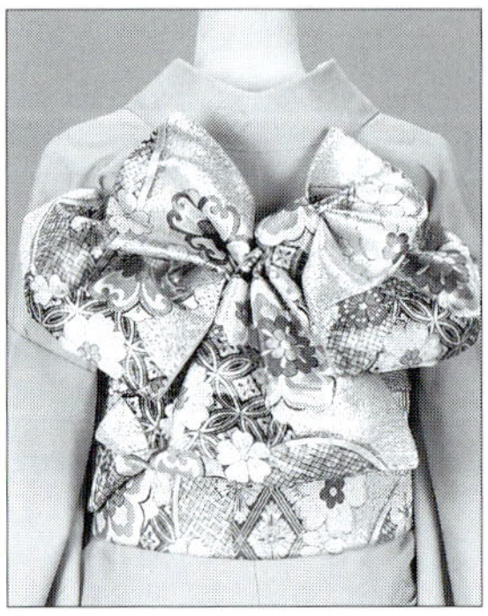

11

左羽根の上に飾り、元を締める。テ元の輪は、2つ追いヒダに整え、

12

帯〆を通し締める。

Tips

バイアスヒダの作り方

1

帯角を三角に折り返し、

2

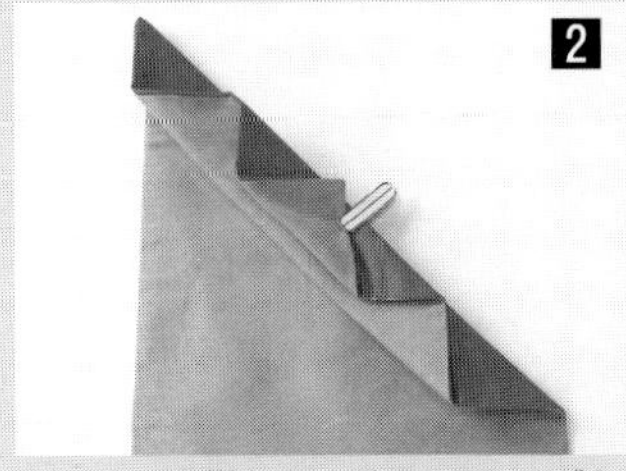

折り山から帯角までバイアスにヒダをたたむ。

3

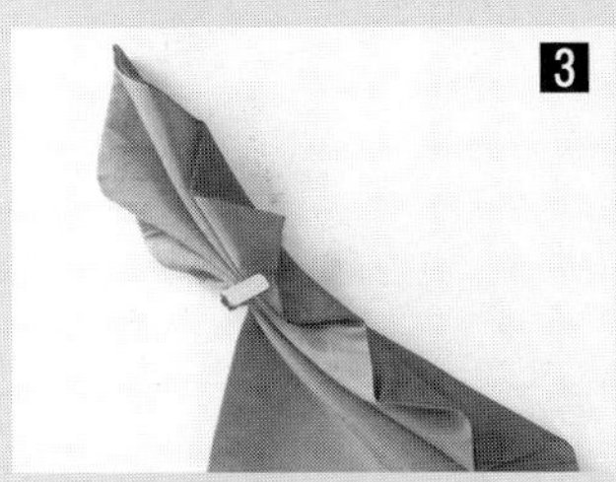

反対側にも同様にヒダをたたみ、

4

バイアスヒダのできあがり。ヒダ元をゴムバンドなどで止めておく。
※ヒダ先を下げて使うことが多い。

5

ヒダの角度や幅、ヒダ元に設定するポイントを変えて、アレンジできる。

32

OBI-MUSUBI

バイアスヒダと追いヒダで作るヒダの線を生かして、大らかに結び上げた変わり立て矢。

01

テを下、タレを上に結ぶ。
タレ先にバイアスヒダをとり、

02

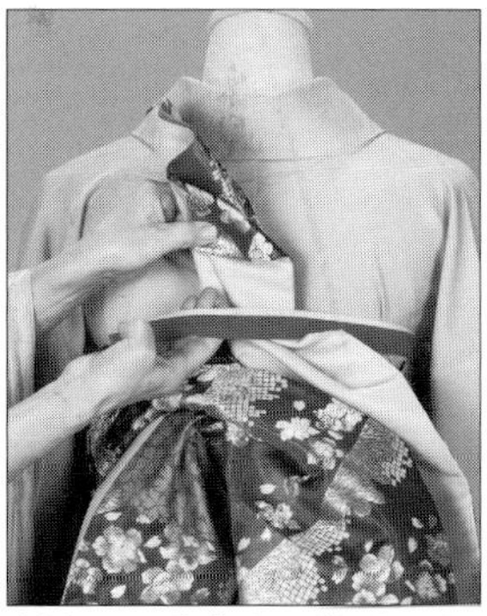

裏側から三重ゴム紐で背に押さえる。

03

残りのタレの輪で、立て矢の羽根を作る。2つ追いヒダにたたんで、

04

左羽根を三重ゴム紐の①に下から通して左肩に出す。

05

帯揚げを掛けた帯枕をする。

06

テ先を上げてヒダをとり、

07

三重ゴム紐の１本に、上から下にくぐらせて立て矢・左羽根の上、タレ先のバイアスヒダの下に、裏が出ないようにヒダを広げて形づける。

08

テ元の輪を帯枕の上に被せ、ヒダの折り山を通す。

09

帯〆をテ元の輪に通し、できあがり。

33

OBI-MUSUBI

横に広がりを持たせ、ざっくりと結び上げた文庫系変わり結び。

01

テを下、タレを上に結ぶ。タレ先45cmを三つ山ヒダにたたみ、タレ先より15cmの所をゴムバンドで止めておく。

02

タレ先45cmの所を三重ゴム紐で背におさめる。

03

タレの輪で左右の文庫の羽根を作り、左羽根を三重ゴム紐の[1]で押さえ、

04

右羽根を三重ゴム紐の[2]で押さえる。

05

タレ先をタレ元に輪ができるように一回転させ、三重ゴム紐の[1]に下からくぐらせて上に出す。

06

ここまでの状態。

07

テ元の余分はたたんで胴帯の中に入れ込む。

08

帯揚げを掛けた帯枕をする。

09

テ先に八枚ヒダをたたみ、元をゴムバンドで止め、

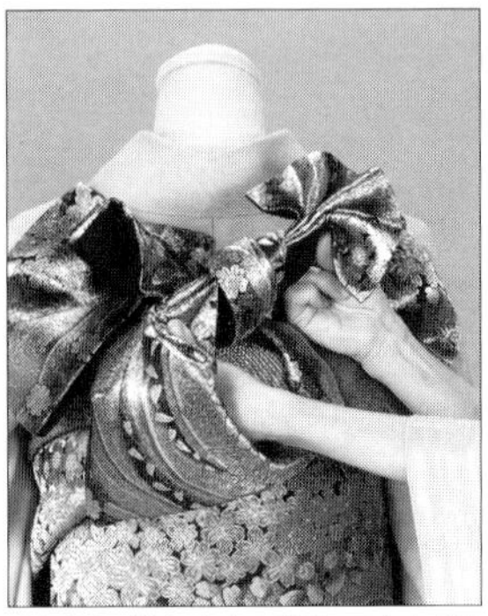

10

タレ元の輪に左から通して右に出し、

11

羽根、飾りヒダをバランスよく整える。

12

帯メを通し締める。

34

OBI-MUSUBI

バイアスヒダ、六枚ヒダなど、シンプルなヒダの組み合わせでふくよかに結び上げた、横に広がりのある文庫結び。

01

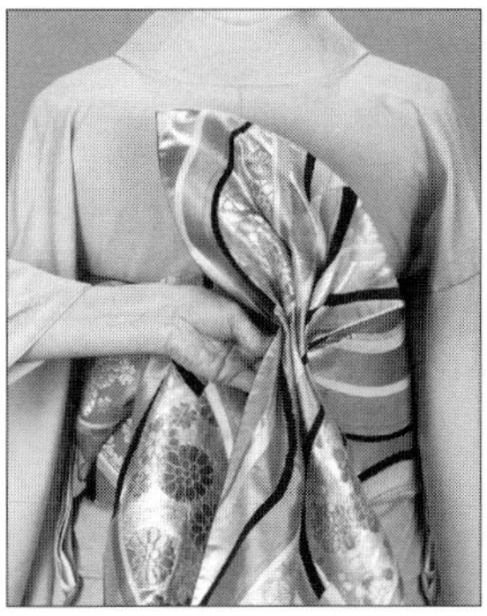

テを下、タレを上に結ぶ。
タレ先にバイアスヒダを作り、

02

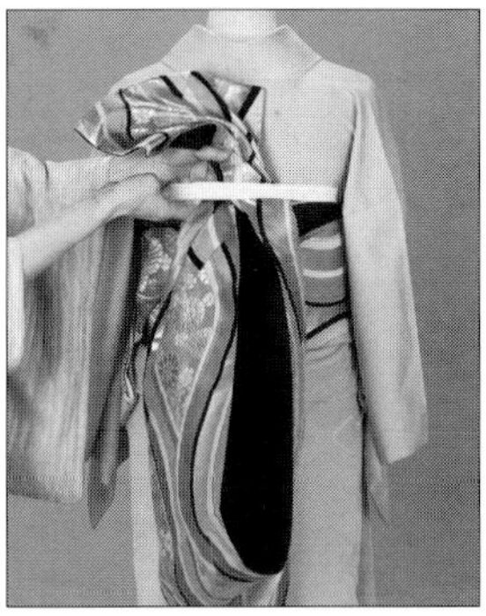

三重ゴム紐で背におさめる。

03

残りのタレの輪で文庫の羽根を作る。帯2枚を重ね、羽根元に2つ追いヒダをとって左肩におき、

04

三重ゴム紐の①をかける。

05

右羽根も同様に形づけて右肩におき、三重ゴム紐の②にかけ、

06

クロス掛けにする。

07

テ元の余分は胴帯の中に入れ込む。

08

帯揚げを掛けた帯枕をする。

09

テ先に六枚ヒダをたたみ、

10

三重ゴム紐の③に、上から通して右羽根の上に出し、表が出るようにおさめる。

11

文庫の羽根、テ先、タレ先のヒダを整える。

12

文庫中心のヒダの折り山を整え、帯〆を通し締める。

35

OBI-MUSUBI

背中心の花びらヒダを中心に、羽根やヒダを飾りました。文庫と立て矢の雰囲気を併せ持った帯結びです。

【※1】花びらヒダの作り方

4cm幅で一巻し、残りを巻きつける。ヒダを開いて整え、花びらヒダのできあがり。

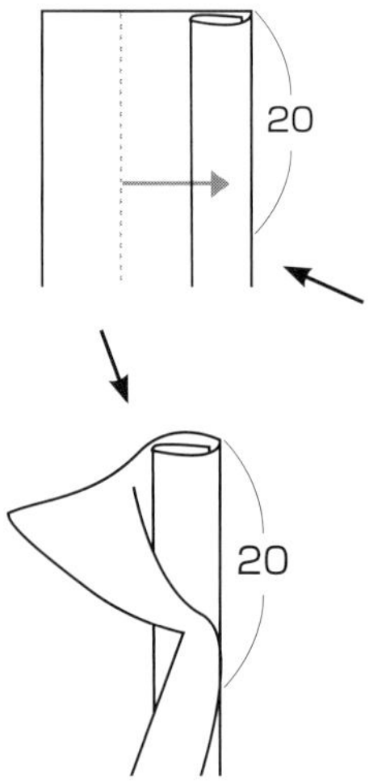

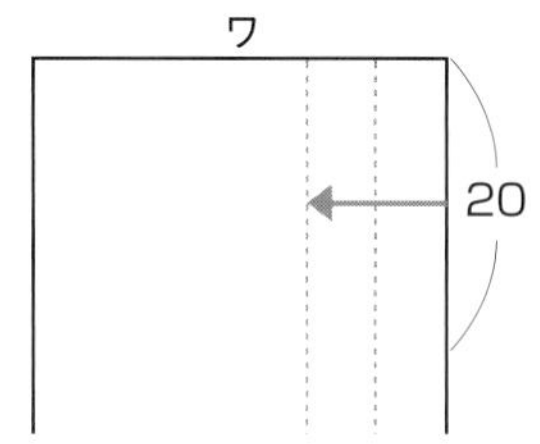

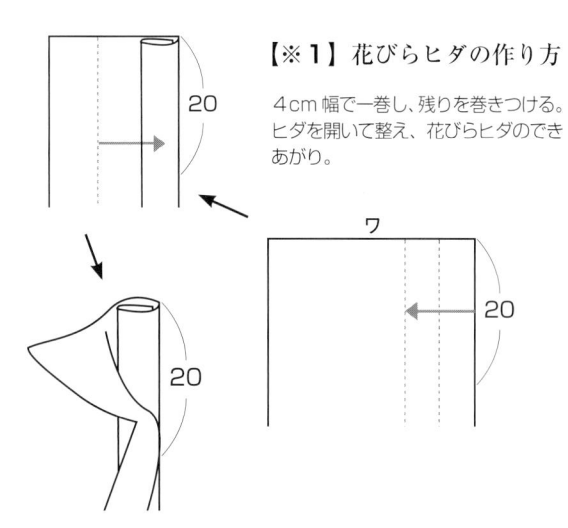

01

テを下、タレを上に結ぶ。タレ元20cmに花びらヒダ【※1】を作り、

02

三重ゴム紐で背に押さえる。

03

タレ先に六枚ヒダをたたみ、

04

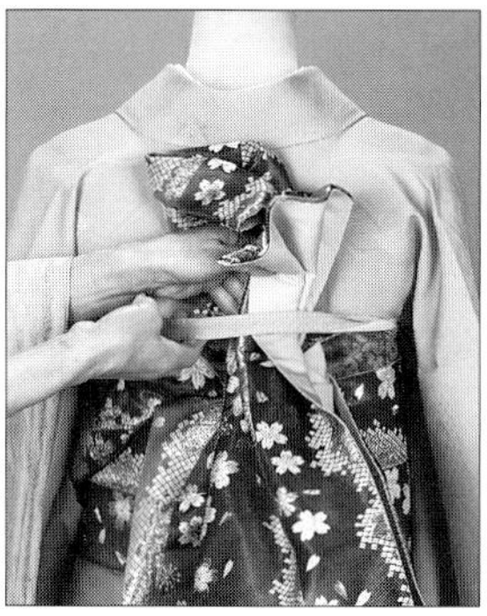

三重ゴム紐に下から通して上に出し、タレ元のヒダに重ね、おさめる。

05

残りのタレの輪を左右に広げて帯2枚を揃え、羽根の中心でヒダを大きく1つとり、

06

三重ゴム紐の1で背に押さえる。

07

ここまでの状態。

08

羽根の下、結び目の上に帯枕をする。

09

テ先に六枚ヒダをたたみ、

10

三重ゴム紐の2に下から通して上に出し、

11

テ元の輪の上にふっくらと飾る。

12

テ元の輪に帯〆を通し締める。

36

OBI-MUSUBI

大らかに、ざっくりと結んだ大胆な帯結び。タレ元から順々に羽根を作っていきます。

01

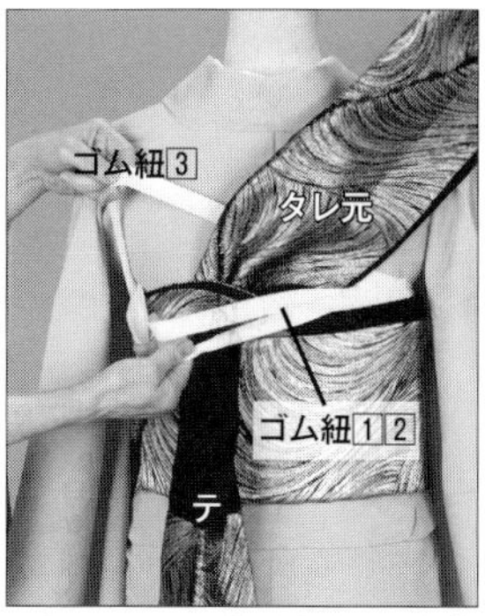

テを下、タレを上に結ぶ。三重ゴム紐を背におさめ、タレ元を三重ゴム紐の[1][2]に下から通す。

02

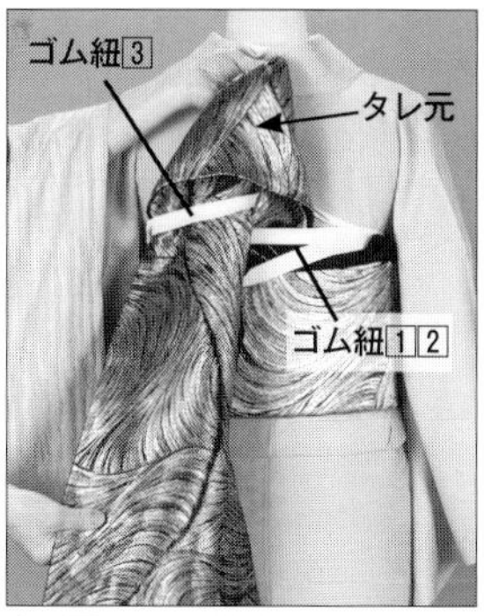

タレ元にループ分（一手分位）を残し、タレ先を、三重ゴム紐の[3]に上から下に通す。

03

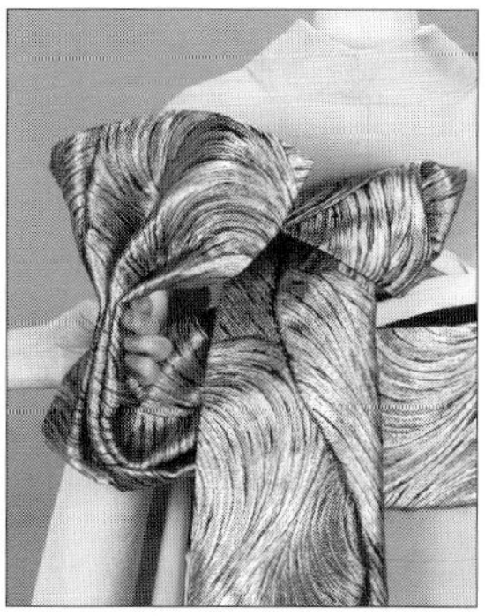

テ先にヒダをとり、

04

ヒダ元をゴムバンドで止める。タレ元のループに、左から

05

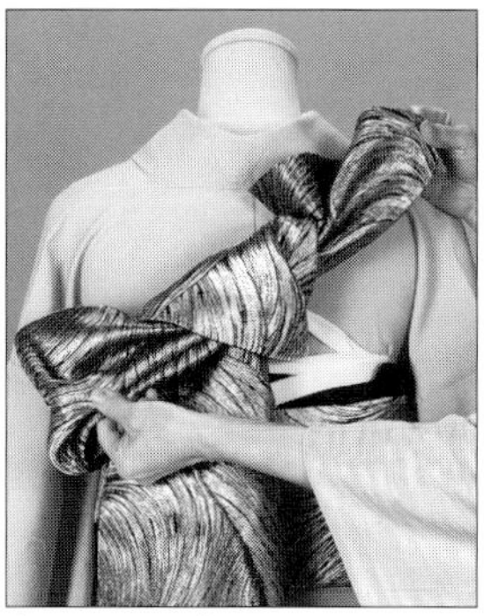

右に通して、背におさめる。

06

続くタレを左肩に折り上げて１つ追いヒダをとり、三重ゴム紐の[2]で押さえる。

07

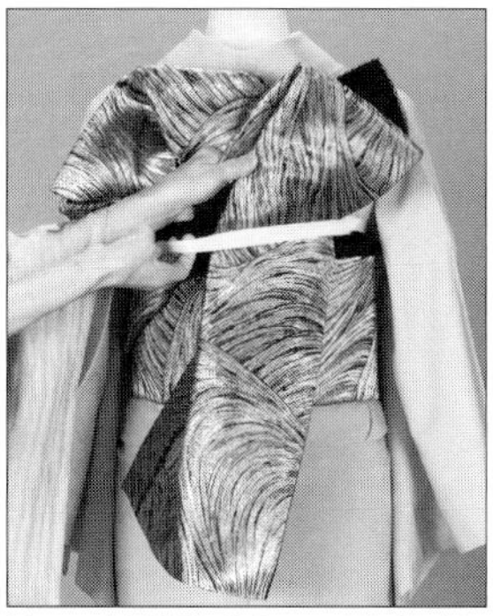

続いて右羽根を作り、三重ゴム紐の[1]で押さえる。

08

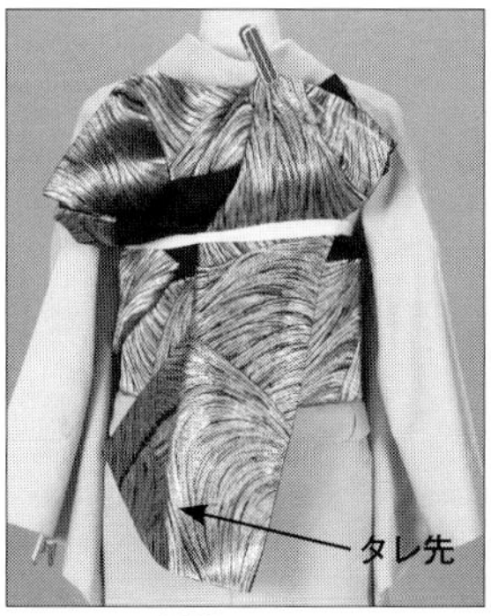

ここまでの状態。

09

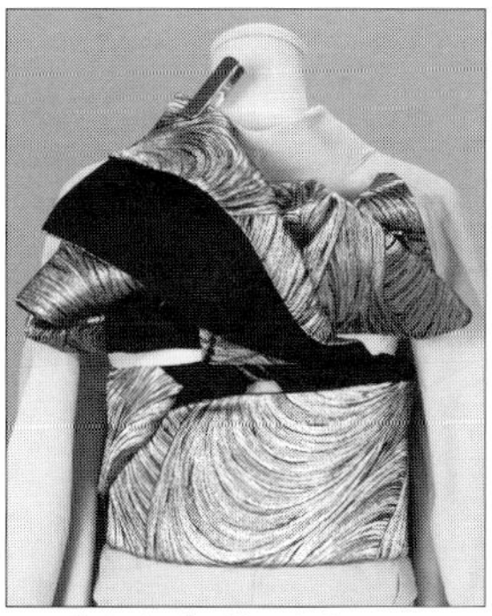

タレ先を上げ、帯の余分はたたんで胴帯の中に入れ込む。

10

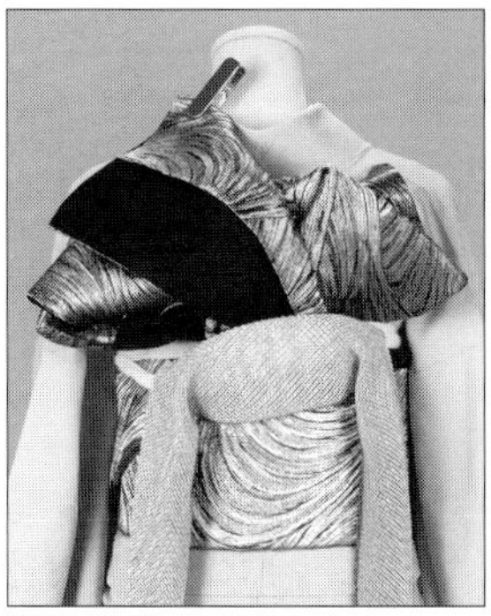

帯揚げを掛けた帯枕をする。

11

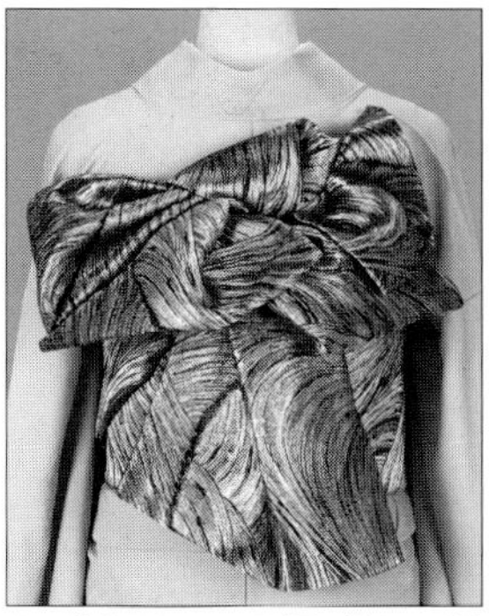

タレ先を下ろし、羽根、飾りヒダを整える。

12

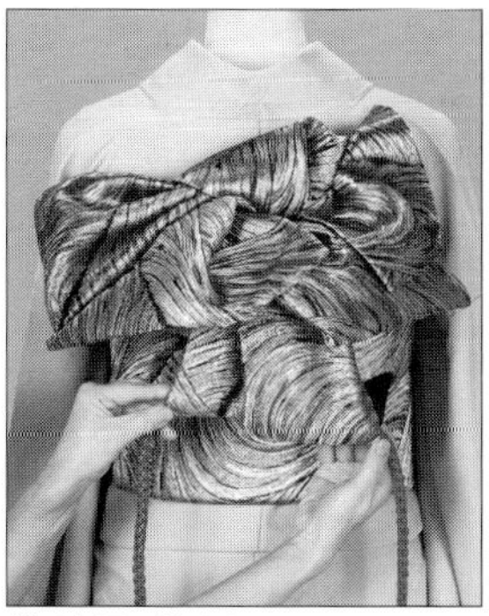

帯〆を通し締める。

37

OBI-MUSUBI

お太鼓、文庫、立て矢に分類できない、デザイン性の高い、躍動的な印象の帯結び。
現代の帯結びの自由な楽しさを感じます。

01

テを下、タレを上に結ぶ。
タレを、三重ゴム紐の①②に下から上に通す。

02

テ先にバイアスヒダをたたむ。

03

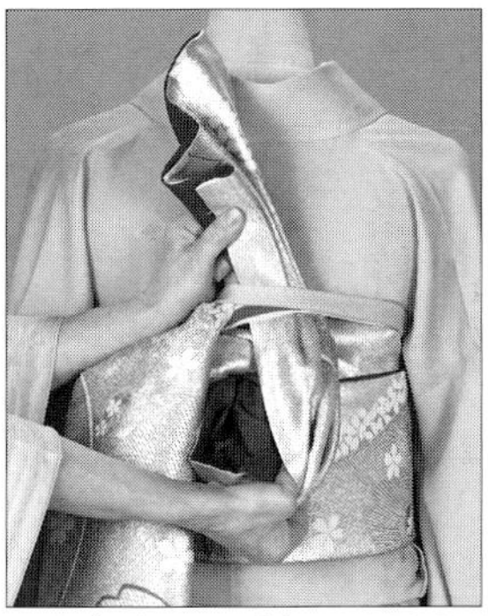

三重ゴム紐の１番奥に、下からくぐらせ上に出す。

04

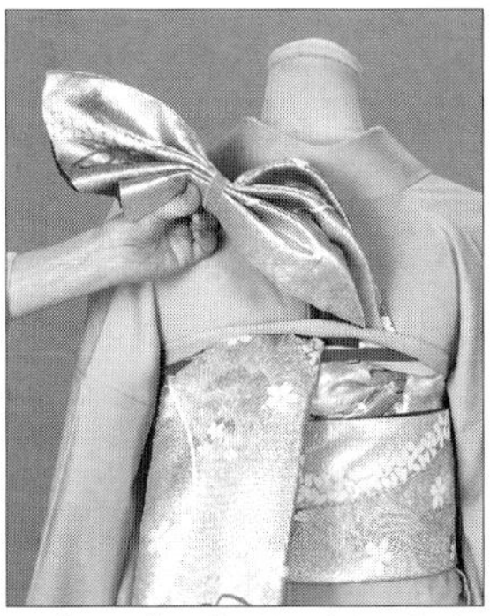

ヒダ元はゴムバンドで止めておく。

05

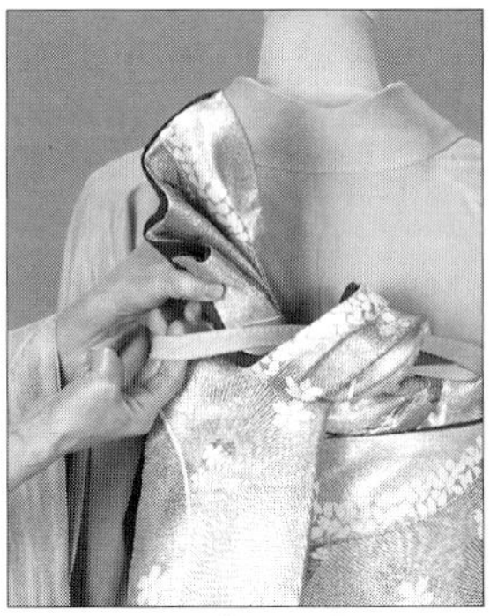

テ先を、三重ゴム紐の③に下からくぐらせ上に出し、テ元にループを作る。

06

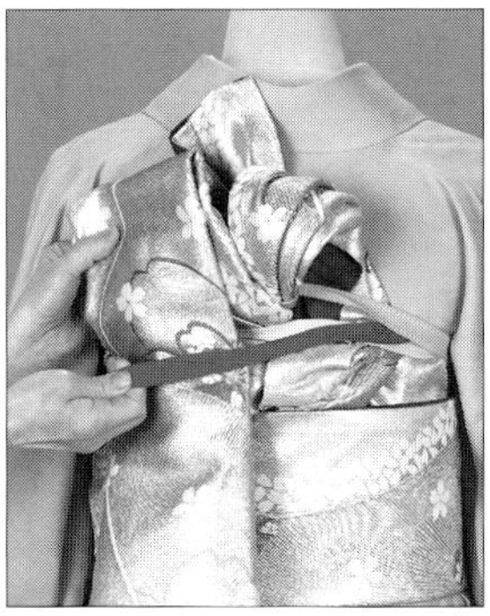

タレ元は帯幅を半分にたたみ（二つ折）、左肩に小さく折り上げ、三重ゴム紐の①で押さえる。

07

タレ先は 60cm 位を三つ山ヒダにたたみ、タレ先から 15cm の所、45cm の所をクリップで止める。

08

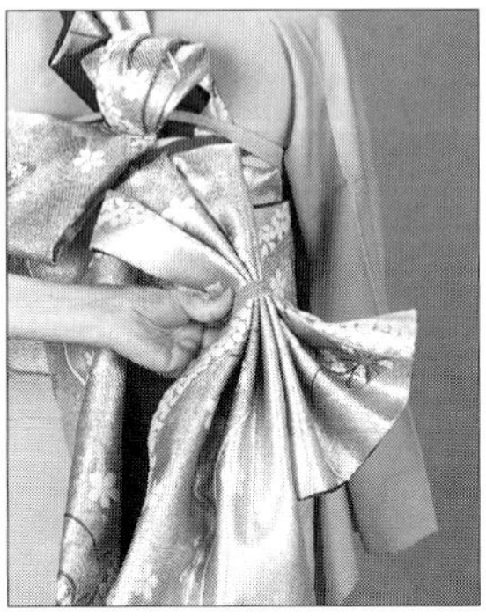

２つのクリップの位置を合わせてゴムバンドで止め、飾りヒダを作る。

09

タレ先の飾りヒダを、テ元のループに右から左に通す。

10

帯揚げを掛けた帯枕をする。

11

残りのタレを下ろしてヒダを通し、クリップの位置に帯〆を通してお太鼓を形づけ、

12

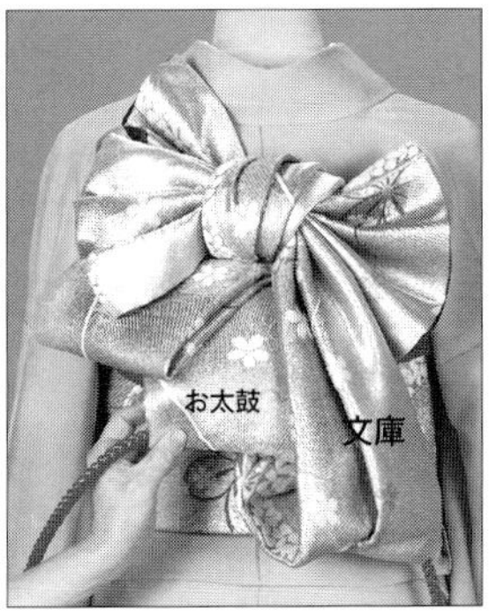

残りのタレで、バランスを見ながら、右下の文庫の羽根を作り、余分は裏側に折り上げるようにして帯〆で通し締める。

38

OBI-MUSUBI

背中心の大輪の花ヒダの周りに、つぎつぎと羽根を重ねて、花束のように結び上げた文庫系変わり結びです。

01

テを下、タレを上に結ぶ。タレ先を裏側にクルクルと3巻きし、それに続く部分にヒダを寄せ、

02

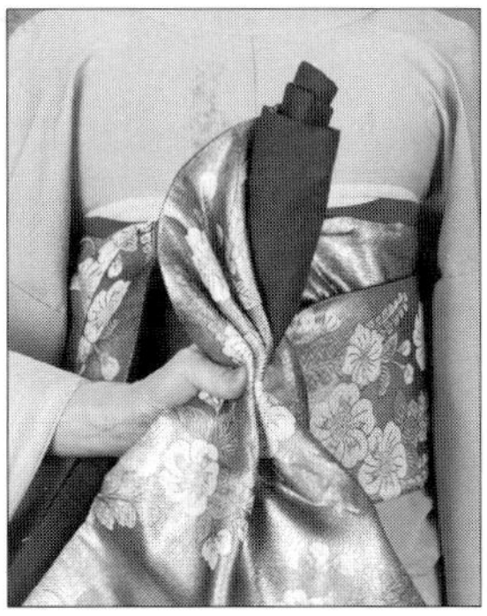

3巻きした所を包み込むようにして、

03

花ヒダを作る。

04

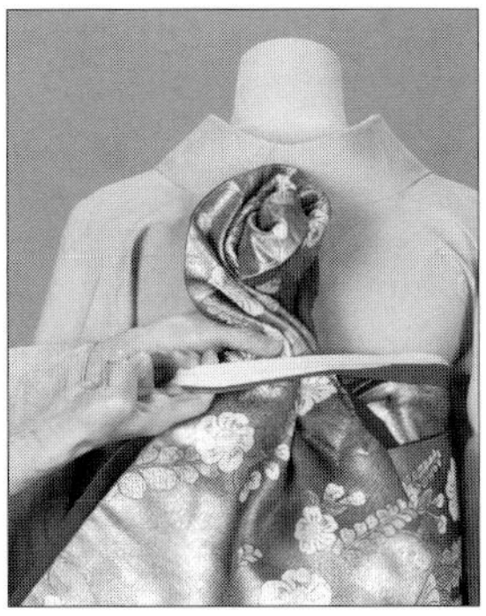

三重ゴム紐で背に押さえる。

05

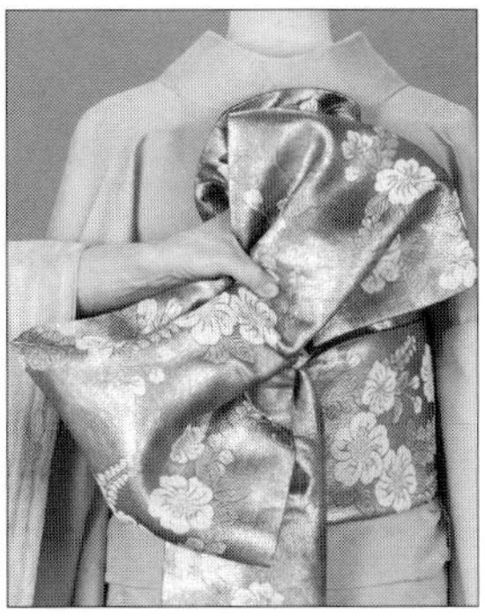

残りのタレの輪は帯2枚を重ねて羽根を作っていく。右羽根を箱ヒダに形づけて、

06

三重ゴム紐の2本（[1][2]）に掛ける。

07

残りで左羽根を作り、

08

三重ゴム紐の1本（[1]か[2]）に掛け、背におさめる。

09

ここまでの状態。

10

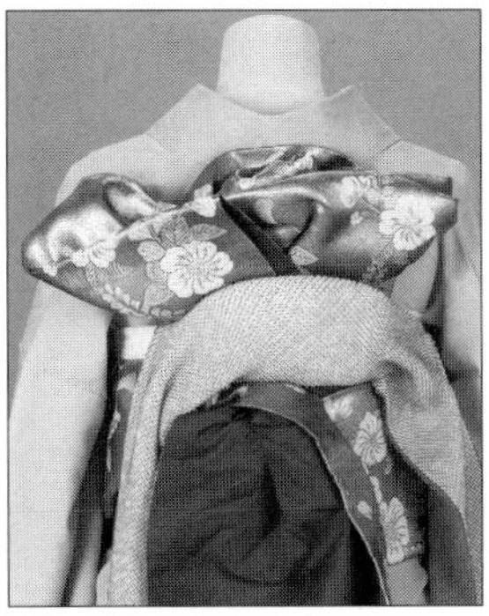

テ先の帯幅を元から広げ、結び目の上に帯揚げを掛けた帯枕をする。

11

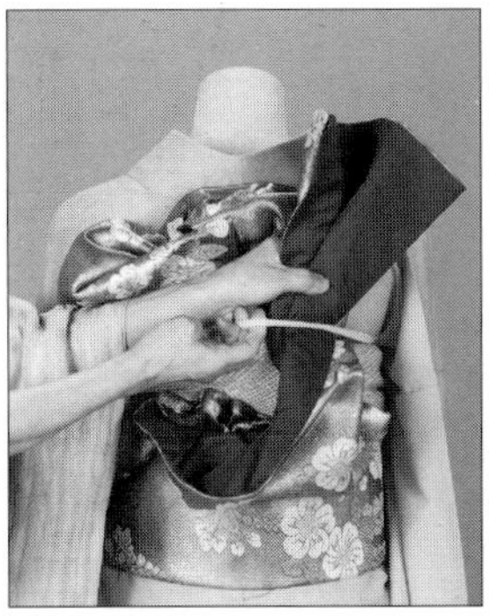

テ先に箱ヒダをとって、三重ゴム紐の[3]に掛け、

12

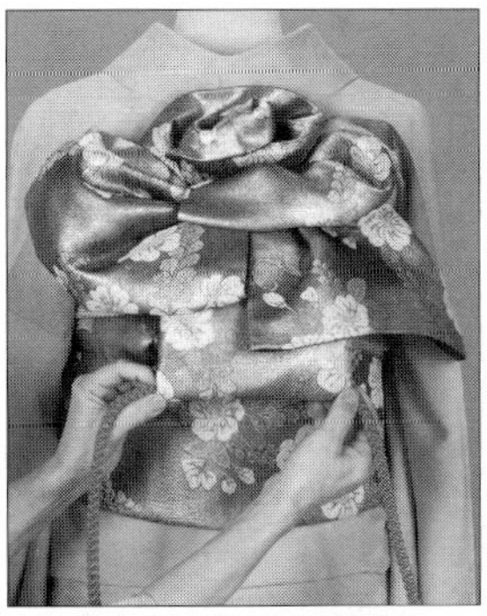

右に出す（右下の文庫の羽根）。
ヒダや羽根を整え、テ元の輪に帯〆を通し締める。

39

OBI-MUSUBI

一文字風の羽根と、背中心のバイアスヒダの対比が面白い文庫結び。

01

テを下、タレを上に結ぶ。
タレ先にバイアスヒダをとり、

02

三重ゴム紐で背に押さえる。

03

タレの輪を左右に広げて帯2枚を揃え、裏箱ヒダにたたんで左肩に置き、

04

三重ゴム紐の[1]を掛ける。

05

右羽根も同様に裏箱ヒダにたたみ、三重ゴム紐の[2]を掛け、

06

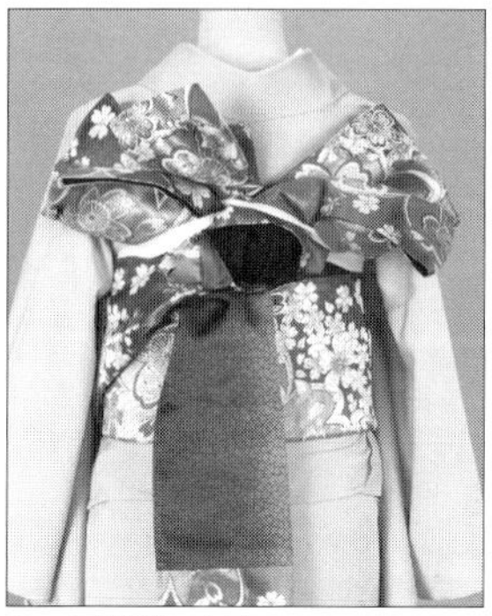

クロス掛けにする。

07

テ元の余分は、たたんで胴帯の中に入れ込む。

08

帯揚げを掛けた帯枕をする。

09

テ先にもバイアスヒダをとり、
※タレ先のバイアスヒダと対称になるようにヒダをたたむこと。

10

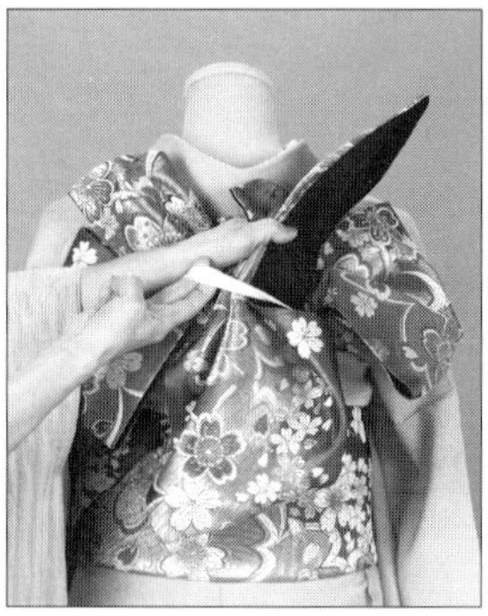

三重ゴム紐の[3]に下から通して上に出す。

11

左右の羽根、テ先・タレ先のバイアスヒダを、左右対称に飾る。

12

テ元の輪に、帯〆を通し締める。

40

OBI-MUSUBI

左右の羽根の中心を、ヒダで華やかに飾った、立て矢風の帯結び。

【※1】上げたタレ先でお太鼓部分を形作っているため、柄の向きがある帯で結ぶ場合には、テ先とタレ先のヒダを逆にする必要があります。

01

テを下、タレを上に結ぶ。

02

テ先から斜めにヒダを寄せ、テ元までヒダ山を通す。

03

テ先のヒダを反時計回りに一回転させるようにして、

04

バラのツボミのように丸め、ヒダ元をゴムバンドで止める。

05

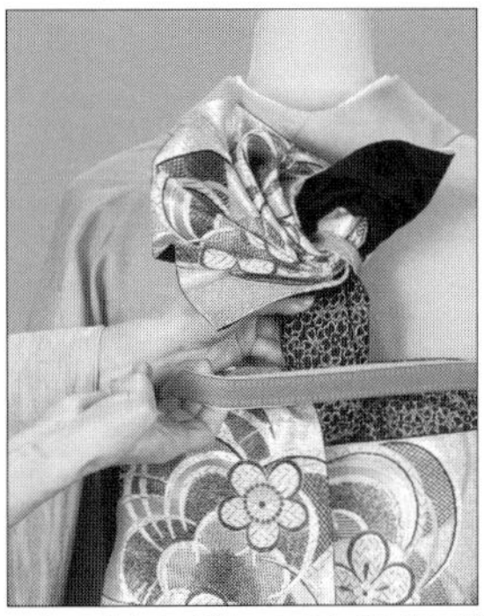

テ先の飾りヒダを、三重ゴム紐で背に押さえる。

06

タレ元の帯幅を2/3位にたたみ、左肩に折り上げて1つ追いヒダをとり、

07

三重ゴム紐の①を掛けて、左羽根を作る。

08

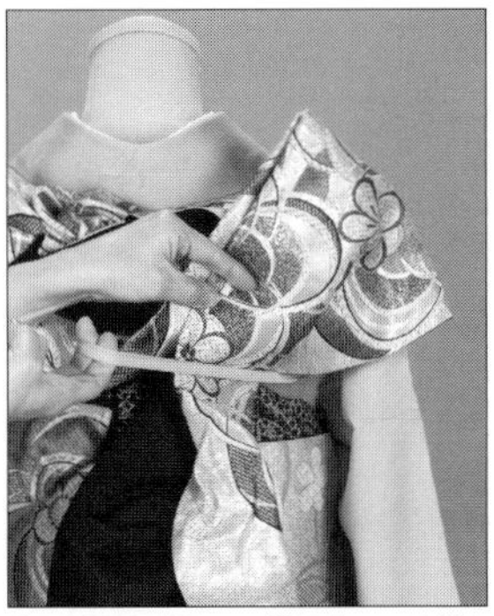

右羽根も同様に、帯幅を2/3位にたたんで右肩に折り上げ、1つ追いヒダをとって、三重ゴム紐の②を掛ける。

09

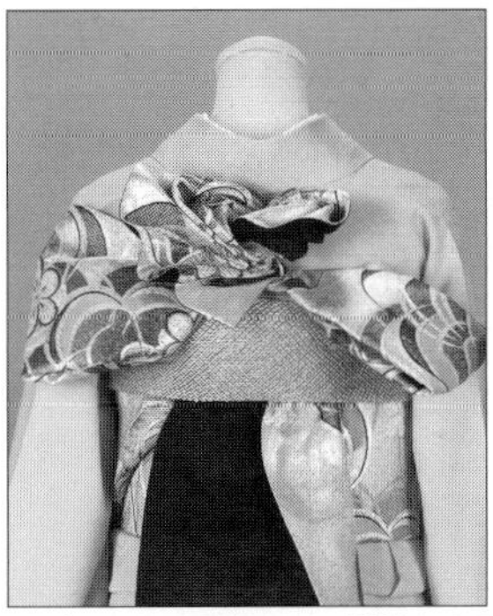

結び目の上、羽根の下に帯枕をする。

10

タレ先に小さなヒダをとり【※1】、

11

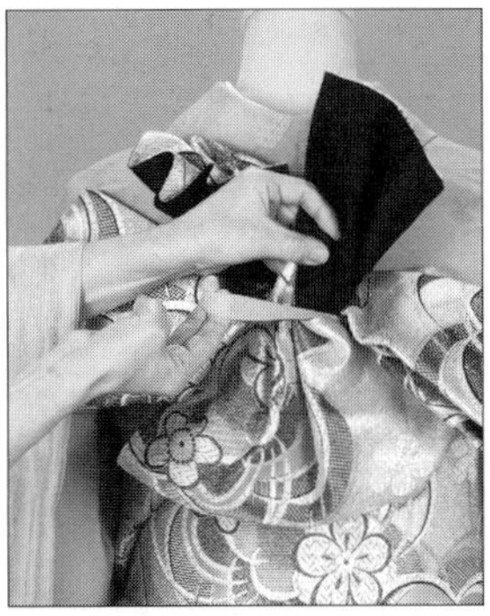

三重ゴム紐の②に、下から通して上に出し、

12

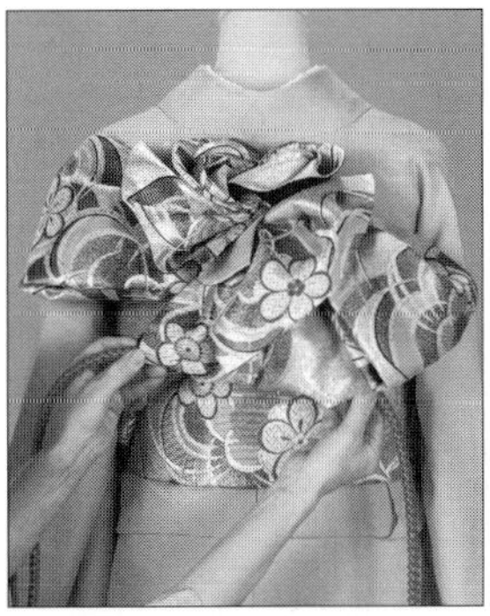

表に返して右羽根の上に飾る。帯〆を通し締める。

41

OBI-MUSUBI

立体的で動きのある、
ふっくらと可愛らしい
変わり文庫。

01

テを下、タレを上に結ぶ。
タレ先に小さなバイアスヒダを作り、

02

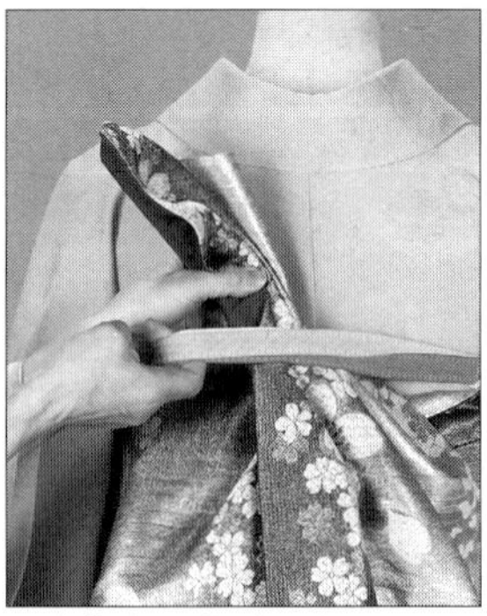

三重ゴム紐で背に押さえる。

03

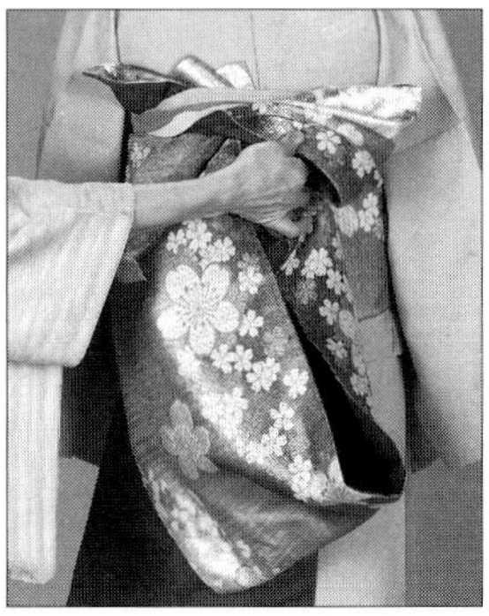

続くタレに、小さな羽根を作り、

04

三重ゴム紐の2本（1 2）で押さえる。

05

残りのタレの輪で文庫の羽根を作る。帯2枚を重ねて六枚ヒダにたたみ、左肩におき、

06

三重ゴム紐の1を掛ける。

07

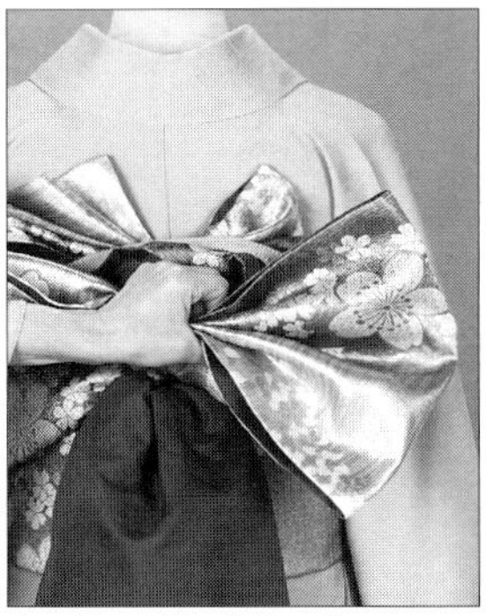

右羽根も同様に六枚ヒダにたたんで、

08

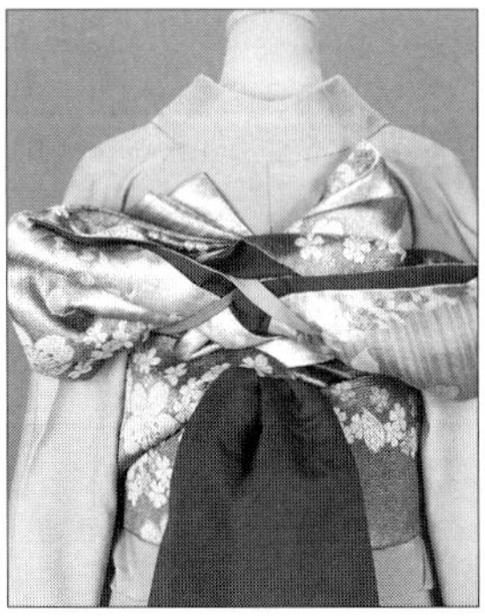

三重ゴム紐の2を掛け、クロス掛けにする。

09

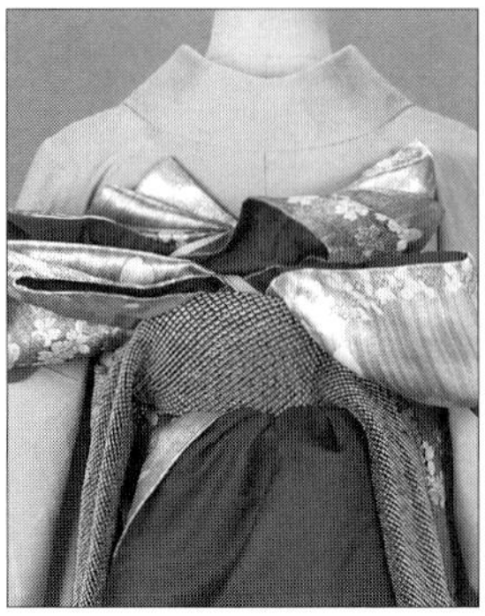

テ元の余分（無地）をたたんで、胴帯の中に入れ込み、帯揚げを掛けた帯枕を、結び目の上、羽根の下にする。

10

テ先にも小さなバイアスヒダを作り、

11

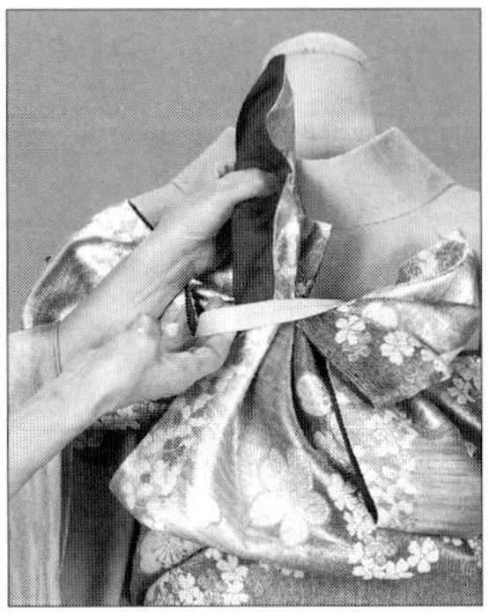

三重ゴム紐の3に下から通して上に出し、文庫・左右の羽根の中央に飾る。

12

テ元の輪を整えて、帯〆を通し締める。

42

OBI-MUSUBI

フリルのようなヒダが華やかで、スタイリッシュな印象の文庫結びです。

01

テを下、タレを上に結ぶ。タレ先に扇子ヒダを作り、三重ゴム紐で背に押さえる。残りのタレは輪になる。

02

タレの輪を左右に広げて帯を２枚重ね、六枚ヒダにたたみ、三重ゴム紐の[1]を掛け、左肩におさめる。

03

右羽根も同様に六枚ヒダにたたんで、

04

三重ゴム紐の[2]を掛け、クロス掛けにする。

05

文庫の羽根元、結び目の上に、帯揚げを掛けた帯枕をする。

06

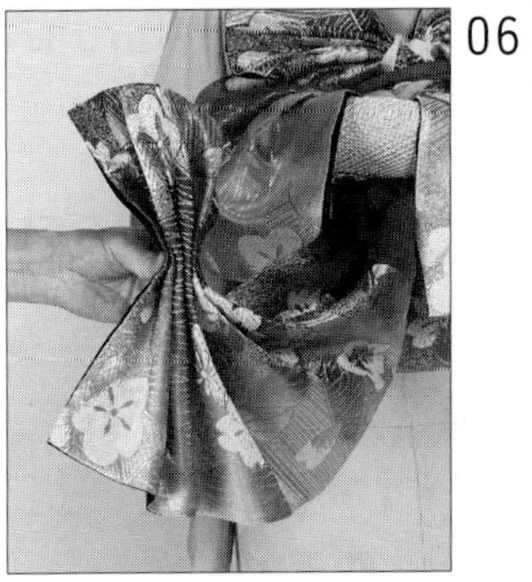

テ先に、斜めにヒダをとって左肩に上げ、

07

テ先のヒダ先を、三重ゴム紐の[3]に、

08

上から下に通して、

09

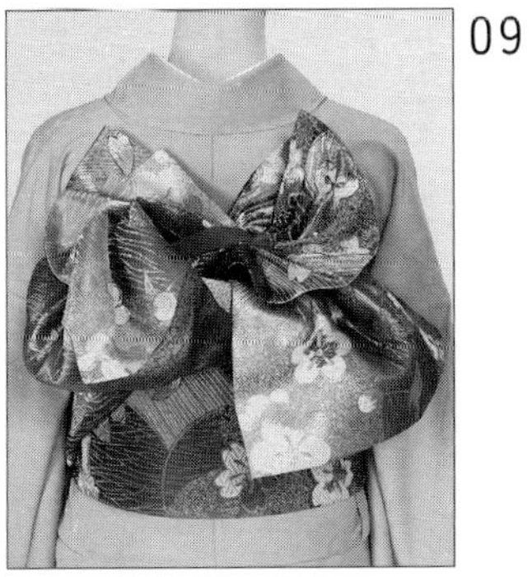

文庫・右羽根の上に出す。

10

テ先のヒダ先を反時計回りにクルッと丸め、三重ゴム紐の[3]に上から絡げて固定し、

11

小さなツボミのように飾る。
テ元までヒダの折り山を通し、

12

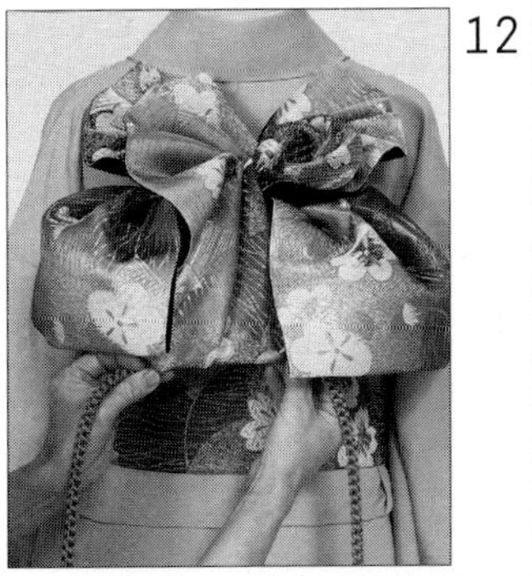

お太鼓を形づけて、帯〆を通し締める。

43

OBI-MUSUBI

ふっくらとした四枚の羽根で構成した変わり文庫は、温かく、優しい印象です。

01

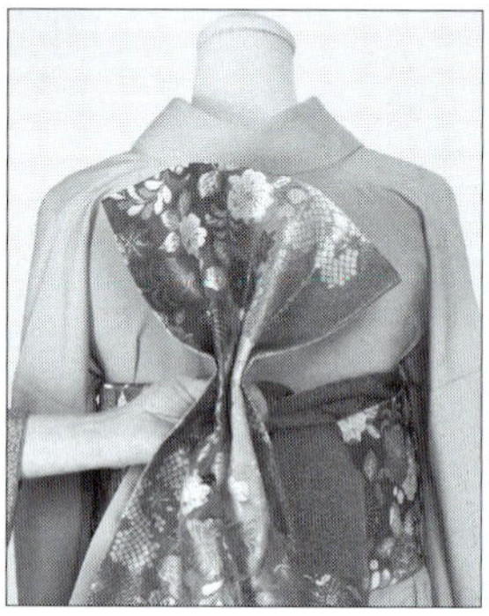

テを下、タレを上に結ぶ。
タレ先に六枚ヒダをたたみ、

02

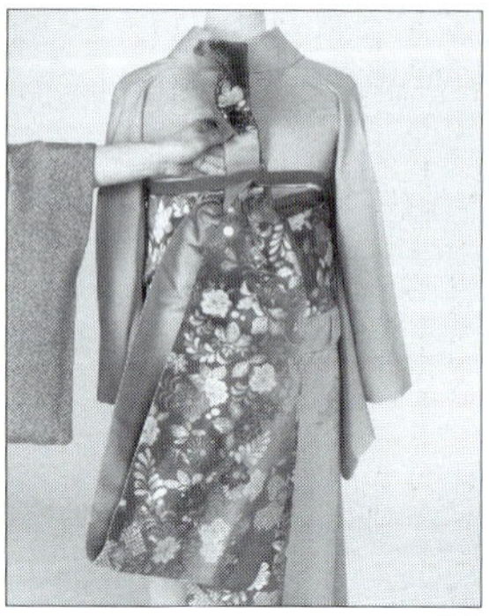

三重ゴム紐で背に押さえる。

03

残りのタレの輪で文庫の羽根を作る。
帯2枚を重ねて六枚ヒダをとり、

04

三重ゴム紐の[1]に下から通して左羽根を作る。

05

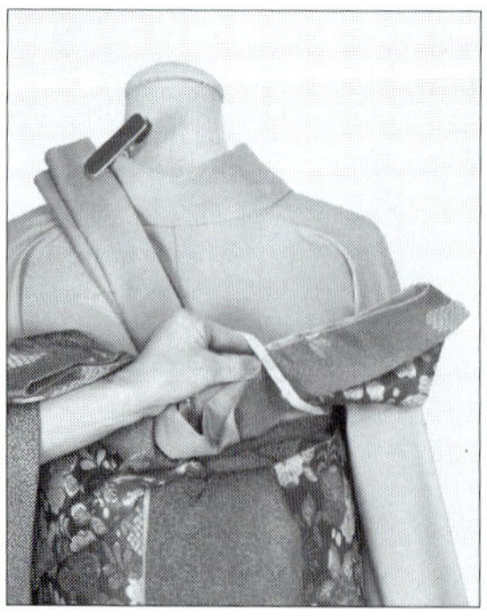

右羽根も同様に六枚ヒダにたたみ、三重ゴム紐の[2]に下から通して右羽根を作る。

06

帯揚げを掛けた帯枕を背におさめる。

07

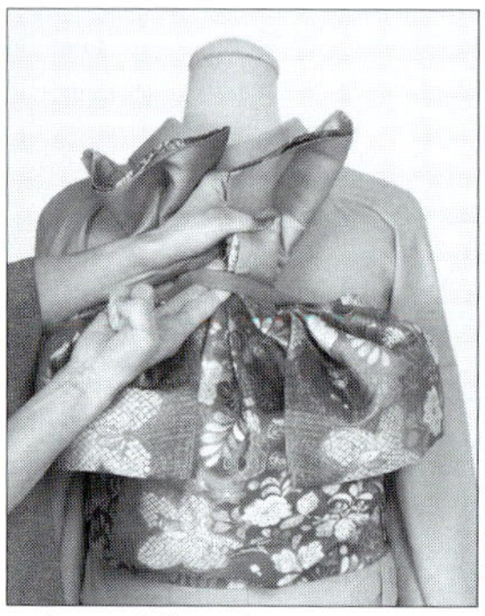

テ先にも六枚ヒダをたたみ、三重ゴム紐の[3]に下から通して上に出す。

08

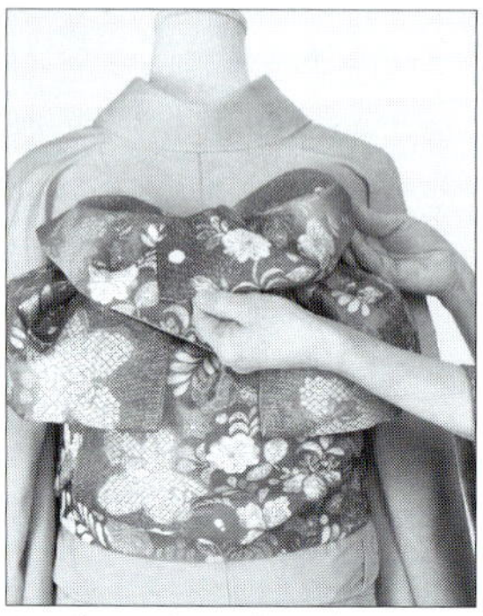

タレ先、テ先の六枚ヒダを文庫の羽根の上にふっくらと形づける。

09

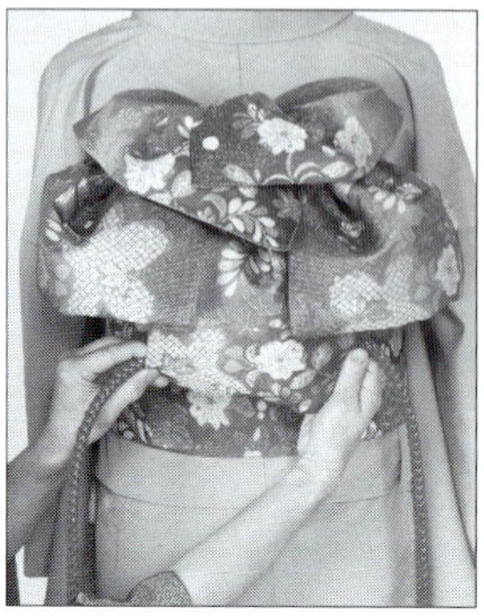

テ元の輪の両帯端を内側に折り込んで幅を整え（17cm位）、帯〆を通す。

Tips

帯の両角を使って作る飾りヒダ

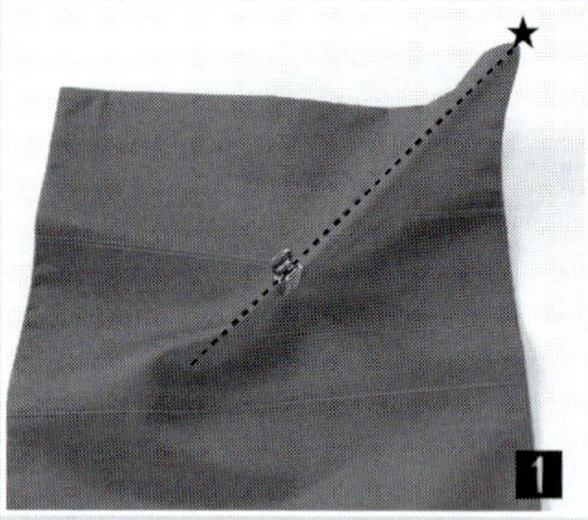

1
帯角（★）から斜めに、帯幅の中心（クリップの所）までヒダを折り、

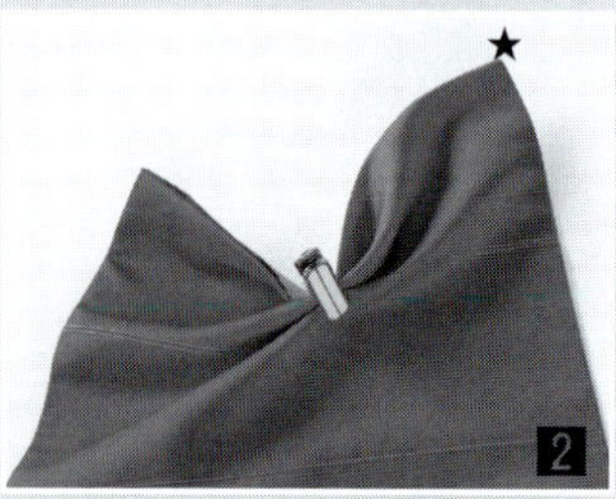

2
その折り山に向かってヒダを寄せる。

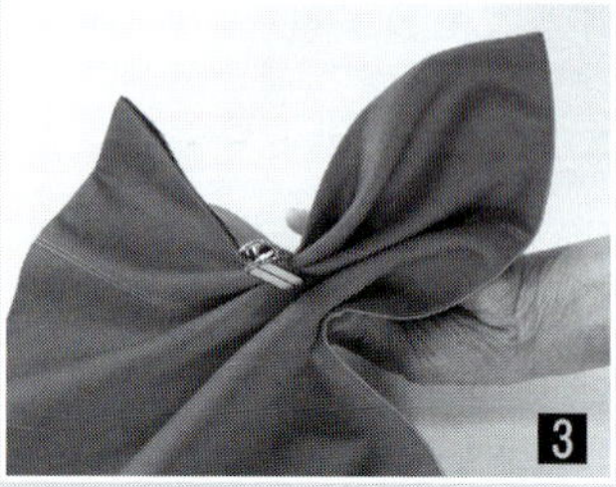

3
折り山の反対側にもヒダを寄せ、

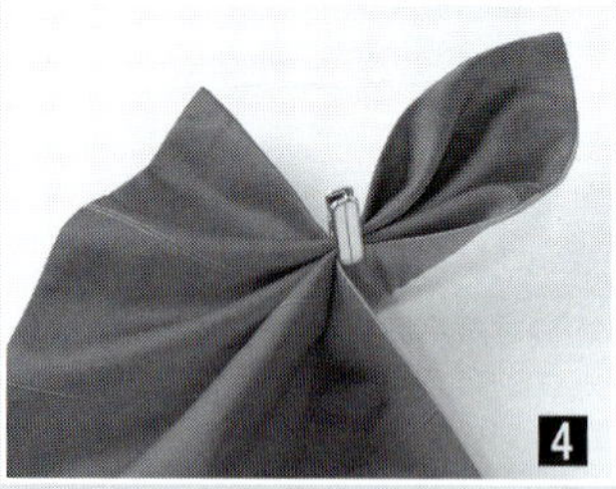

4
クリップで止める。

5
もう一方の帯角にも同様にヒダをとり、ゴムバンドで止めて、できあがり。

♥小さくて可愛らしいので、七五三の帯結びにもおすすめです。

44

OBI-MUSUBI

帯の両角で作った小さな飾りヒダが愛らしい変わり文庫。

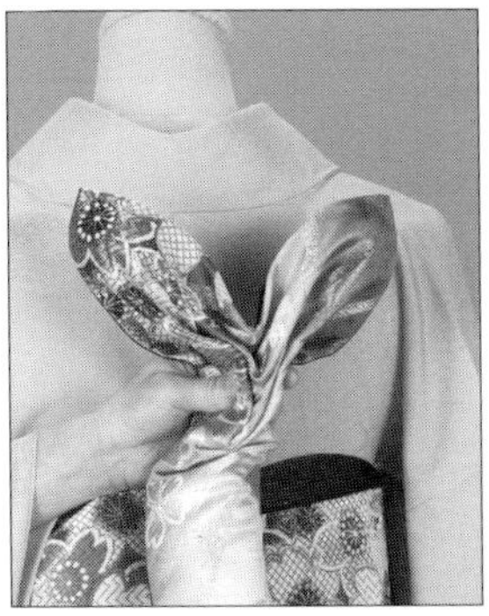

01

テを下、タレを上に結ぶ。タレ先の両角に小さな飾りヒダを作り（96ページ参照）、羽根元をゴムバンドで止めておく。

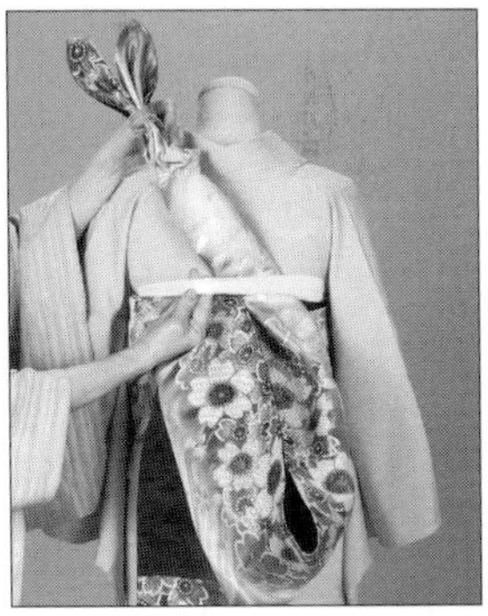

02

タレ先を、反時計回りに一回転させるようにして左肩に上げ、三重ゴム紐で押さえる。

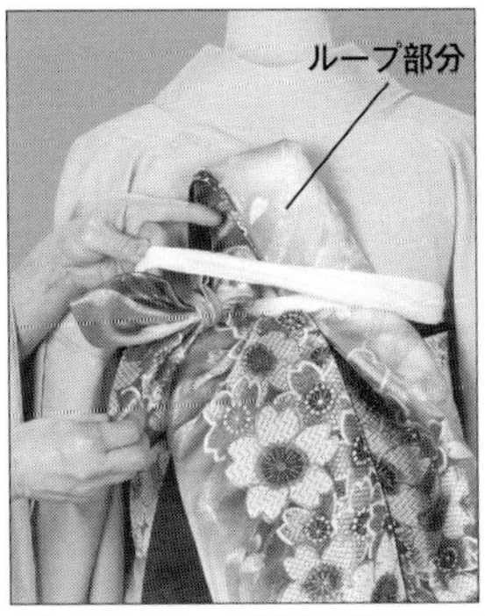

03

タレ先を、ループ部分を残すようにして背中側に折り下げ、三重ゴム紐の2本（①②）をヒダ元に掛け、押さえる。

04

このように、背中（三重ゴム紐の上）に小さなループを残しておく。残りのタレは輪になる。

05

タレの輪を左右に広げて帯2枚を重ね、六枚ヒダにたたんで左羽根を作り、

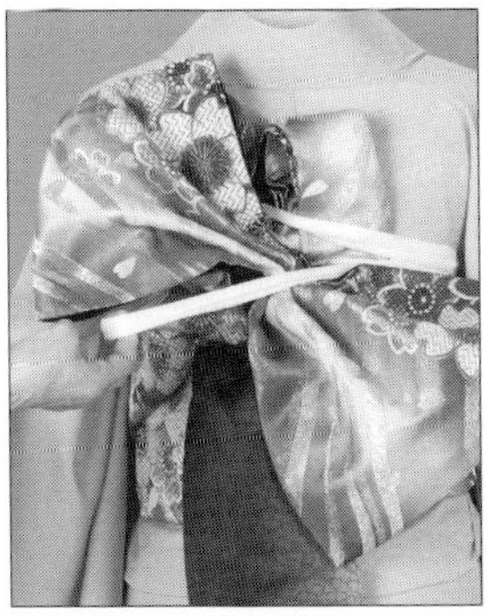

06

三重ゴム紐の①を掛けて、羽根を左肩におさめる。

07

右羽根も同様に六枚ヒダにたたんで、三重ゴム紐の②を掛け、右肩におさめる。

08

テ元の余分（無地）は、たたんで胴帯の中に入れ込む。

09

帯揚げを掛けた帯枕をする。

10

テ先にも、タレ先と同じく小さな飾りヒダを作り、ゴムバンドで止めておく。テ先の飾りヒダを、背中のループに左から通して

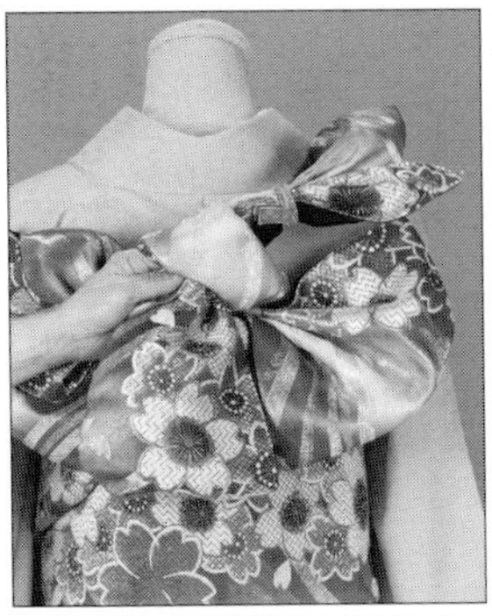

11

右上に出し、羽根やヒダを整える。

12

テ元の輪に帯〆を通し締める。

45

OBI-MUSUBI

渦巻き状のヒダを中心に、さまざま方向に広がる羽根が軽やかで楽しい帯結び。

01

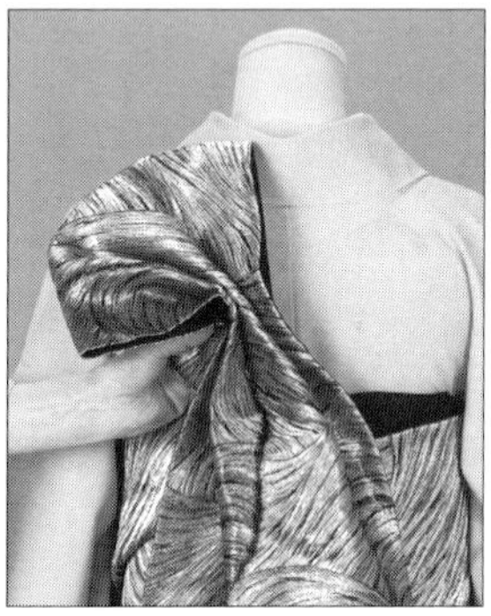

テを下、タレを上に結ぶ。タレ元を左肩に折り上げ、帯2枚を重ねて六枚ヒダにたたんで左肩におき、三重ゴム紐で押さえる。

02

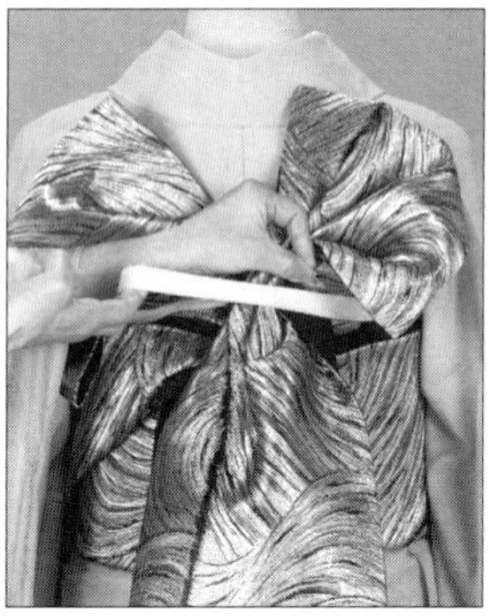

続くタレを右肩に折り上げ、帯2枚を重ねて六枚ヒダにたたみ、右肩におく。三重ゴム紐の①を掛け、

03

左右の羽根を、背中いっぱいにおさめる。

04

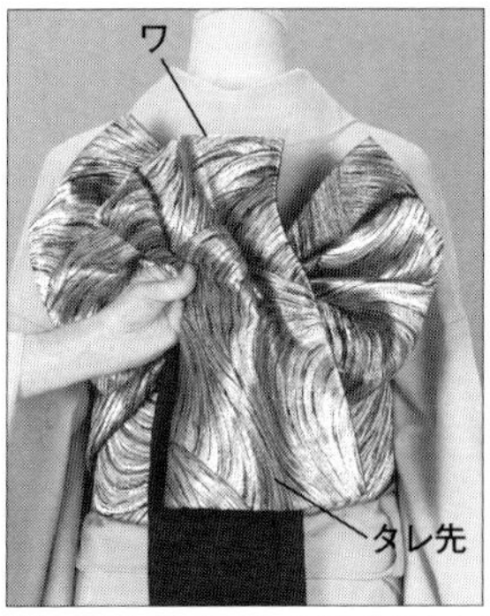

残りのタレは帯幅を2/3位にたたみ、タレ先から40cmの所で折り返し、ワから20cmの所に1つ追いヒダをとり、

05

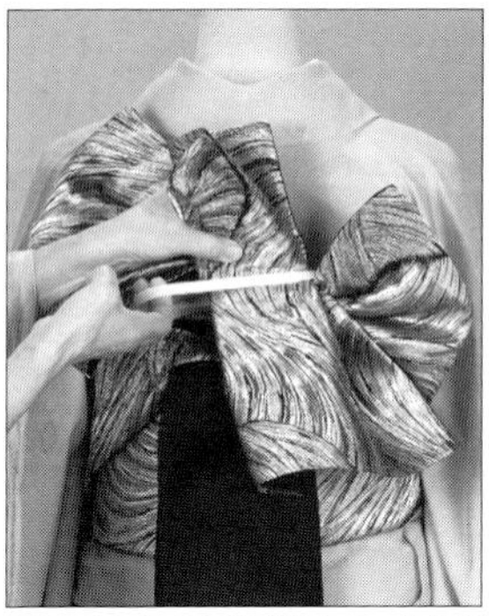

三重ゴム紐の②を掛けて、左羽根の上におさめる。

06

タレ先を、一旦、折上げて右肩に預け、テ元の余分（無地）を胴帯の中に入れ込む。

07

帯揚げを掛けた帯枕をする。

08

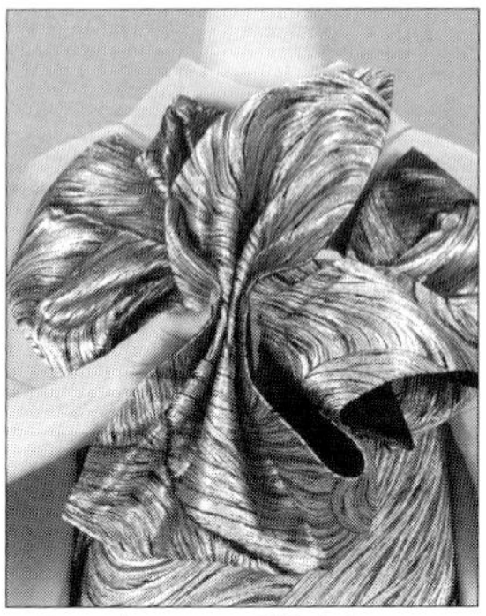

テ先にバイアスヒダをとり、

09

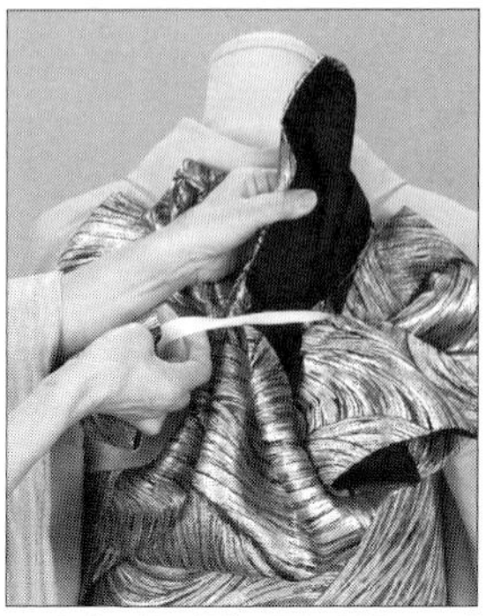

三重ゴム紐の③に下から通して上に出し、

10

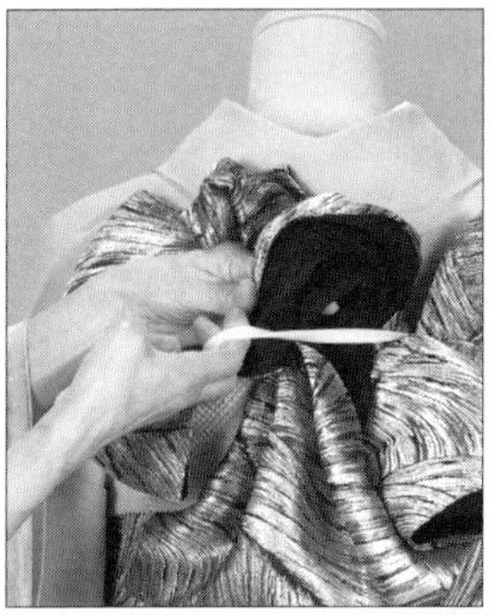

さらにテ先をクルリと丸め、先をゴム紐に掛けて固定する。

11

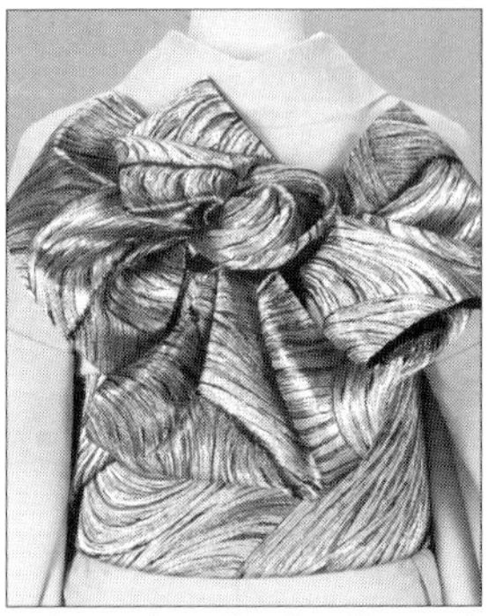

テ先のヒダを渦巻き状に整え、羽根やヒダを、バランスよく飾り整える。

12

帯〆を通し締める。

46

OBI-MUSUBI

羽根の向きとヒダの流れで、風を受けて回る風車のような動きを表現した変わり結びです。

01

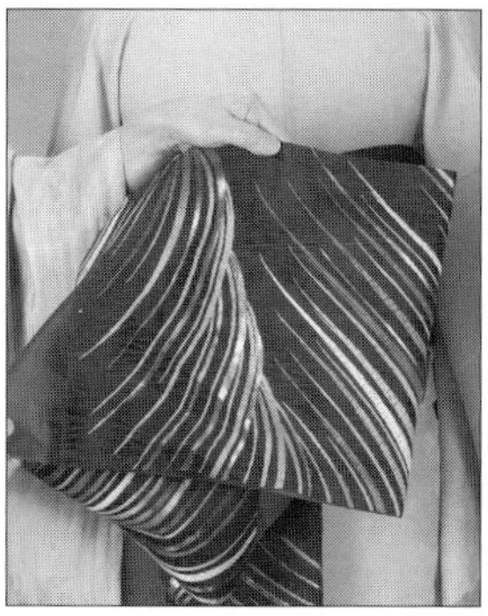

テを下、タレを上に結ぶ。
タレ先30cmを右脇で表に折り返し、

02

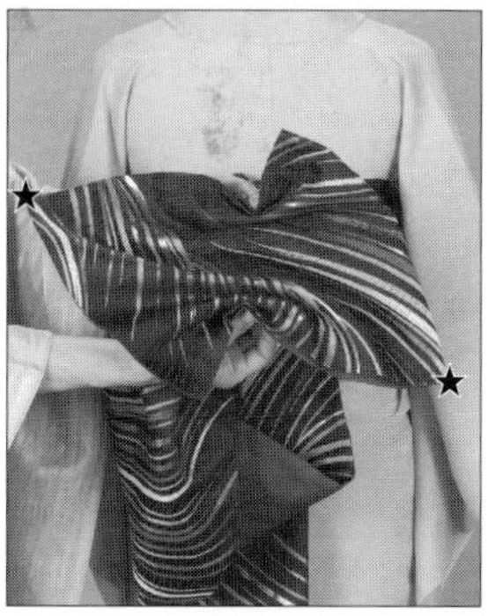

帯の対角（★）が羽根先になるように、斜めにヒダを折りたたんで、

03

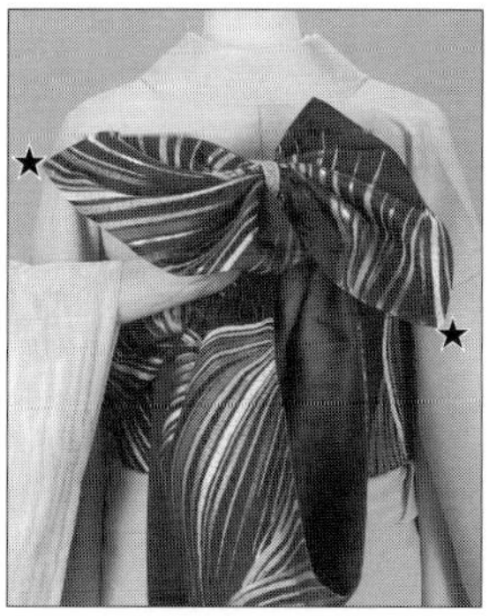

ゴムバンドで止める。

04

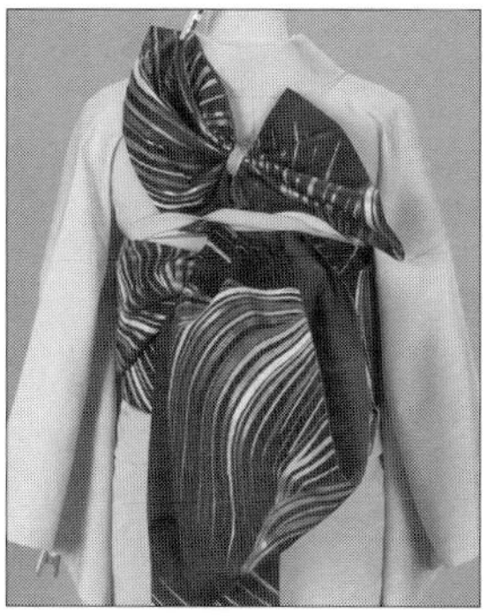

できたタレ先の飾りヒダを、三重ゴム紐で背におさめる。

05

残りのタレの輪を広げて帯を２枚重ね、六枚ヒダにたたむ。

06

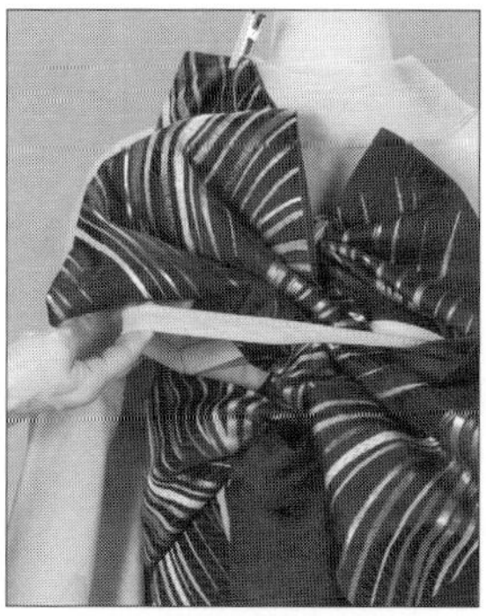

左羽根を三重ゴム紐の①に掛け、

07

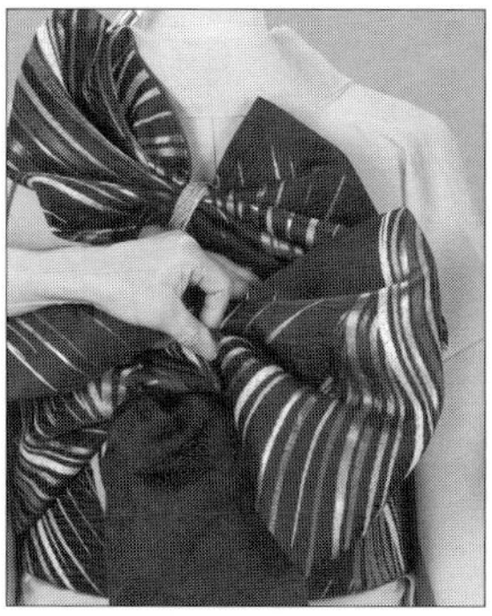

右羽根を三重ゴム紐の②に掛けて、

08

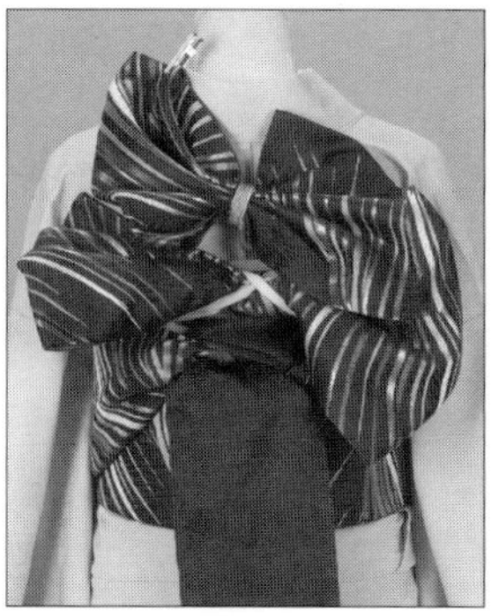

クロス掛けにする。

09

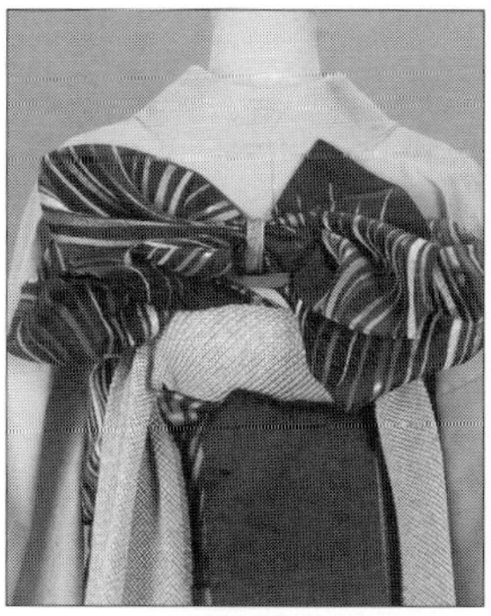

テ元の余分（無地）は、たたんで胴帯の中に入れ込み、結び目の上に、帯揚げを掛けた帯枕をする。

10

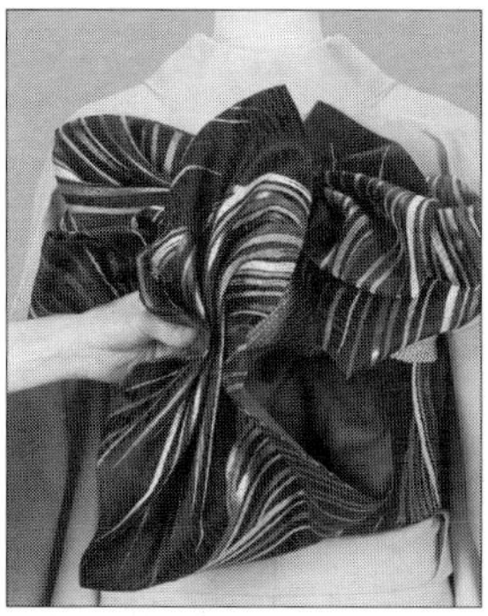

テ先にバイアスヒダをとり、

11

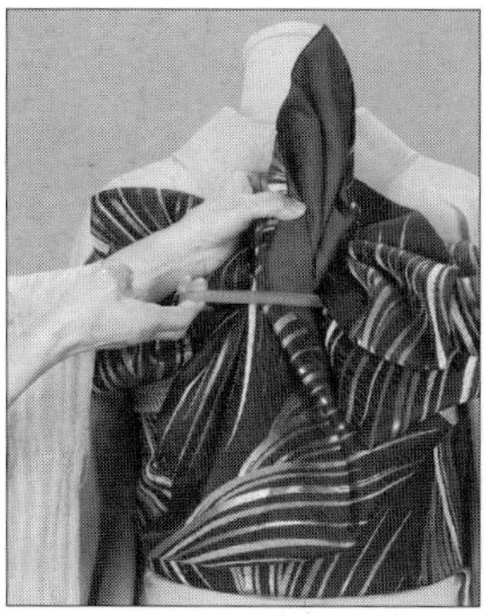

三重ゴム紐の③に下から通して上に出し、

12

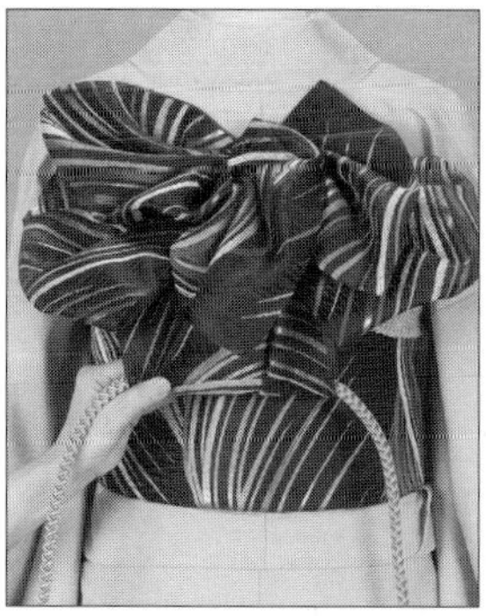

表に折り返して羽根の上に飾る。
テ元の輪に帯〆を通し締める。

47

OBI-MUSUBI

帯をクロスさせて形づくっていく、シャープな印象の文庫結びです。

01

テを下、タレを上に結ぶ。タレ元の帯幅を半分にたたみ、左肩で折り返して、1つ追いヒダをとり、

02

三重ゴム紐の2本（[1][2]）で押さえる。※ゴム紐の[3]は背中に残しておく。

03

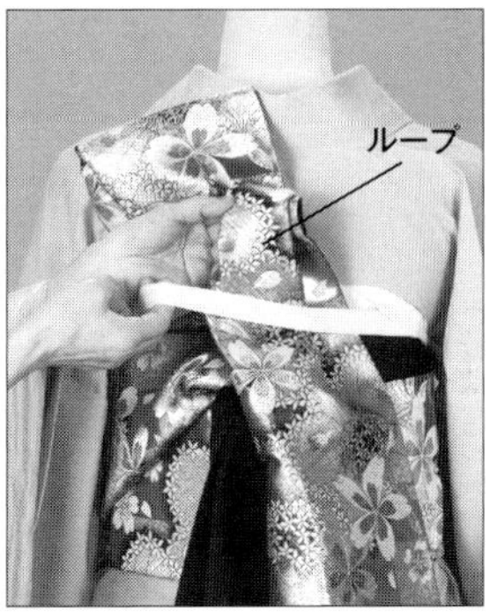

続くタレの帯幅を、さらに半分に整えて小さく折り上げ、三重ゴム紐の[3]に下から上に通して※**ループ**を作る。

04

タレ先に六枚ヒダをたたみ、

05

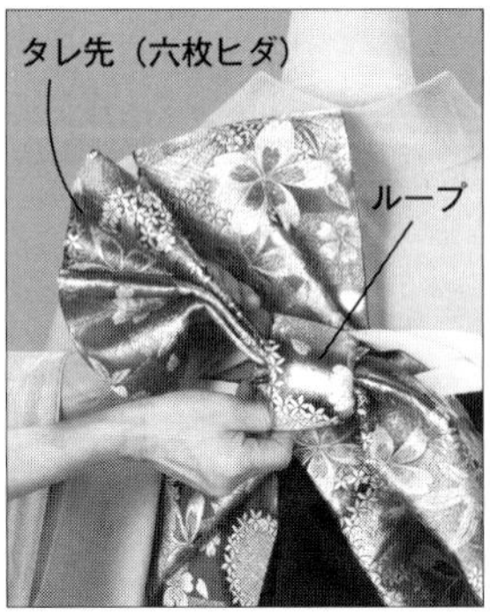

タレで作った※**ループ**の中に、右から通して左に出す。

06

残りのタレの輪で、文庫・右の羽根と、お太鼓部分を作っていく。

07

タレ先から続く部分を右肩に折り上げて文庫・右の羽根を作り、三重ゴム紐の[3]で押さえる。残りがお太鼓部分になる。

08

テ先の帯幅を半分にたたみ（二つ折）、1つ追いヒダをとって、

09

左から※**ループ**の中に通し、右に出す。テ元の残りで、文庫・左の羽根を作る。

10

テ元の余分はたたんで胴帯の中に入れ込む。

11

帯揚げを掛けた帯枕をする。

12

残りのタレの輪に帯〆を通し、締める。

48

OBI-MUSUBI

立て矢の右羽根を、文庫風に柔らかく垂らし、優しい印象の立て矢に結び上げました。

01

テを下、タレを上に結ぶ。

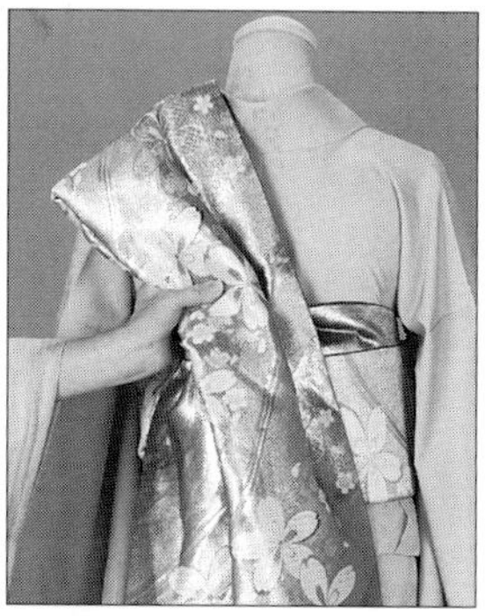

02

タレ元の帯幅は 2/3 位にたたみ、左肩に折り上げて羽根元に 1 つ追いヒダをとり、

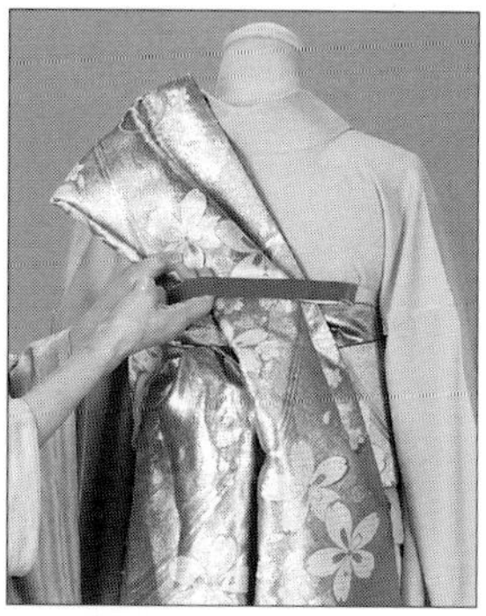

03

三重ゴム紐で背に押さえる。

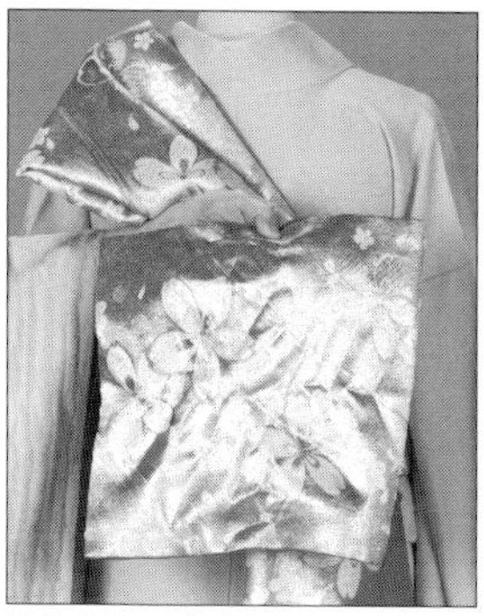

04

テ先 30cm をとり、

05

4つの角がヒダ先になるようにヒダを寄せ、ヒダ元をゴムバンドで止めて、

06

三重ゴム紐の①で背に押さえる。
テ元の余分はたたんで胴帯の中に入れ込む。

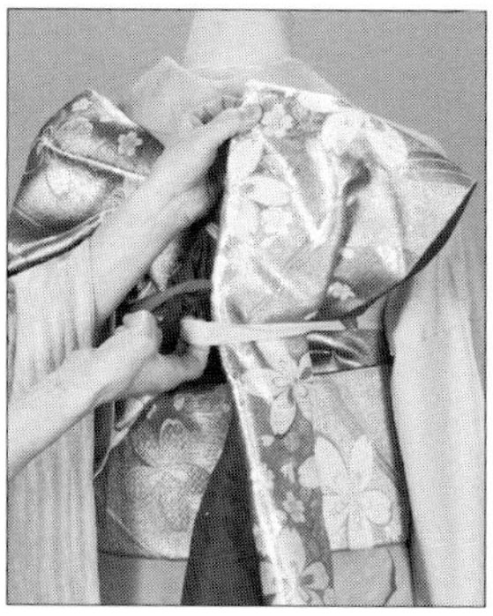

07

タレ元の帯幅を 2/3 位にたたんで羽根元に 1 つ追いヒダをとり、三重ゴム紐の②に下から上に通して、

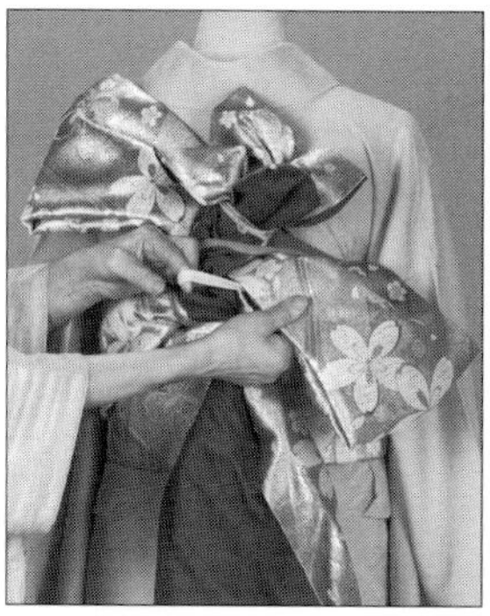

08

右下に文庫風に下ろす。

09

帯揚げを掛けた帯枕をする。

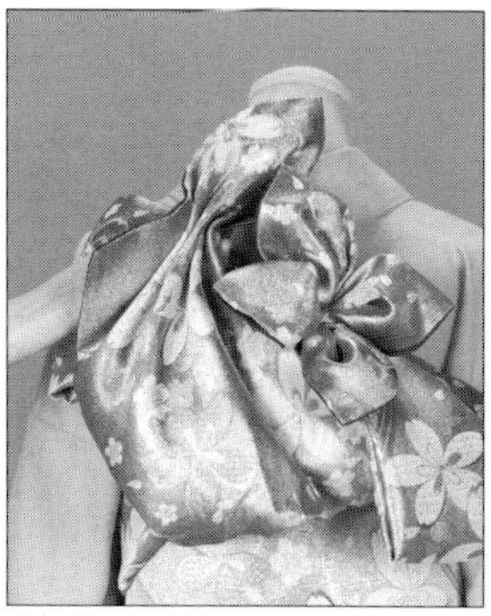

10

タレ先を上げてヒダを寄せ、テ先の飾りヒダの裏側を通って、

11

右肩に出し、三重ゴム紐の③に絡げて固定する。

12

ヒダや羽根を整え、帯〆を通し締める。【※1】

【※1】上げたタレ先でお太鼓部分を形作っているため、柄の向きがある帯で結ぶ場合には、テ先とタレ先のヒダを逆にする必要があります。

◻ 49

OBI-MUSUBI

追いヒダで作った羽根の上に、直線的なヒダを重ねた安定感のあるお太鼓結び。

01

テを下、タレを上に結ぶ。

02

タレ先より 80cm の所を箱ヒダにたたみ、三重ゴム紐で背に押さえる。

03

残りのタレの輪を左右に広げて帯2枚を揃え、羽根の中心に2つ追いヒダをとる。

04

左羽根を左肩に置き、三重ゴム紐の①を掛けて押さえる。

05

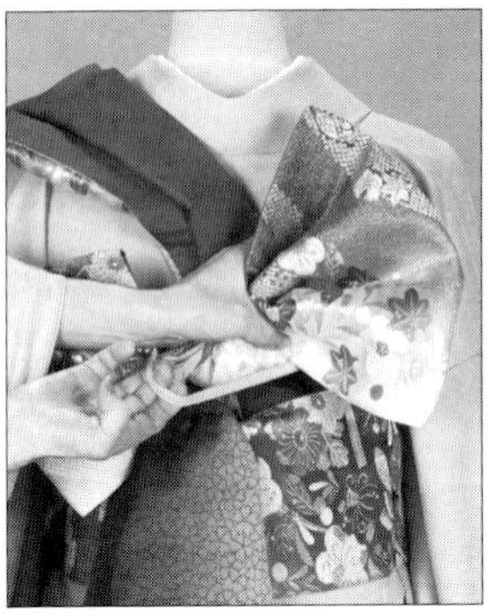

右羽根を右肩に置き、

06

三重ゴム紐の②を掛けてクロス掛けにする。

07

テ先は帯幅を 3/5 位にたたみ、

08

右脇で表に折り返す。

09

中心に1つ追いヒダをとり、ゴムバンドで止める。

10

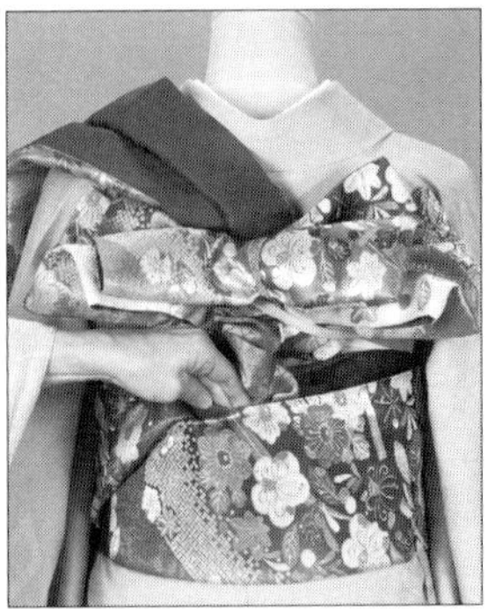

テ先のヒダを背中心、左右の羽根の上におさめ、テ元の余分はたたんで胴帯の中に入れ込む。

11

帯揚げを掛けた帯枕をする。

12

タレ先を下ろし、お太鼓に形づけ、帯〆を通し締める。

50

OBI-MUSUBI

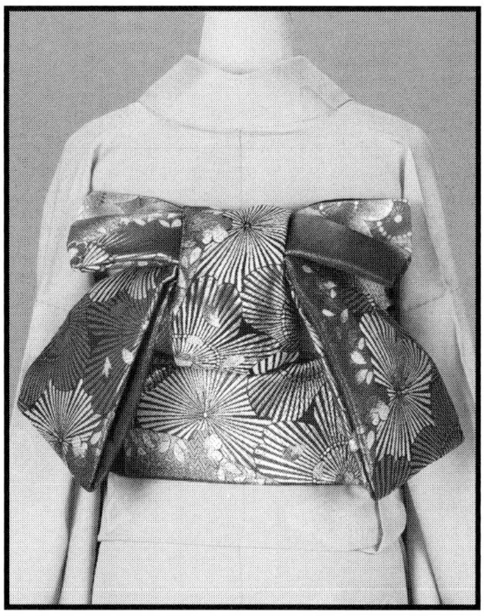

帯幅は全て半分にたたみ、細いリボンをきりっと結んだようにシャープに仕上げたシンメトリーな文庫結びです。

01

テを下、タレを上に結び、タレは左肩に預けておく。

02

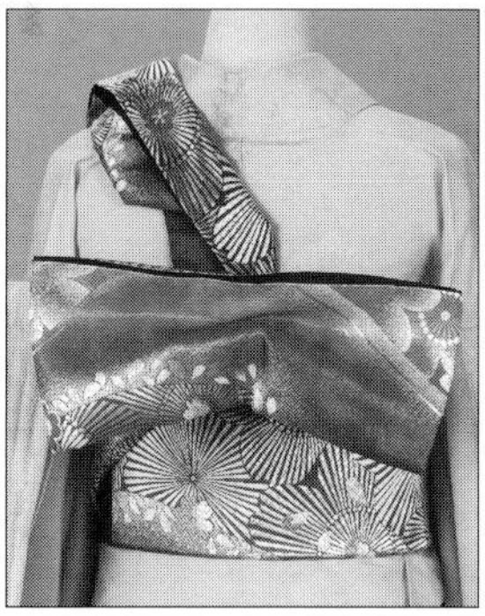

テ先は帯幅を半分にたたみ、左脇で折り返して中心に1つ追いヒダをとり、

03

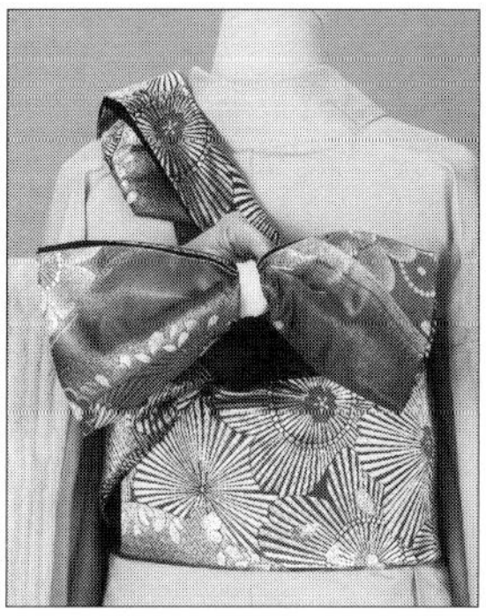

ゴムバンドで止める。

04

三重ゴム紐で背に押さえ、テ元の余分はたたんで胴帯の中に入れ込む。

05

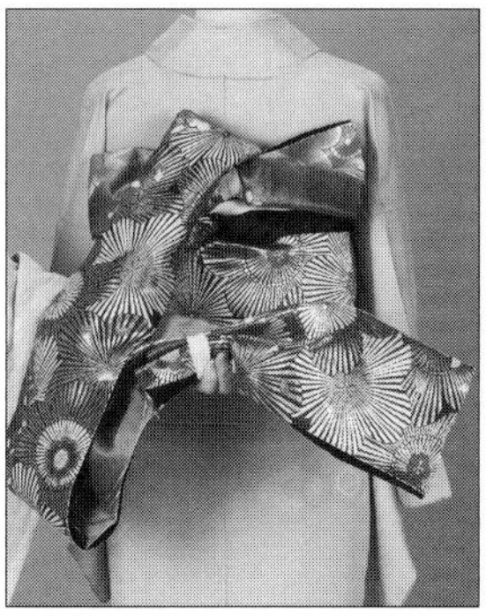

タレも帯幅を半分にたたんで40cm位を折り返し、元をゴムバンドで止める。

06

三重ゴム紐の[1]に下から通して右上に出し、

07

右の文庫の羽根とする。残りのタレの輪で左の文庫の羽根を作る。

08

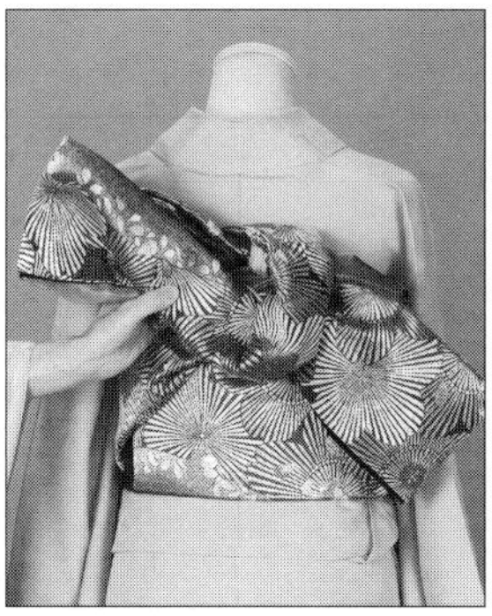

タレの輪を左肩に折り上げ、

09

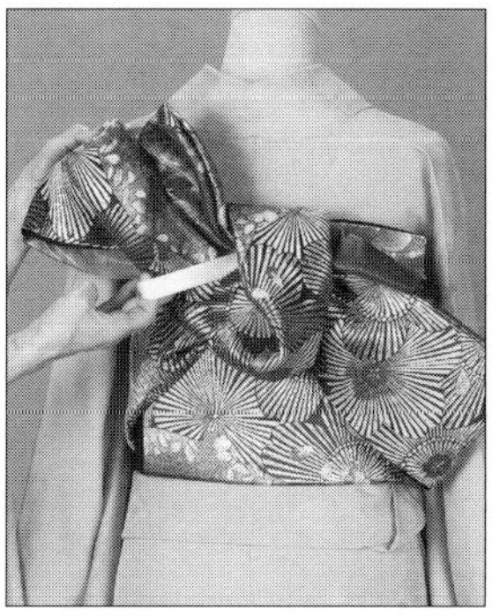

三重ゴム紐の[2]を掛ける。

10

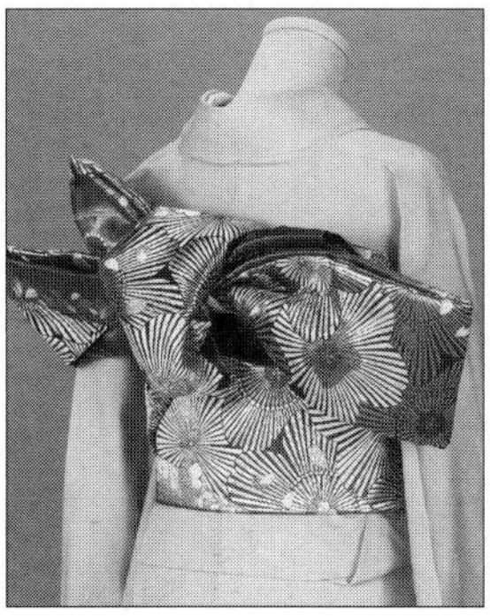

残りは背中心で輪になる。

11

タレの輪に帯枕を通し、結び目の上、羽根の下におさめる。

12

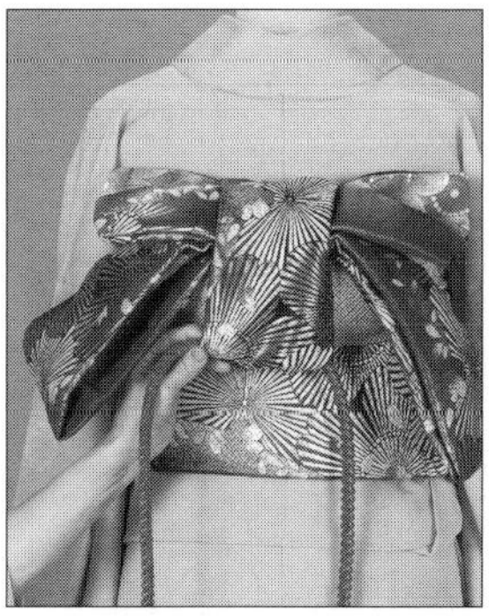

タレの輪を整え、帯〆を通し締める。

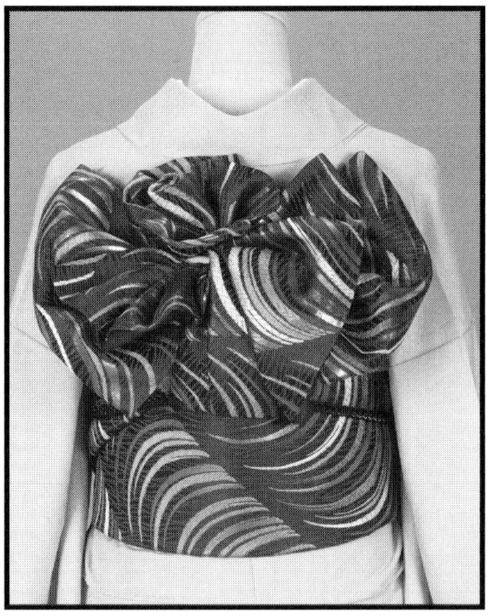

51

OBI-MUSUBI

背中心の飾りヒダの周りに、羽根やヒダをにぎやかに飾ったボリューム感のある文庫結び。

タレ先の飾りヒダのつくり方【※ 1】

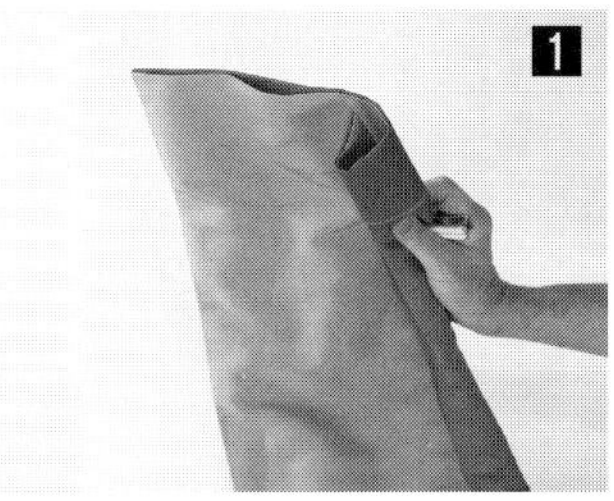

タレ先の帯端を裏側に一巻きする。

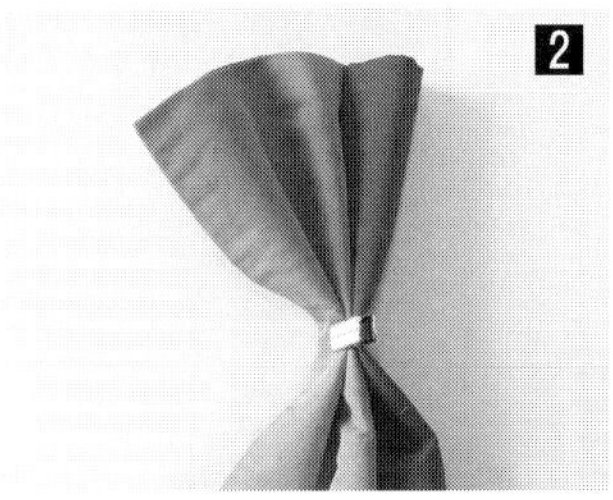

一巻きした所に合わせるように、残りの帯をヒダにたたみ、ヒダ元をクリップで止めておく。

01

テを下、タレを上に結ぶ。

02

タレ先に飾りヒダ【※ 1】を作り、三重ゴム紐で背におさめる。残りのタレは輪になる。タレの輪を広げて帯2枚を重ね、

03

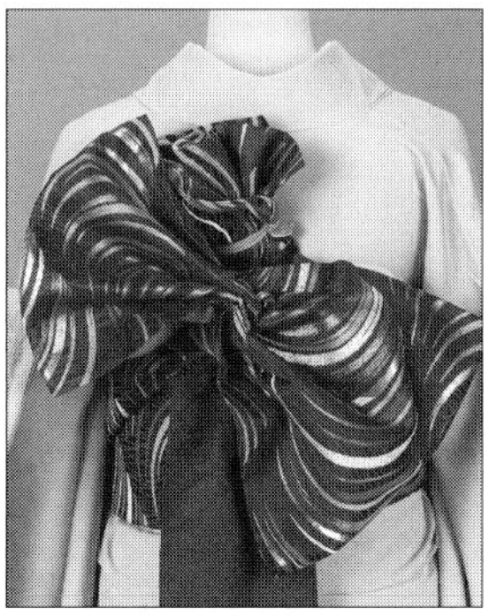

六枚ヒダにとって左羽根を作り、

04

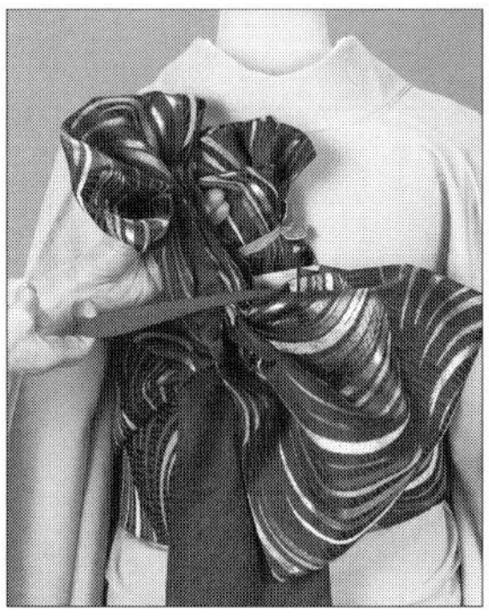

三重ゴム紐の[1]を掛け、左肩におさめる。

05

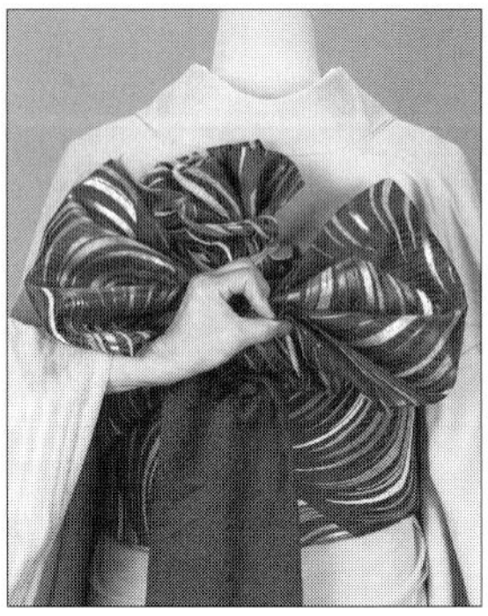

右羽根も同様に形づけ、

06

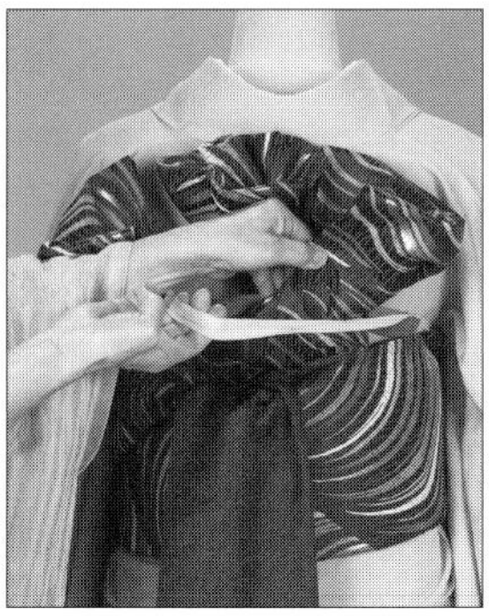

三重ゴム紐の[2]を掛け、

07

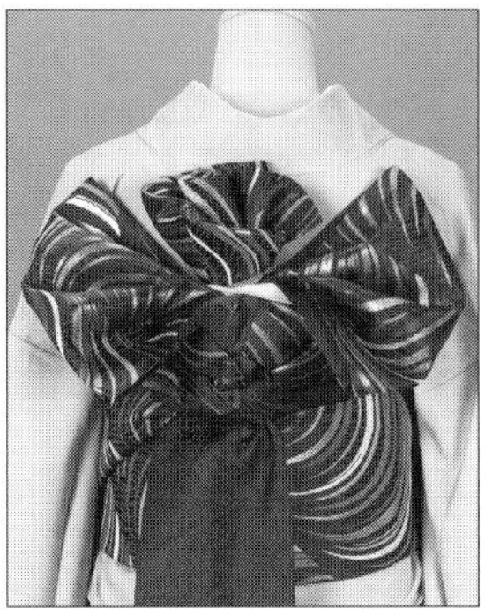

クロス掛けにする。

08

帯揚げを掛けた帯枕をする。

09

テ先に、斜めにヒダをたたみ、

10

テ先のヒダを三重ゴム紐の[2]に上から下に通して、左羽根の上に飾る。

11

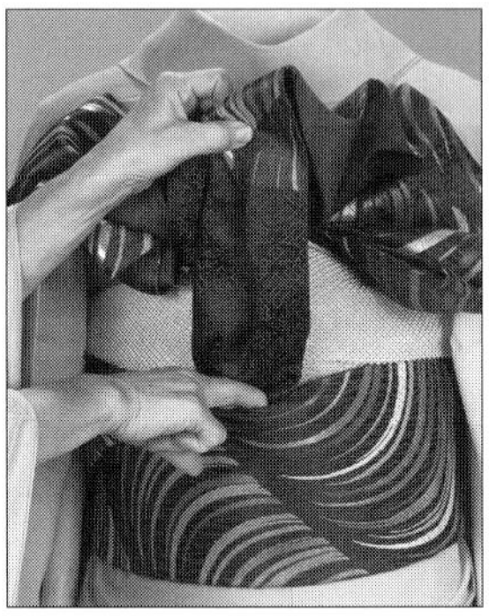

テ元の余分（無地）はたたんで、胴帯の中に入れ込む。

12

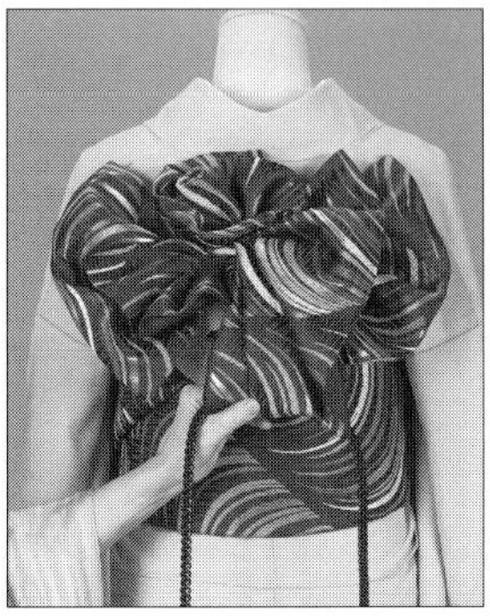

テ先から続くヒダを整え、帯〆を通し締める。

52

OBI-MUSUBI

背中いっぱいに大きく広げ飾ったヒダが、一瞬の風のように印象的な文庫結び。動きを出して、大らかに、ゆったりと結びます。

01

テを下、タレを上に結ぶ。

02

背中に１本、ゴム紐（[3]）が残るように、三重ゴム紐をする。

03

タレ先を折り返して、左右対称の羽根を作り、

04

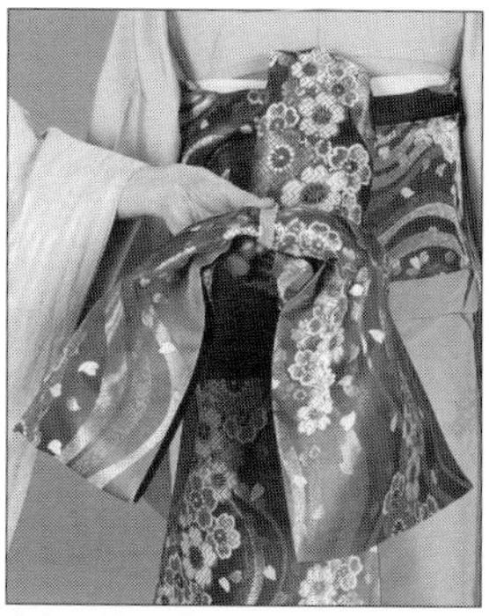

中心に箱ヒダをとって、ゴムバンドで止めておく。

05

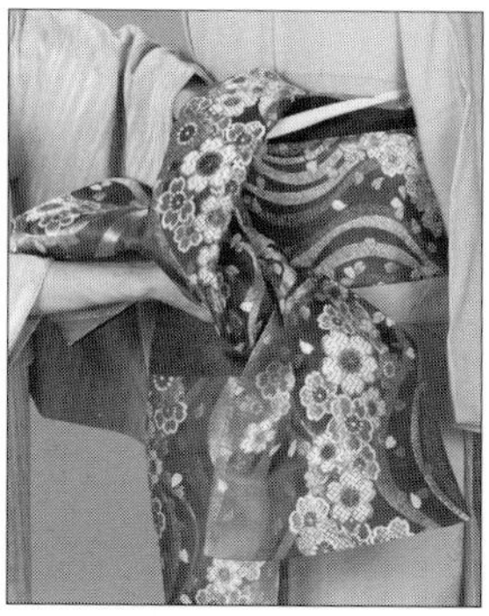

タレ元の両帯端を裏側に折り込み帯幅を1/3位に整える。タレ先で作った羽根をクルリと内側に巻き込み、タレ元を羽根の中心に被せるようにし、

06

左右の羽根を三重ゴム紐にくぐらせ、背におさめる。
テ先は斜めにヒダを寄せ、

07

ヒダ先を、三重ゴム紐の[3]に上から通して下に出し、

08

背中いっぱいに広げる。テ元の余分（無地）は胴帯の中に入れ込む。
タレ元の輪の中、羽根の下に帯枕をする。

09

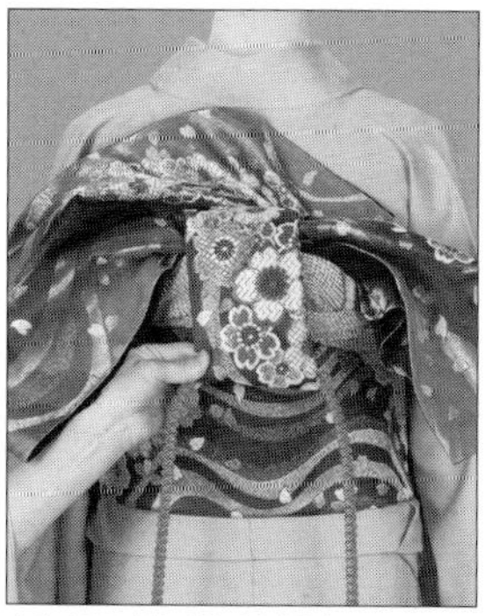

タレ元の輪に帯〆を通す。

3

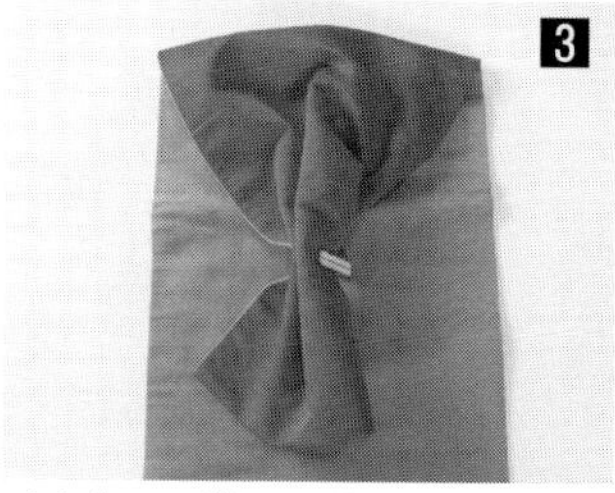

タレ先のヒダを、一旦、手前に折り返してから、

4

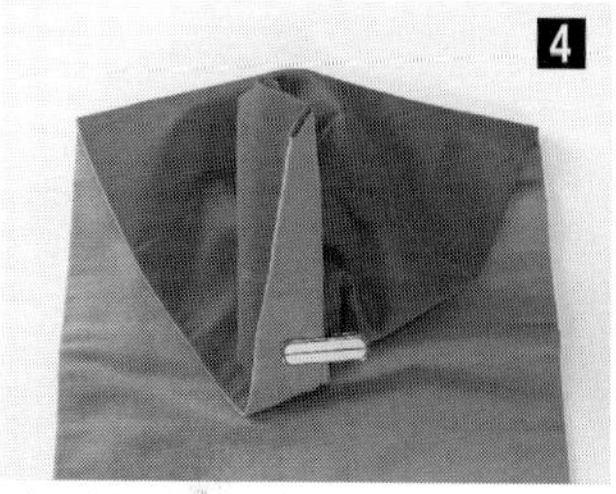

上に折り上げる。

5

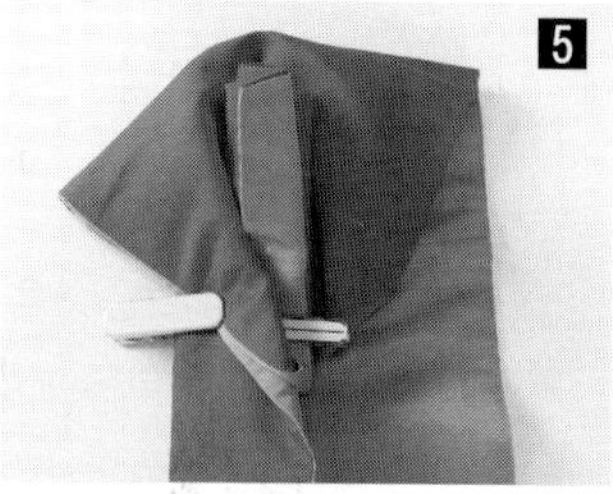

左側の帯を2枚重ね、タレ先のヒダ元を包み込むように被せ、

6

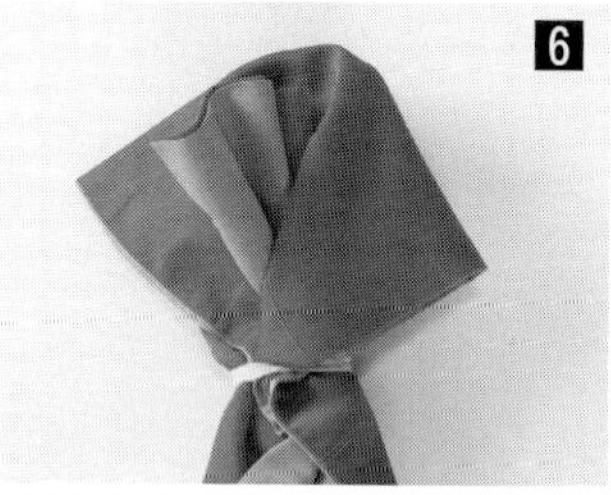

右側の帯も同様に2枚重ねて、タレ先のヒダ元を包み込むように被せ巻きつける。ヒダ元をゴムバンドで止め、

7

タレ先の飾りヒダのできあがり。

53

OBI-MUSUBI

テ先の飾りヒダがポイント。飾りヒダの周りは、流れるようなヒダで華やかに飾ります。

01

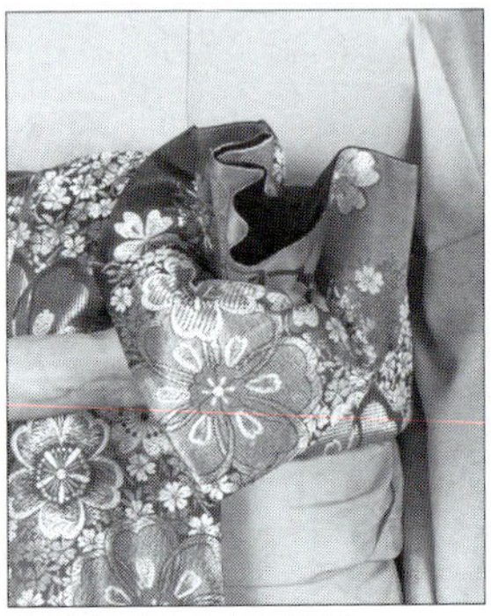

テを下、タレを上に結ぶ。
テ先にはあらかじめ、飾りヒダを作っておく【※1】。

02

テ先の飾りヒダを、三重ゴム紐で背に押さえる。テ元の余分はたたんで胴帯の中に入れ込む。

03

タレ元を左肩で折り返し、六枚ヒダにたたんで、三重ゴム紐の①を掛けて左肩におさめる。

04

続いて右羽根を同様に形づけ、三重ゴム紐の②を掛けて、

05

クロス掛けにする。

06

帯揚げを掛けた帯枕をする。

07

タレ先に斜めにヒダをたたみ【※2】、

08

ヒダ先をテ先の飾りヒダの奥を通って右肩に出し、三重ゴム紐の③に上から下に通して、右羽根の上に飾る。

09

飾りヒダ、文庫の羽根を整え、テ元の輪に帯〆を通し締める。

【※1】テ先の飾りヒダのつくり方

1

テ先50cmを表に折り返し、ワの方から4cm幅でヒダを折り（三つ山ヒダ）、中心をクリップで止めておく。

2

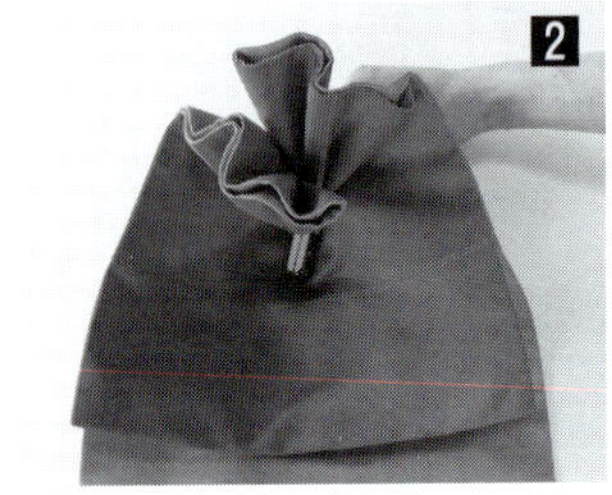

左右のヒダを中心で合わせ、

3

残りのテ先を、左右から巻きつける。

4

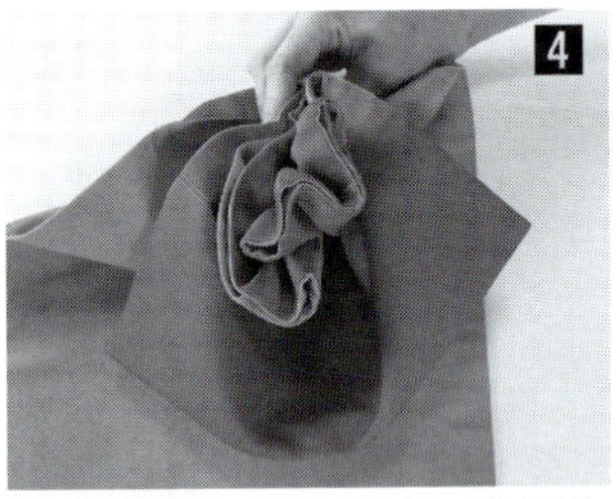

ヒダを整えて、元をゴムバンドで止めておく。

5

できあがり。

【※2】柄の向きがある帯で結ぶ場合には、タレ先で上記の飾りヒダを作り、テ先でお太鼓部分を作るようにするとよい。

54

OBI-MUSUBI

放射線状に広がるヒダの流れと、羽根からお太鼓へと円く繋がっていく構成が面白い、デザイン性の高い帯結びです。

01

テを下、タレを上に結ぶ。

02

タレ元を左肩に折り上げ、帯2枚を重ねて羽根元に2つ追いヒダをとり、

03

三重ゴム紐の2本（[1][2]）で背に押さえる。三重ゴム紐の1本（[3]）は背に残しておく。

04

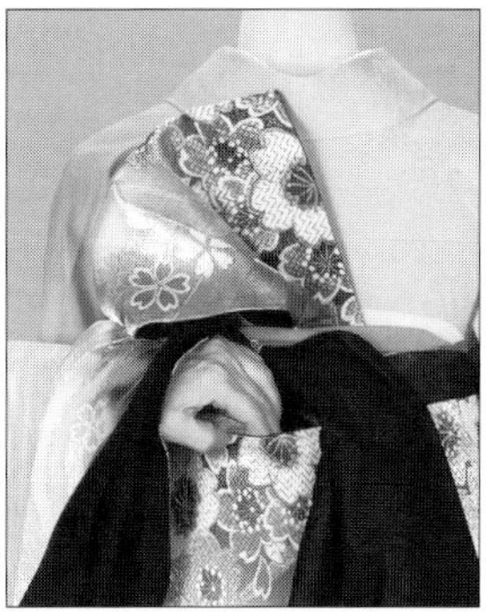

テ元の余分（無地）は胴帯の中に入れ込み、

05

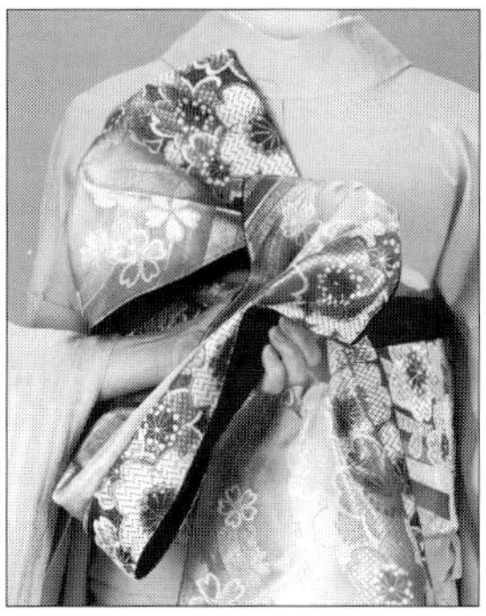

テ先を元まで六枚ヒダにたたむ。

06

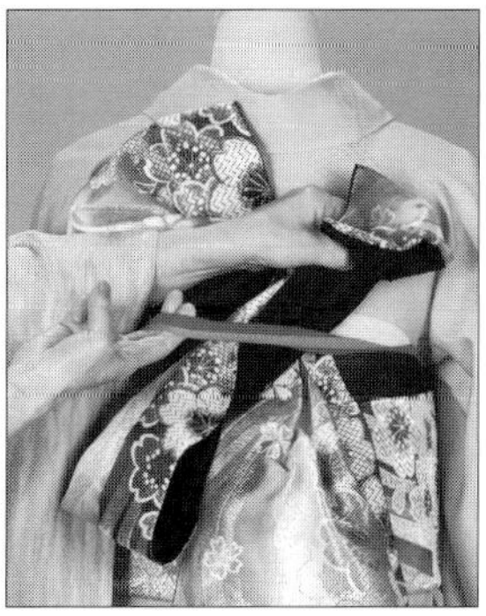

テ先は、三重ゴム紐の2本（[1][2]）に下から通して右肩に出す。

07

テ元は輪になる。

08

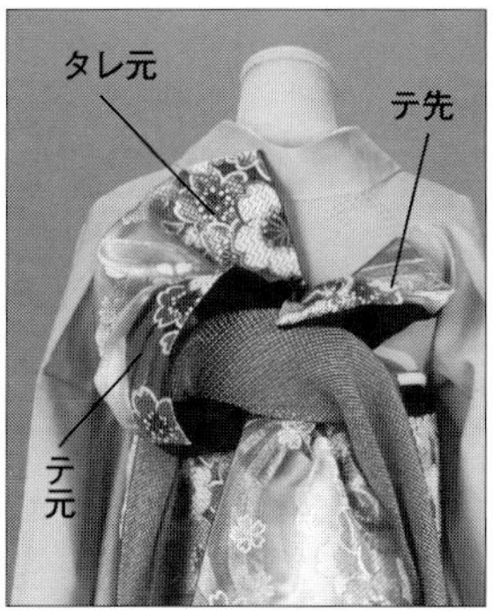

テ元の輪の中に帯枕をする。

09

タレ先に、斜めに屏風ヒダをたたみ、

10

ヒダ先を三重ゴム紐の[2]に、上から掛けて背中側に折り込み、

11

羽根の奥に固定する。
ヒダを通し、羽根を整える。

12

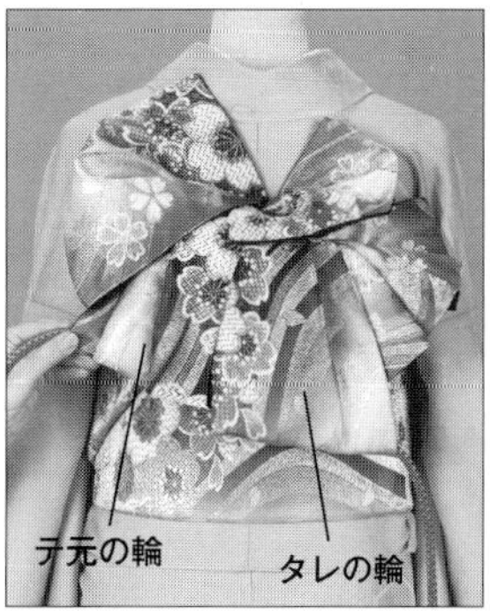

テ元の輪、タレの輪に帯〆を通し、右の羽根からお太鼓へ円く繋がるフォルムを形づける。

55

OBI-MUSUBI

タレ先で作る大きなヒダがポイントの帯結び。

01

テを下、タレを上に結ぶ。タレ元を左肩に折り上げて帯2枚を重ね、四枚ヒダにたたんで、

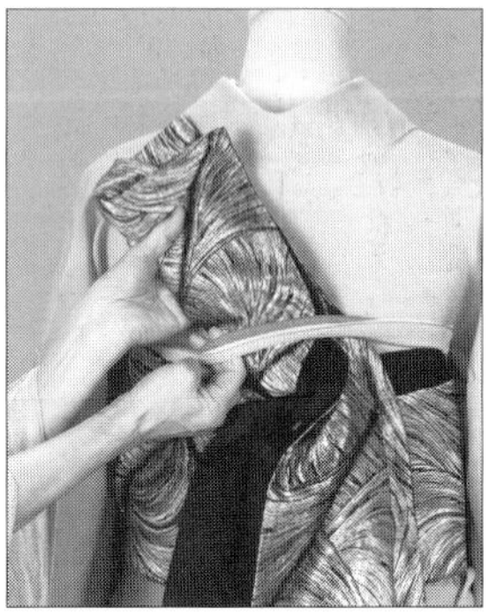

02

三重ゴム紐で背におさめる。

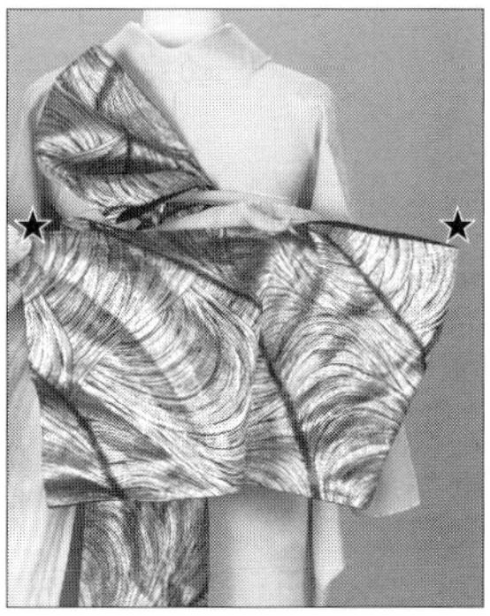

03

タレ先 50cm 位を右脇で表に折り返し、

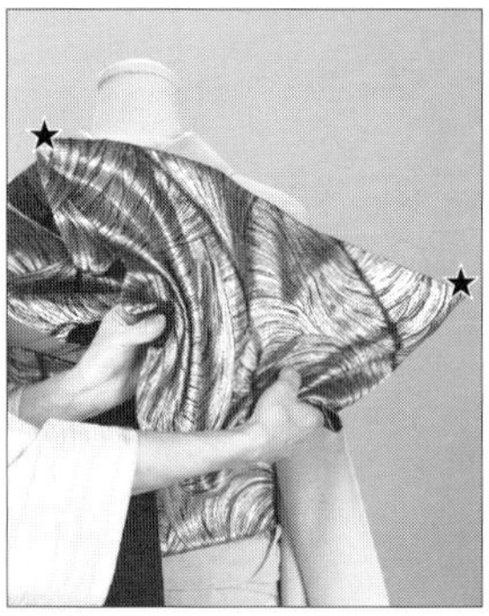

04

左右から、バイアスに、曲線を描くようにヒダを寄せ、

05

中心でヒダを集めて、

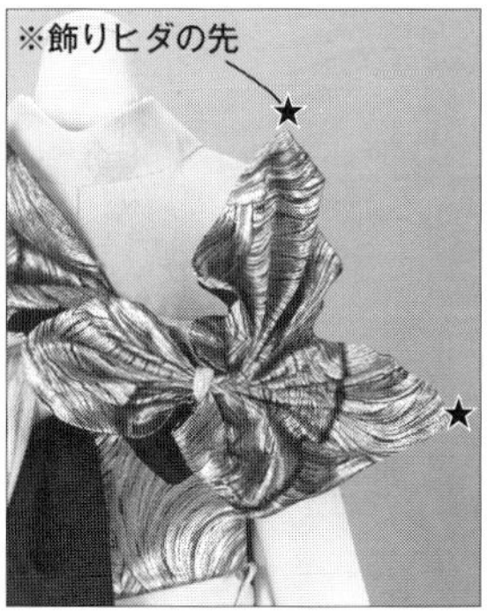

06

ゴムバンドで止めておく。

07

タレ先の飾りヒダを三重ゴム紐の2本（①②）に通し、

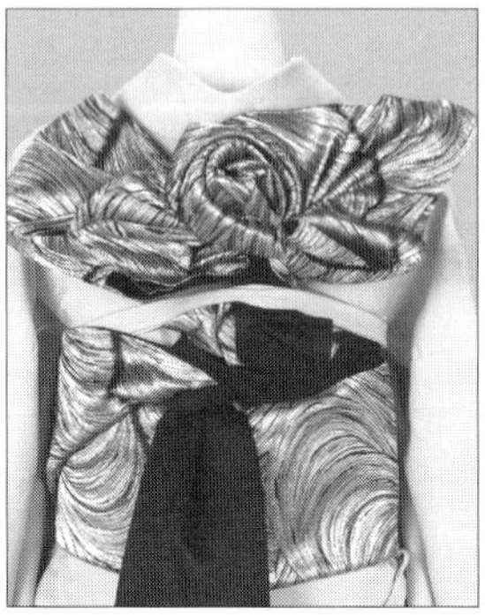

08

背におさめる。※**飾りヒダの先**を、ゴムバンドに下から通して止め、中心を巻き貝のように渦巻き状に整える。

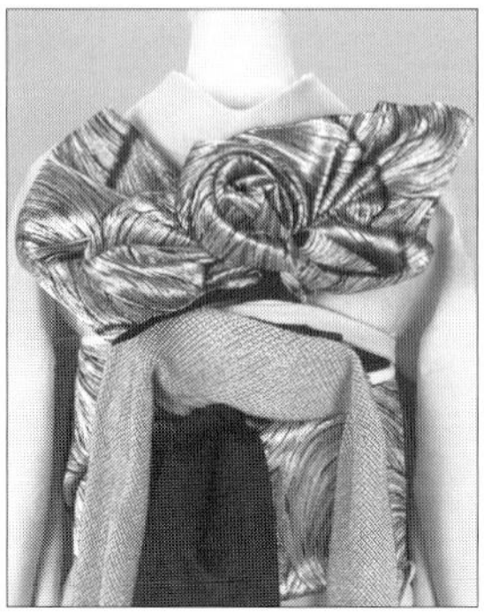

09

帯揚げを掛けた帯枕をする。

10

テ先も四枚ヒダにたたんで、三重ゴム紐の①に下から通して右上に出す。

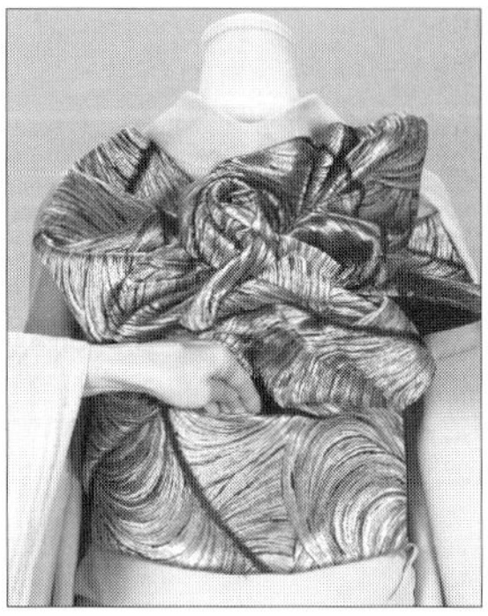

11

テ元の余分（無地）はたたんで胴帯の中に入れ込み、

12

テ元の輪に帯〆を通し締める。

56

OBI-MUSUBI

立て矢の中心に、裏箱ヒダで形づけた羽根を下げて飾りました。

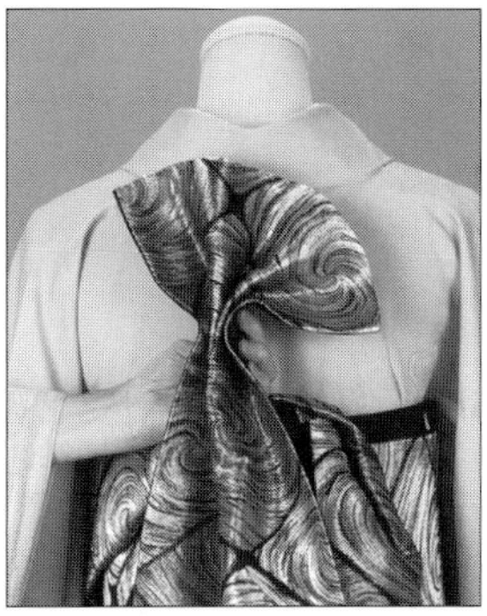

01

テを下、タレを上に結ぶ。タレ先に六枚ヒダをとり、

02

三重ゴム紐で背におさめる。

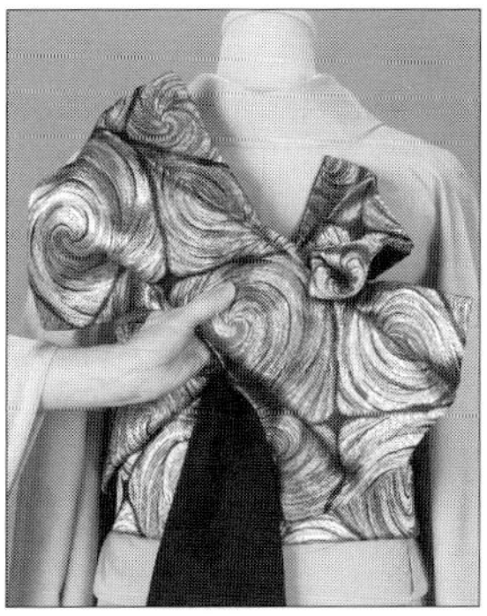

03

タレの輪で立て矢の羽根を作り（箱ヒダ）、

04

三重ゴム紐の①で押さえる。

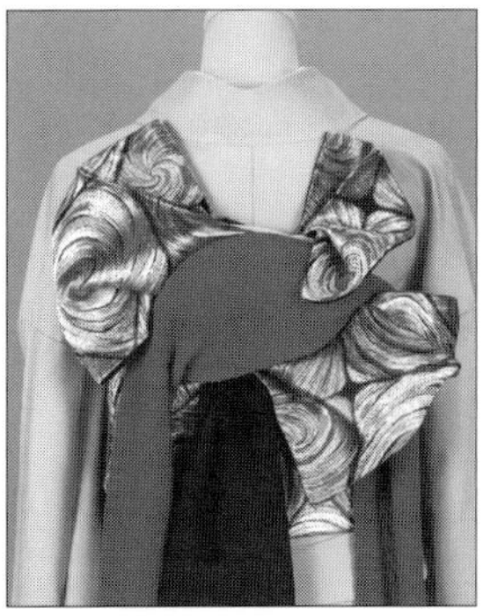

05

帯揚げを掛けた帯枕をする。枕の左の紐は、左羽根の下部を通り、右の紐は、テ先のヒダと右羽根の間を通る。

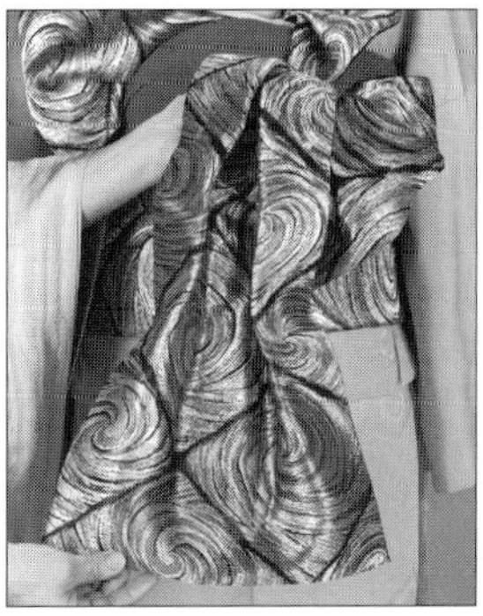

06

テ先を裏箱ヒダにたたみ、

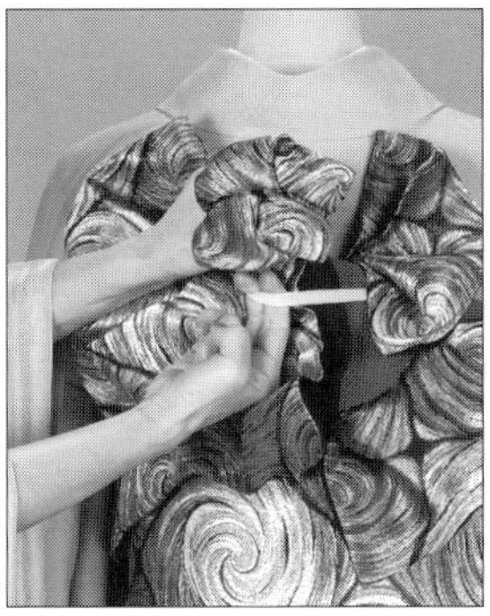

07

テ元は深い裏箱ヒダにして2つヒダを作り、元をゴムバンドで止める。三重ゴム紐の③を掛けて、

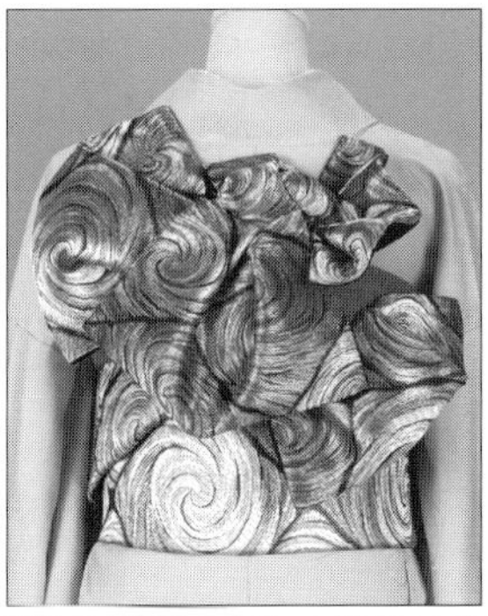

08

帯枕の上におさめる。テ先は立て矢の中心にふっくらと飾り下げる。

09

帯〆を、胴帯の上に通し締める。

Tips

ヒダのとり方を工夫する(1)

●折り返した帯丈いっぱいを利用して羽根を作ります。

帯先を表に、50cmほど折り返して帯を2枚重ね、折り返した帯の中央に六枚ヒダをとり、ゴムバンドで結ぶ。

残りの帯をはがし、右の帯先は1枚にしてヒダを整え、左右に1つずつ、羽根のできあがり。

二枚文庫の上の小さな羽根（左右）などに使う。折り返す帯丈の長さや、ヒダのとり方によって、さまざまな表情が生まれる。

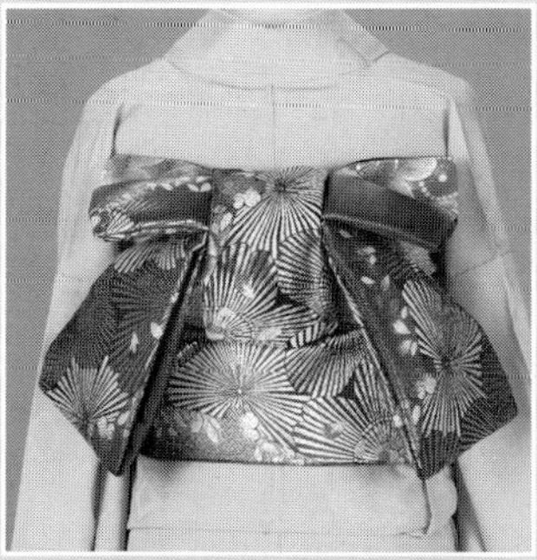

上の小さな羽根（左右）は、帯幅を半分にたたんだものを折り返し、中心に1つ追いヒダをとってゴムバンドで止めたもの。

57

OBI-MUSUBI

羽根を次々と、重ねて結び上げた帯結び。羽根の角度と長さのバランスがポイントです。

01

テを下、タレを上に結ぶ。

02

タレ先に六枚ヒダをとり、

03

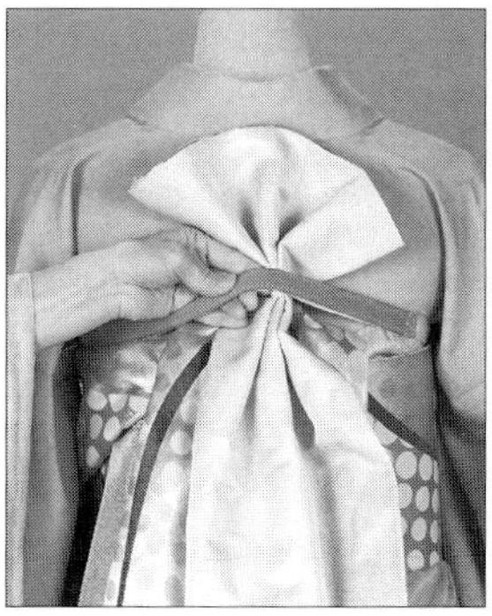

裏側から三重ゴム紐で背に押さえる。

04

タレ元を左肩に折り上げ、帯2枚を揃えて箱ヒダをとり、三重ゴム紐の[1]で左肩におさめ、

05

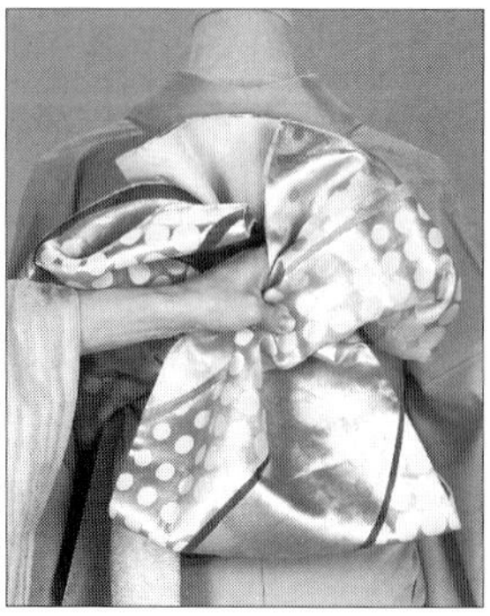

続くタレで右羽根を形づけ、三重ゴム紐の[2]を掛け、右肩におさめる。

06

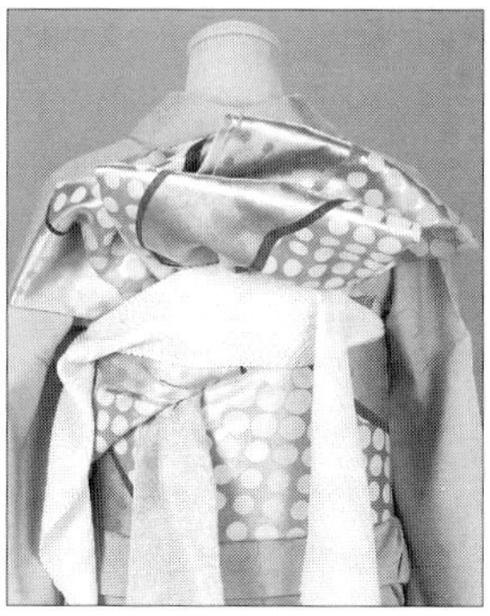

残りのタレも上に上げ、結び目の上に帯揚げを掛けた帯枕をする。

07

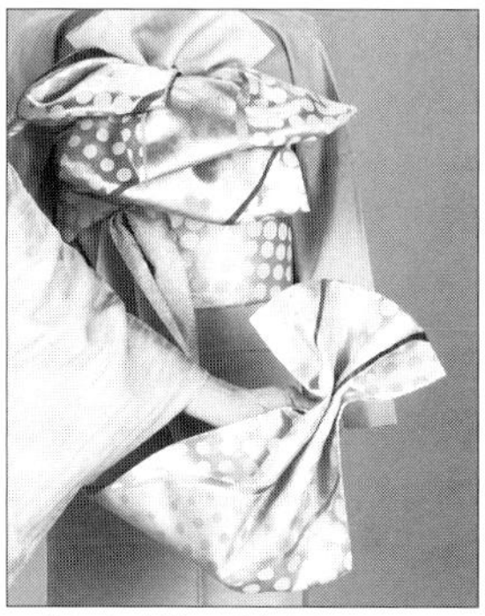

テ先にも六枚ヒダをたたみ、

08

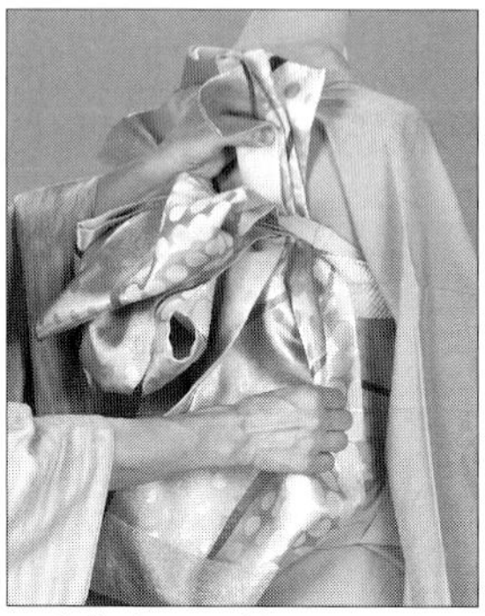

三重ゴム紐の一番奥を通して背中心に出し、

09

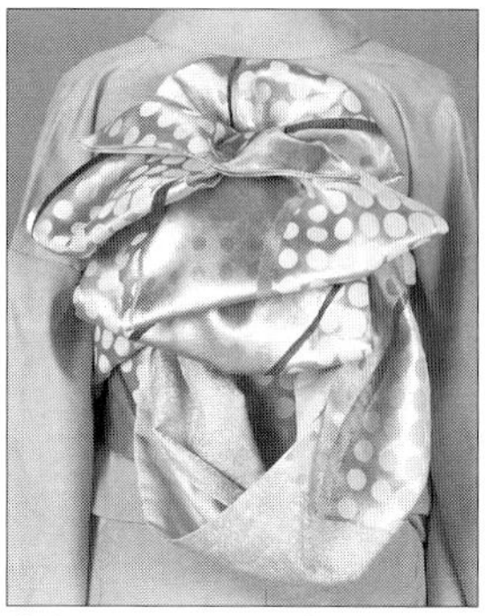

背中に扇のように広げて飾る。

10

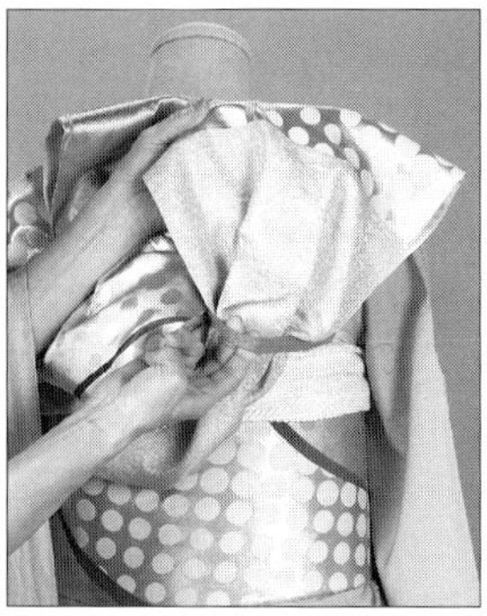

残りのテ元でもう一つ羽根を形づけ、三重ゴム紐の[3]に下から上に通す。

11

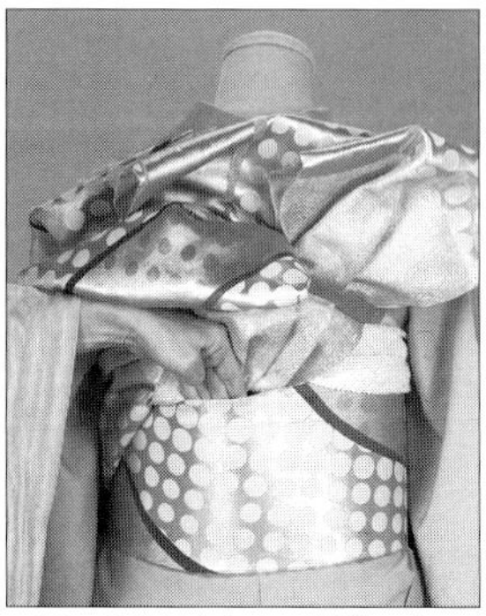

テ元の余分はたたんで胴帯の中に入れ込む。

12

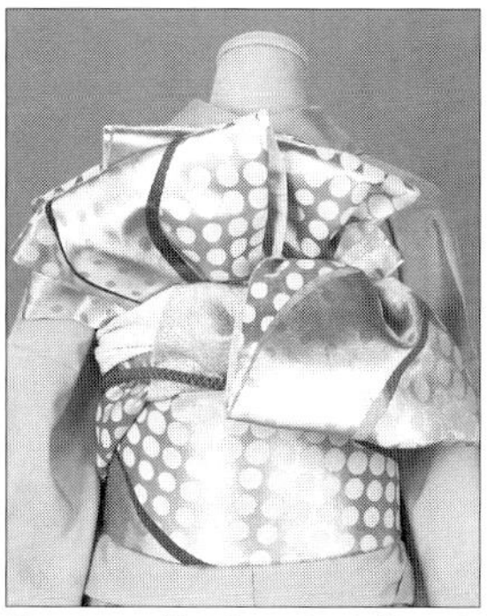

飾りとして帯〆をし（お太鼓は形づけない）、羽根を一枚ずつ下ろしてバランスよく整えて、できあがり。

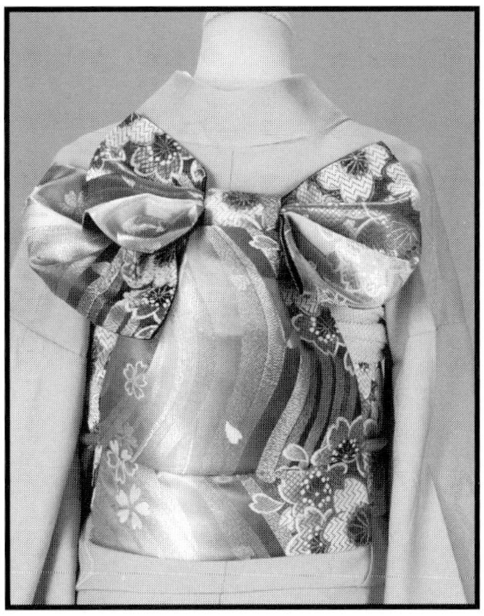

58

OBI-MUSUBI

お太鼓左右の羽根を、アシンメトリーに飾りました。左右の羽根のバランスを変えると、また違った表情になります。

01

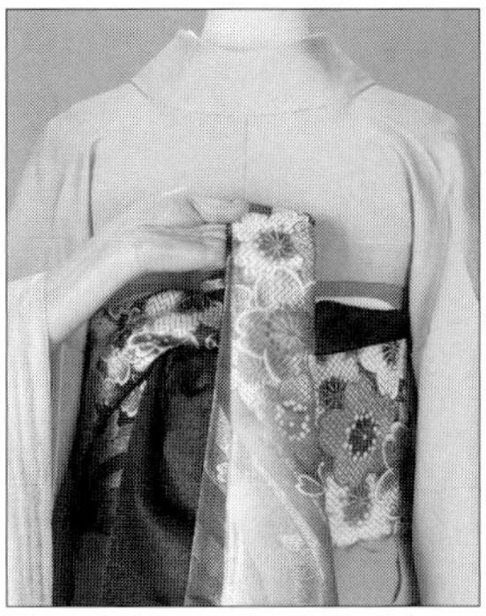

テを下、タレを上に結ぶ。タレ元を箱ヒダにたたみ、

02

三重ゴム紐の①で押さえる（②③は背中側に残す）。

03

テ先を六枚ヒダにたたんで小さな羽根を作り、

04

中心をゴムバンドで止める。

05

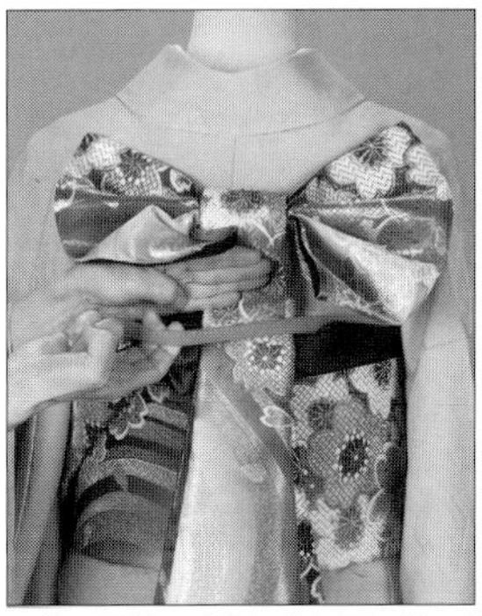

テ先の羽根の中心にタレ元の箱ヒダを被せ、三重ゴム紐の②③で背に押さえる。

06

タレ先に六枚ヒダをとり、

07

三重ゴム紐の②に下から上に通し、

08

小さな羽根の下におさめる。
残りのタレの輪でお太鼓を作る。

09

先に作ったタレ元の箱ヒダに重ねて、もう一つ箱ヒダを作り、

10

帯揚げを掛けた帯枕をする。

11

このようにお太鼓山が2つ重なった状態になる。

12

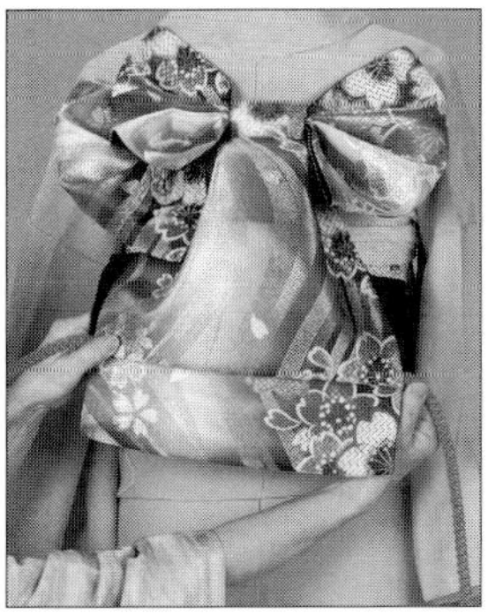

お太鼓を形づけ、帯メを通し締める。

59

OBI-MUSUBI

ふっくらと可愛いらしい、大きなリボン結び。

01

テを下、タレを上に結ぶ。

02

タレ元は両帯端を内側に折り込んで、帯幅を 1/3 位に整え、三重ゴム紐で裏側から押さえる。

03

テ先を左脇で折り返して深いヒダを1つとり

04

タレ元の奥を通って右肩に出し、三重ゴム紐の3本で押さえる。

05

タレ元を被せ、テ先の羽根を整える。

06

タレ先に大きな羽根を作り、

07

タレ元の内側にクルリと回転させて、大きな羽根を背におさめ、左羽根を三重ゴム紐の[1]にくぐらせ、

08

右羽根を三重ゴム紐の[2]をくぐらせて、クロス掛けにする。

09

タレ元の輪を被せ、

10

タレ元の輪の中に、帯揚げを掛けた帯枕をする。

11

タレ元の輪を整えて、

12

帯〆を通し締める。

Tips

ヒダのとり方を工夫する(2)

1

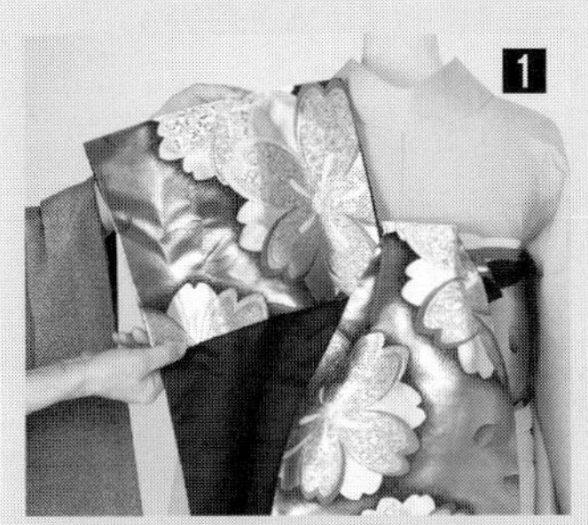

できあがりのヒダ（羽根）の長さよりも、やや長めに帯を表に折り返す（約25cm ＝羽根・約20cm ＋余分）

2

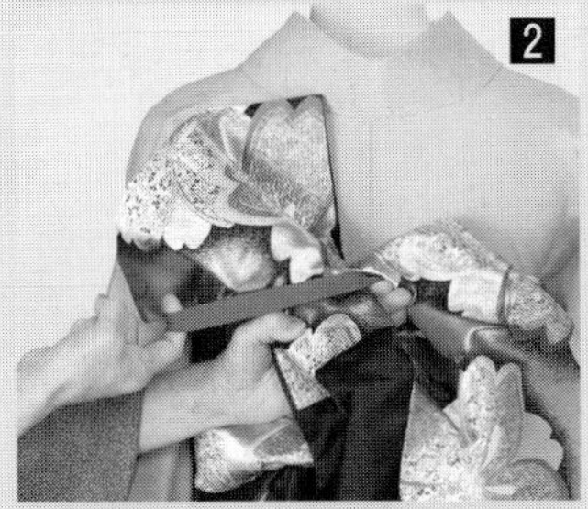

箱ヒダにとって三重ゴム紐にかけ、背におさめる。

3

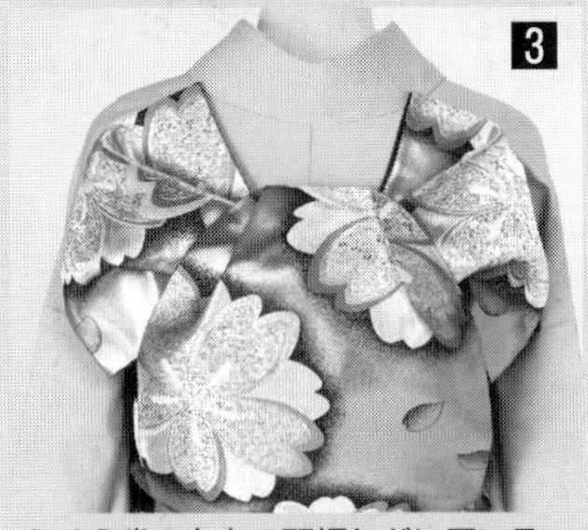

ふくら雀の左右の羽根などに用いる。

裏箱ヒダにとって三重ゴム紐にかけ、背におさめたもの。

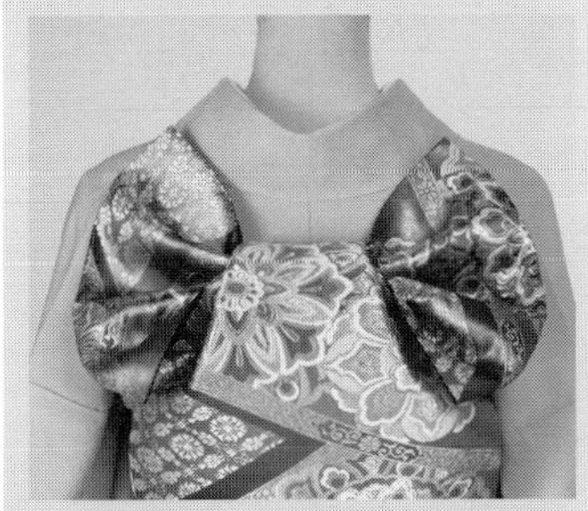

六枚ヒダにとって三重ゴム紐にかけ、背におさめたもの。

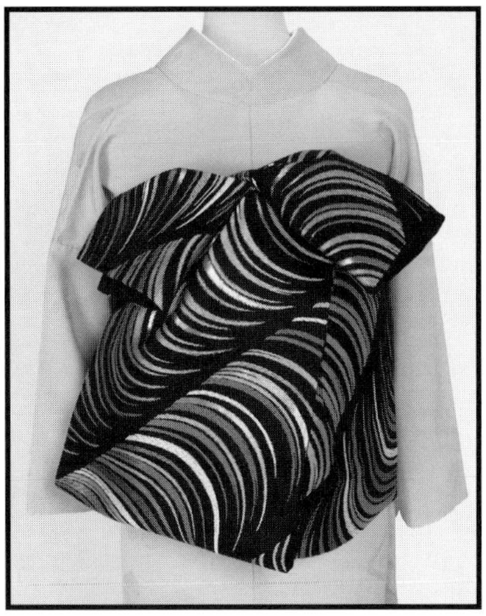

60

OBI-MUSUBI

「だらり」風にゆったりと結び上げました。本書の『帯結びのカタログ』(39ページ) では、小紋に合わせていますが、振袖にも素敵です。

01

テを下、タレを上に結び、背中に三重ゴム紐をする。

02

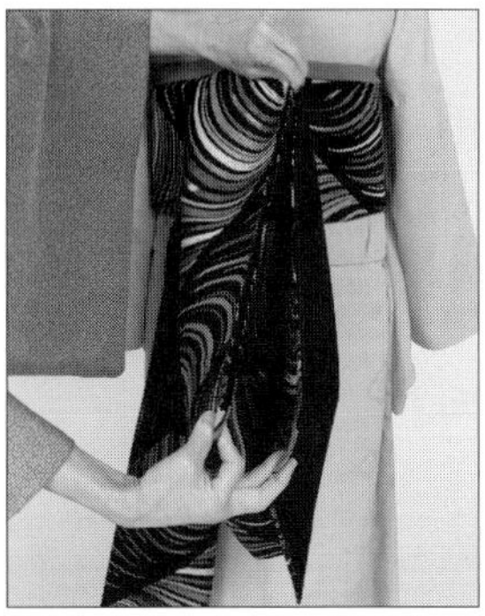

タレで左右の大きな文庫の羽根を作る。タレをたたんで、左右の羽根の長さを揃え、中心に一つヒダをとり、

03

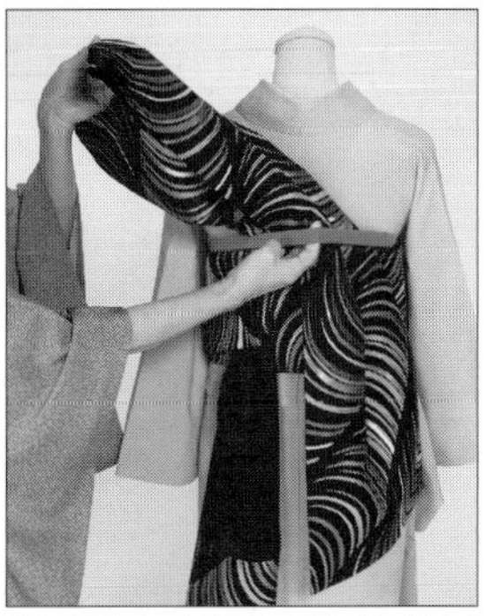

タレ元側の左羽根を三重ゴム紐の２本（①②）に下から通して上に出し、

04

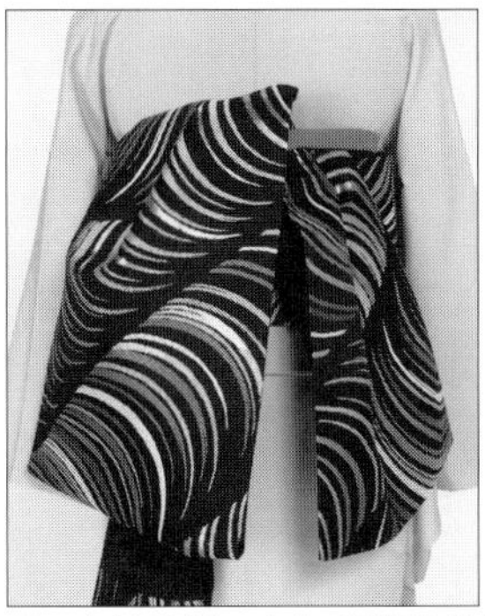

そのまま下げる。左右の羽根を整え、羽根先を揃える。

05

左右の文庫の羽根を一旦上げ、羽根の下、結び目の上に、帯揚げを掛けた帯枕をする。

06

右羽根を下ろし、

07

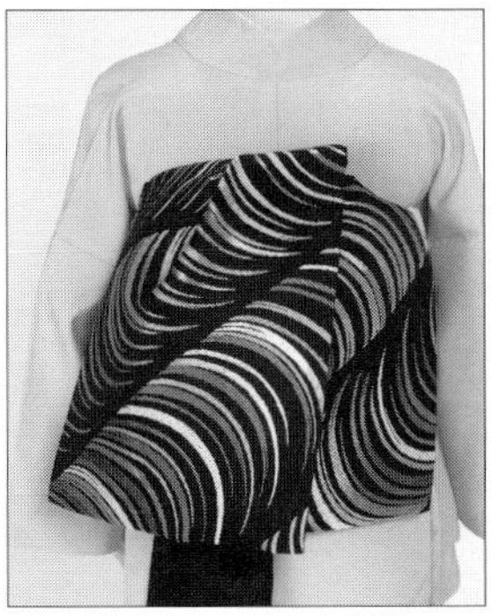

さらに左羽根を下ろした状態。

08

テ先は帯幅を半分にたたみ、右側で表に折り返して、中心に一つヒダをとり、右側のワを、

09

三重ゴム紐の③に下から通して右肩に出す。ゴム紐が表に見えないようにテ先の羽根を飾り、できあがり。

61

OBI-MUSUBI

背中心に扇を広げたようにテ先を飾り、文庫の羽根は「八の字」に、シンメトリーに形づけます。お太鼓部分の箱ヒダの折り線を生かして仕上げます。

01

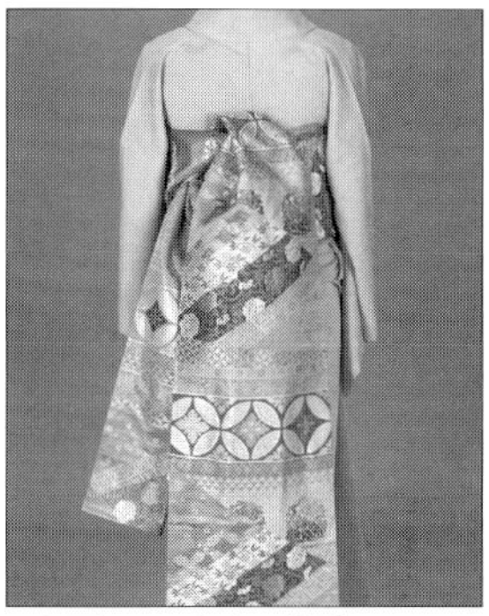

テを下、タレを上に結ぶ。

02

テ先に八枚ヒダをたたみ、元をゴムバンドで止める。テ元の余分はたたんで胴帯の中に入れ込む。

03

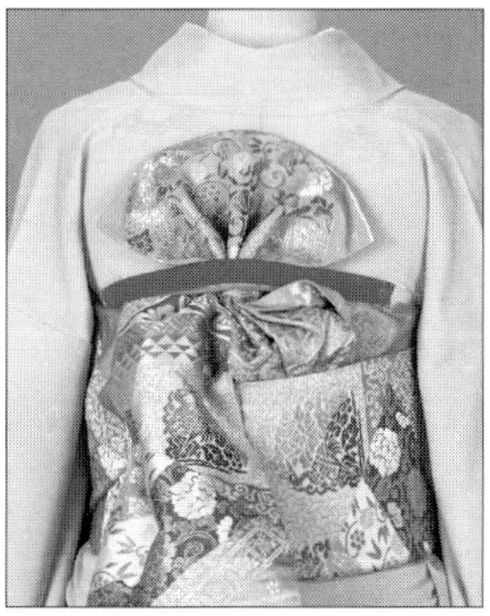

テ先の八枚ヒダを背中心に広げ、三重ゴム紐で押さえる。

04

タレ先・約50cmに裏箱ヒダをたたみ（帯山からタレ先まで、折り山の線をくっきりと出す）、

05

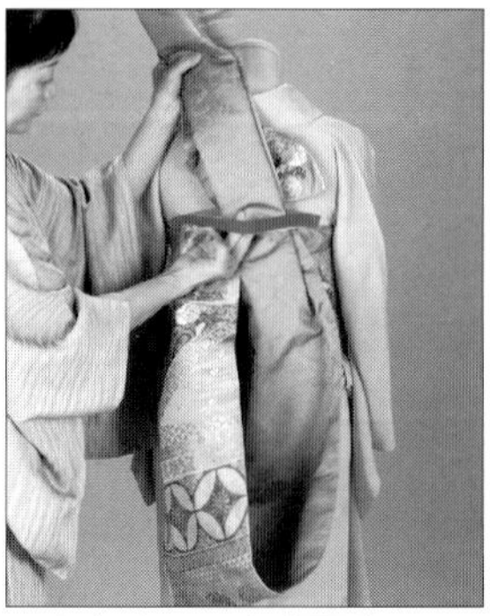

三重ゴム紐の2本（[1][2]）に下から通して背に押さえる。

06

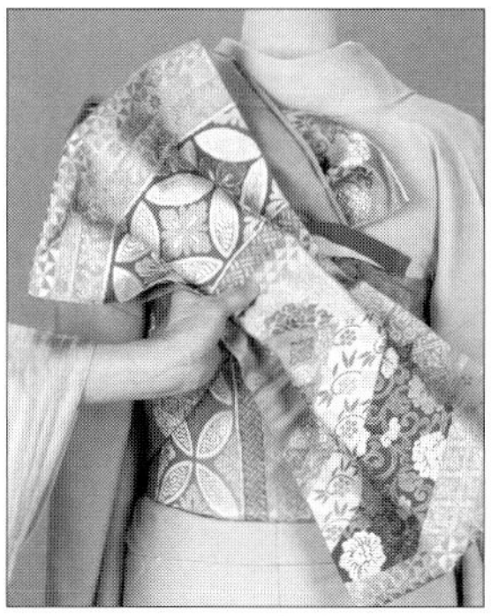

タレの輪を左右に広げて帯2枚を重ね、箱ヒダにたたんで左肩に置き、

07

三重ゴム紐の[1]を掛ける。

08

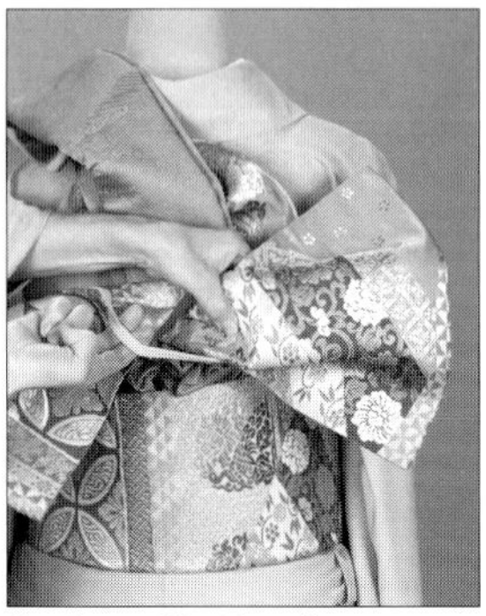

右羽根も同様に箱ヒダにたたみ、三重ゴム紐の[2]を掛けて、

09

クロス掛けにする。

10

帯揚げを掛けた帯枕をする。

11

タレ先を真っ直ぐ下ろす。

12

タレ先の余分は裏側に折り込んで、帯〆を通し締める。

62

OBI-MUSUBI

角出し風の、雰囲気のあるお太鼓結び。帯山は高くなり過ぎないように注意し、帯の風合いを生かして、ゆったりと大らかに結びます。

01

テを下、タレを上に結ぶ。

02

お太鼓山を決め、お太鼓を形づける。

03

お太鼓山は両角を内側に斜めに折り込み、整える。

04

帯枕をする。

05

テ先を左から右に出し、中心を裏箱ヒダにたたんで、

06

ゴムバンドで止める。

07

枕の中心にも、ゴムバンドを1つ付けておき、これにテ先のゴムバンドを止める。

08

タレの輪で、お太鼓部分と、斜めに、二枚重なる垂れを作っていく。

09

垂れの上に、このようにタレの輪を斜めに重ね、仮紐（腰紐など）で止めておく（この紐は後で、抜き取る）。

10

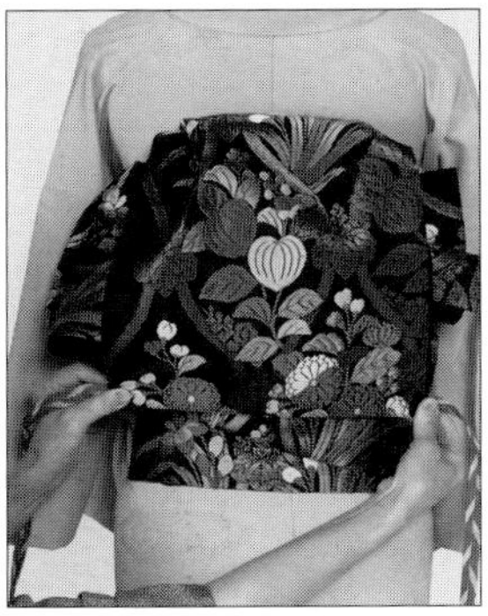

残りのタレの輪でお太鼓を形づけ、帯〆を通し締める。

11

仮紐を抜き取り、できあがり。

クリップ（左）とゴムバンド（右）

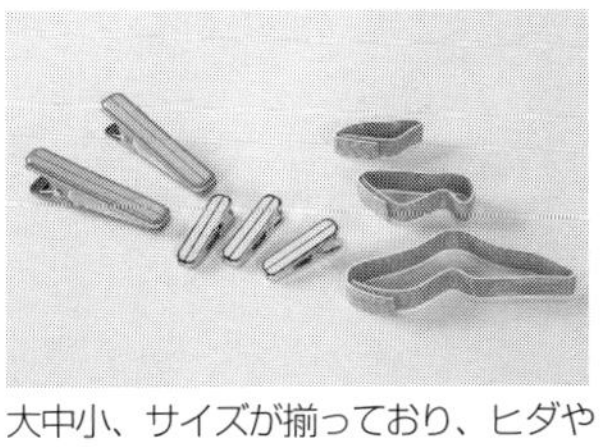

大中小、サイズが揃っており、ヒダや羽根、形作った帯型を止めておくのに用いる。黒ゴムや細紐でも代用できる。

Tips

帯枕の役割と枕の紐の結び方

●帯枕は、帯を結び、帯の形を整えるために使います。帯結びの形に合わせて、形や厚みを選びます。

●帯枕の紐は、着物を着ていて「痛い」「苦しい」と感じる原因になりやすい所です。紐が細いと、身体にくいこみ、痛さを感じやすいので、ガーゼを掛けて使います。身体にくいこまず、しっかり締まります。最近は、ガーゼを掛けた状態で市販されている帯枕も多いようです。

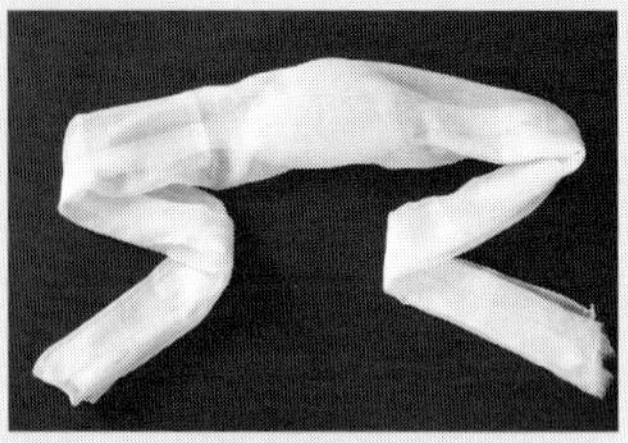

▼帯枕の紐の結び方

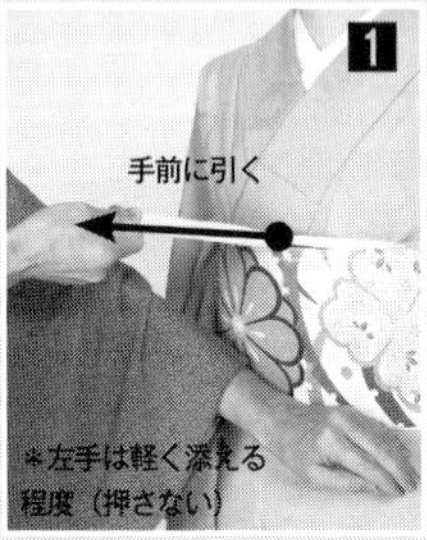

枕の紐は中心で2度からげて一度締め、さらに左右の紐を合わせて右手で持ち、手前に引く。左手は帯に軽く添える程度（押さない）。

ゆるみが出た分を、もう一度締め、紐先は「片花結び」にして、

帯と着物の間に深く入れ込む。一度締めたものも、位置をズラす」ゆるむ。結び目を下げるだけで、身体に対する負担が軽くなる。

63

OBI-MUSUBI

若い方にも合わせやすい、角出し風の帯結び。ゆったりと結び上げましょう。

01 テを下、タレを上に結ぶ。タレ元は帯幅を半分にたたむ（二つ折）。

02 テ先も帯幅を半分にたたみ（二つ折）、ワを下にして、タレ元の下に左から右に通す。

03 テ元の輪に、タレ元を下からくぐらせ上に出し、

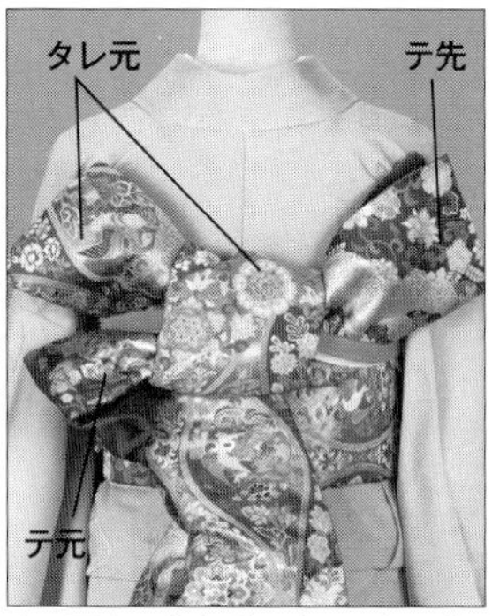

04 タレ元とテ先を引き合って軽く結ぶ。仮紐や三重ゴム紐を輪に通して、結び目を押さえておく。

05 続くタレは箱ヒダにたたんで真上に折り上げ、結び目の上に、帯揚げを掛けた帯枕をのせ、背におさめる。

06 タレ先を下ろし、帯山を整える。

07 タレ先でお太鼓を形作り、帯〆を通す。

08 できあがり。

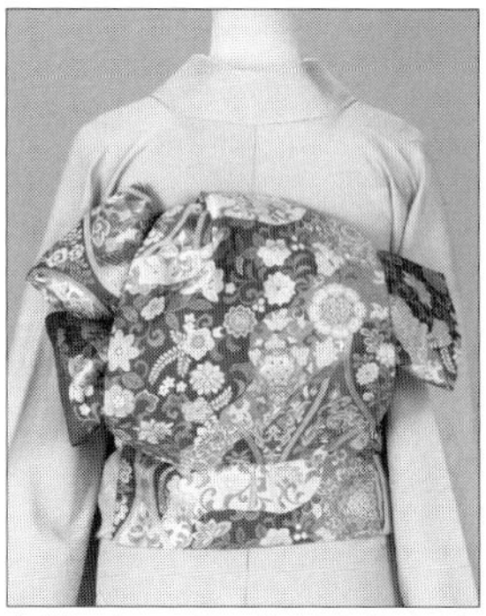

09 右側に出ているテ先を下げるなど、角の出し方で帯結びの表情が変化する。

64

OBI-MUSUBI

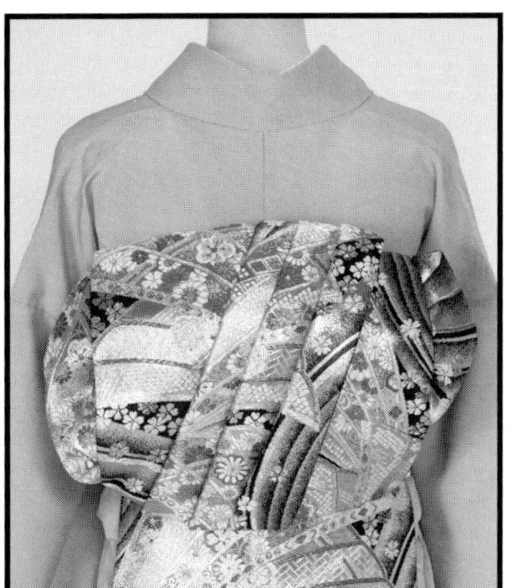

お太鼓の上にヒダを飾った変わり太鼓結び。二重太鼓に結んだ時に中に隠れる部分をヒダにたたんでいるので、本来、お太鼓になる部分の帯地を傷めず、変わり結びが楽しめます。

01

テを下、タレを上に結ぶ。

02

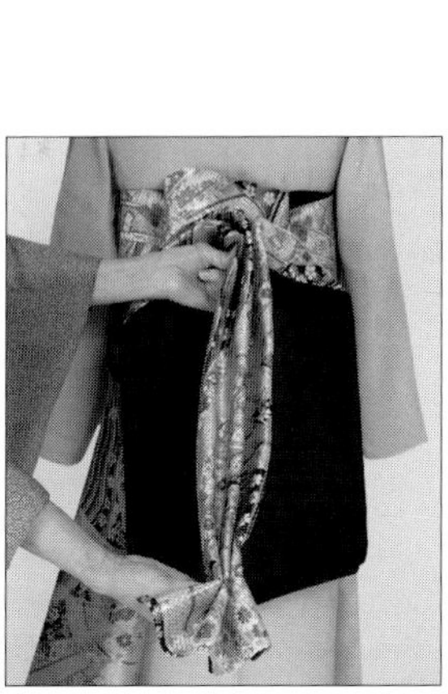

タレ先 50cm をとり、三つ山ヒダをとる。

03

折り山をずらして、クリップで止めておく。

04

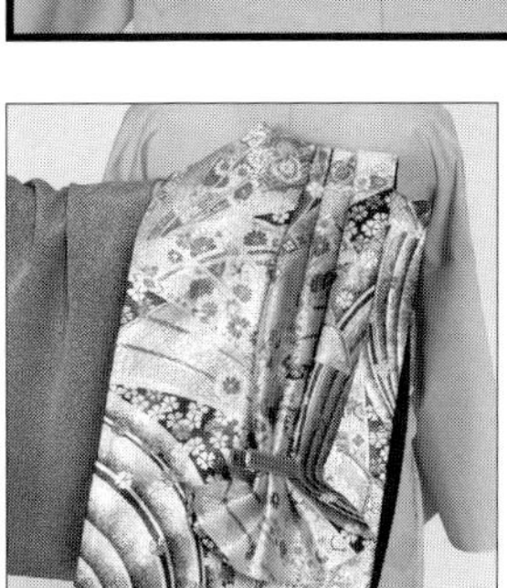

タレを一回転半させ、タレにたたんだヒダがお太鼓の上に被さるようにし、

05

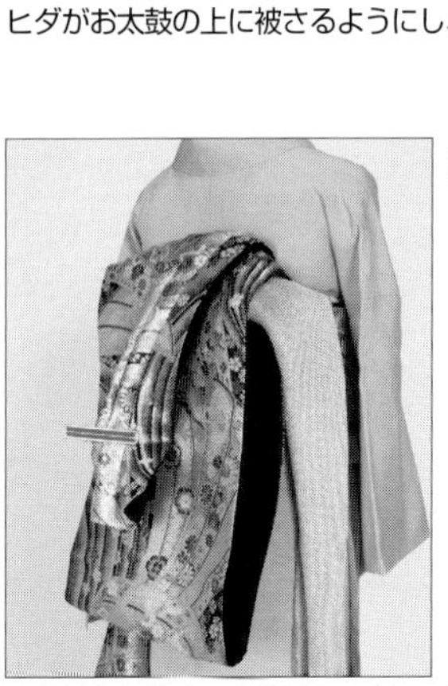

お太鼓山を決め、お太鼓山の中に、帯揚げを掛けた帯枕をする。

06

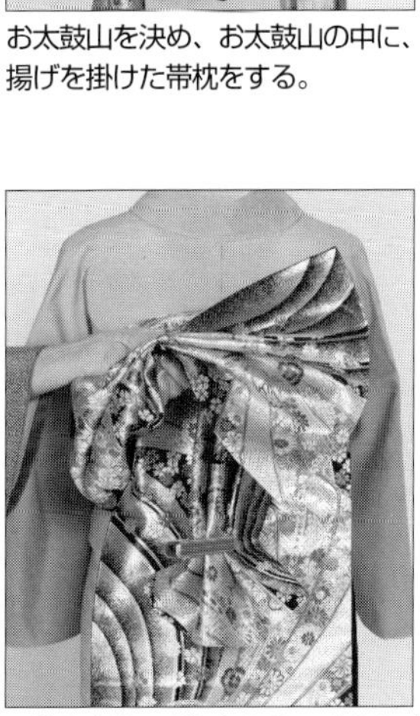

テ先は六枚ヒダにたたみ、中心をゴムバンドで止める。

07

テ先の六枚ヒダは、お太鼓（タレの輪）の中を通して右側に出す。※テ先の六枚ヒダは、写真のように、ゴムバンドを使って、帯枕に止めておく。

08

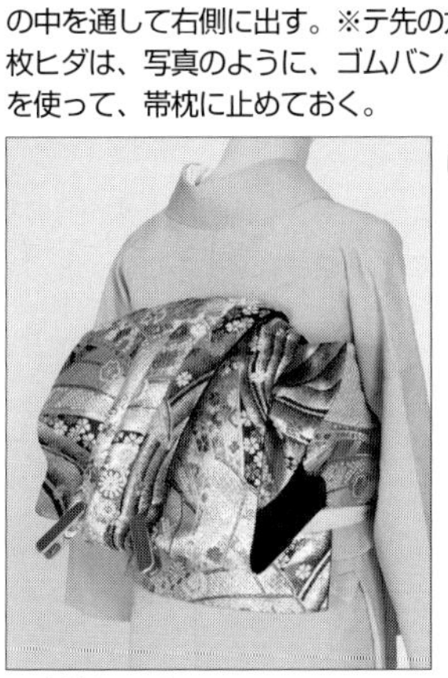

お太鼓を形づけ、

09

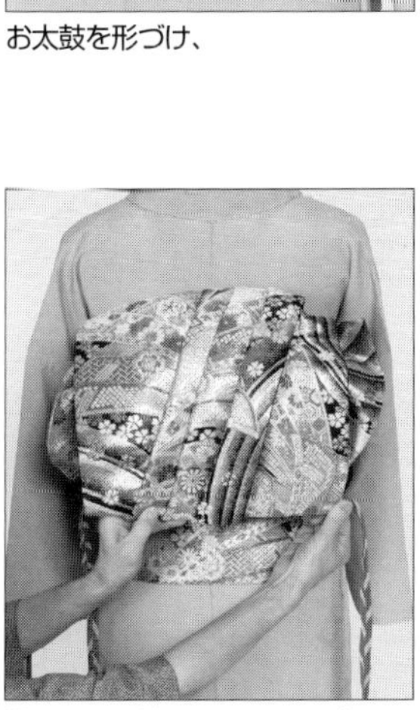

帯〆を通し締めて、できあがり。

Tips

三重ゴム紐 使い方のポイント

●三重ゴム紐：
背中にくる部分に、三重のゴム紐を施したもの。帯山や羽根、飾りヒダを止めるのに便利。

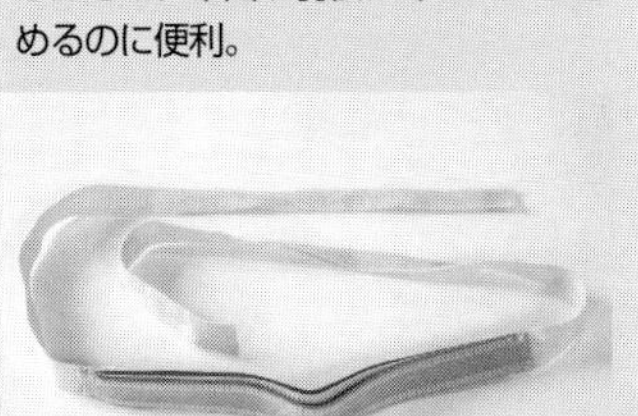

※本書の技術解説では、便宜上、手前のゴム紐から①②③と呼び分けています。

使い方のポイント❶
●ゴム紐部分は背幅いっぱいまで伸ばして背中に締めること！
▷ゴム紐の幅が狭いと、羽根やヒダを背に置いた時に、羽根がゴム紐によって中央に戻されてしまい、おさめたい位置におさまらない。

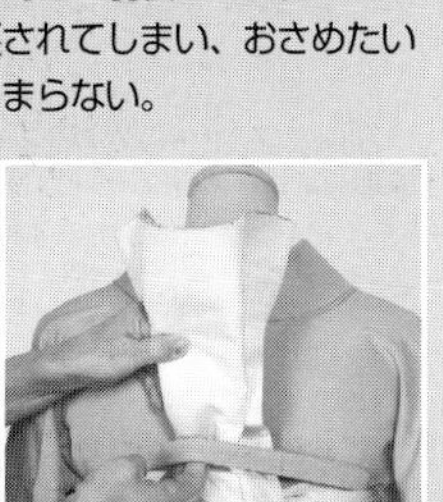

三重ゴム紐を背に締める時は、ゴム紐部分が背幅いっぱいになるように、ゴム紐部分をしっかり伸ばして締める。

使い方のポイント❷
●羽根を背におさめる時は、背においた羽根に、ゴム紐を掛けて押さえる。

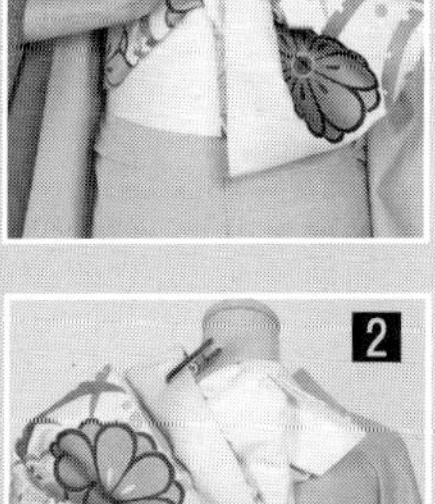

羽根や飾りヒダを背におさめる時には、まず、形作った羽根や飾りヒダをおさめたい所におき、

羽根や飾りヒダはそのままで、そこに三重ゴム紐を掛けて押さえればよい。

65

OBI-MUSUBI

「後見結び」は、日本舞踊の後見から名付けられた帯結びです。
垂れの左角を背中心におさめるのが本来の形ですが、“粋”な場合は、角を少し左にずらしてあげるとよいでしょう。

▼ **アレンジ**

垂れの左角を背中心より左にずらしたもの

01

テを下、タレを上に結ぶ。

02

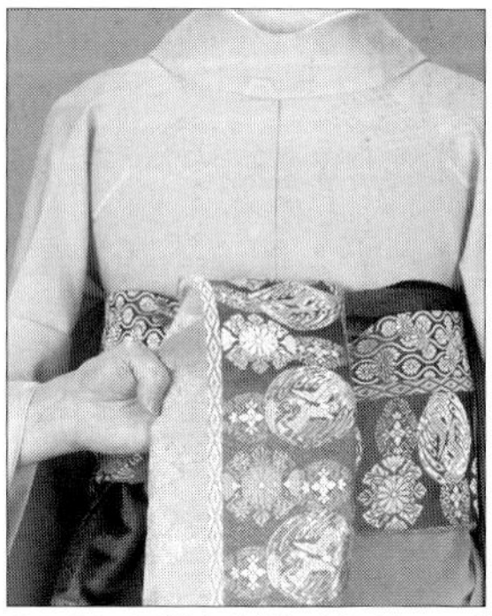

タレ元の両端を裏側に折り込んで帯山の幅を整え、

03

帯枕の代わりに長方形の薄手の芯（ガーゼのハンカチ、手拭いなど）を包んだ帯揚げをする。

04

タレ先・約 25cm を表に折り返し、

05

左の角を、背中側（裏側）に斜めに折り返して、左肩に出る角のバランスを計り、

06

左肩におさめ、仮紐（腰紐）で止めておく。

07

テ先は帯幅を半分にたたみ、ワを下にして、タレの輪を通して右肩に出し、

08

右肩にバランスよくおさめる。

09

タレの輪でお太鼓を形づけていく。まず、垂れを形づけて、仮紐で止めておく。※仮紐を使わず、お太鼓を形づけてもよい。

10

お太鼓を形づけ、

11

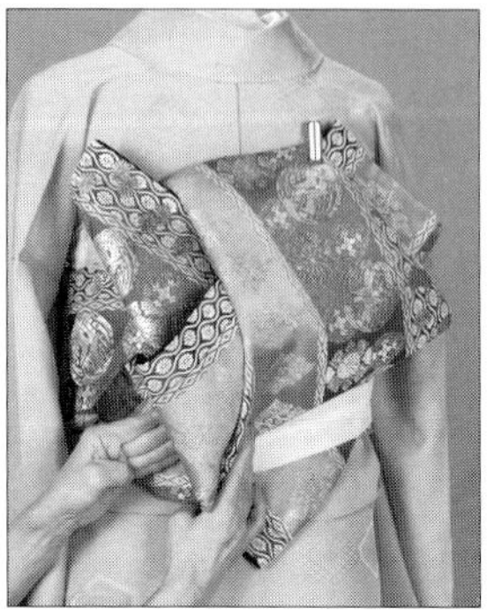

テ元の余分はお太鼓の奥に、平らに折り込む。

12

全体をバランスよく形づけ、帯〆を通し仕上げる。垂れの左角が背中心にくるのが、本来の形。

66

OBI-MUSUBI

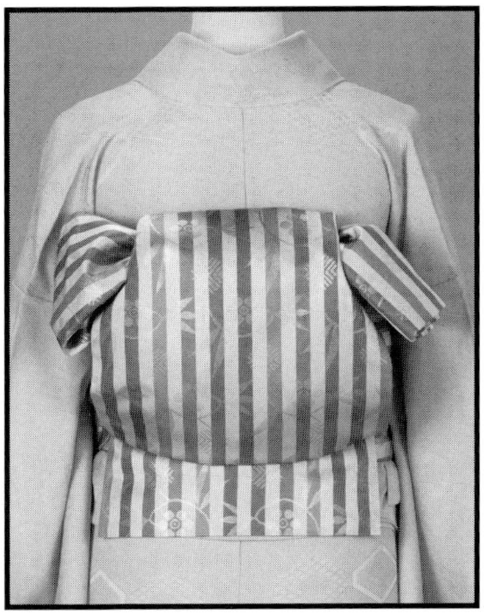

「角出し結び」。
ボリュームをどこに持ってくるかで、雰囲気が変わります。

01

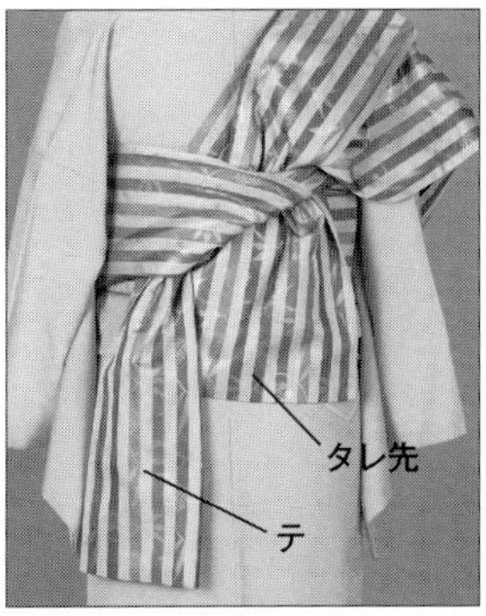

テを下、タレを上に結ぶが、タレ先は引き抜かず、結び目の下に残しておく。このタレ先の部分が、お太鼓の垂れになる。

02

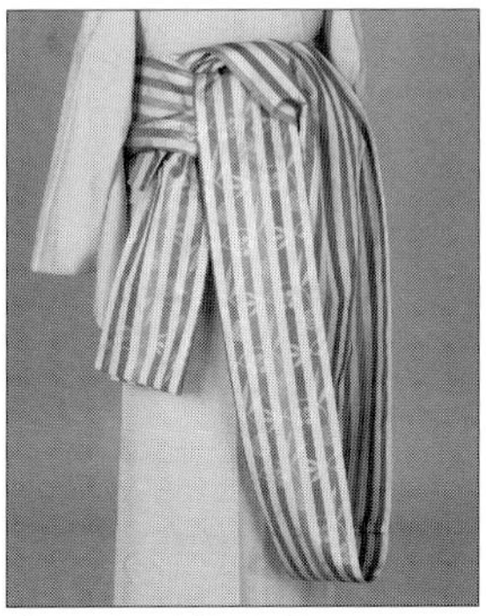

残りのタレは輪になる。

03

タレの輪の中で、テとタレ元を結ぶ。
※テ先を右上に折り上げ、タレ元を左上に引き抜くようにして結ぶ。

04

テとタレ元を結んだ所。

05

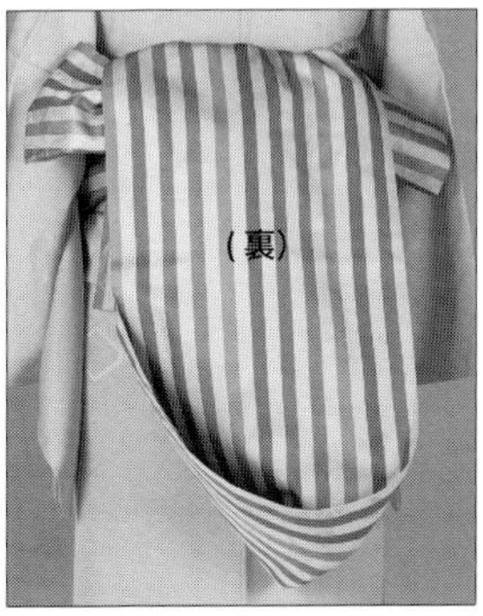

タレを結び目の上に被せる。ただし、このままではお太鼓部分が裏になってしまうので、

06

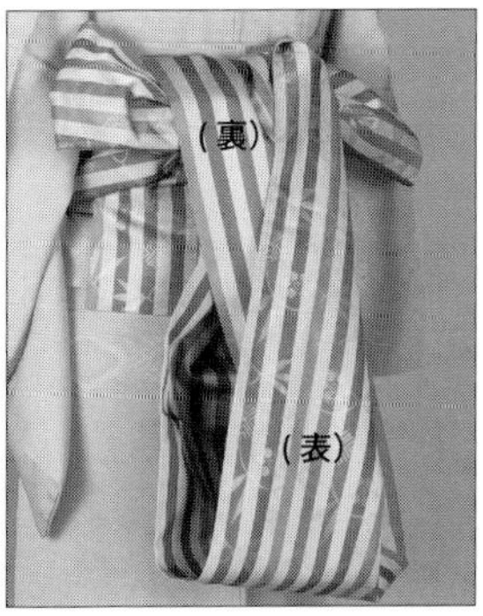

表が出るように返して、

07

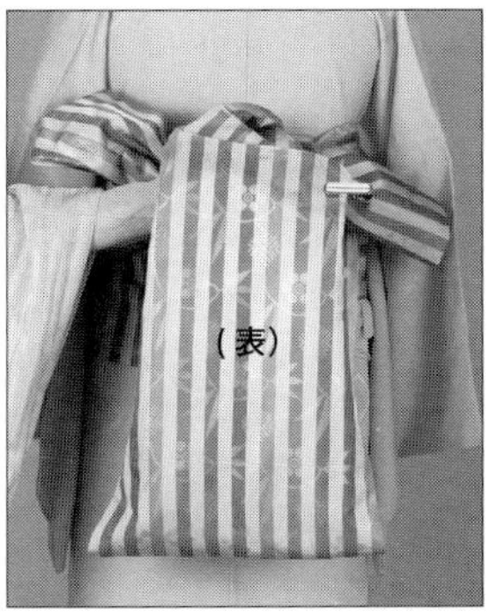

帯山の位置を決める。両端を少し裏側に折り込んで帯幅を狭め、

08

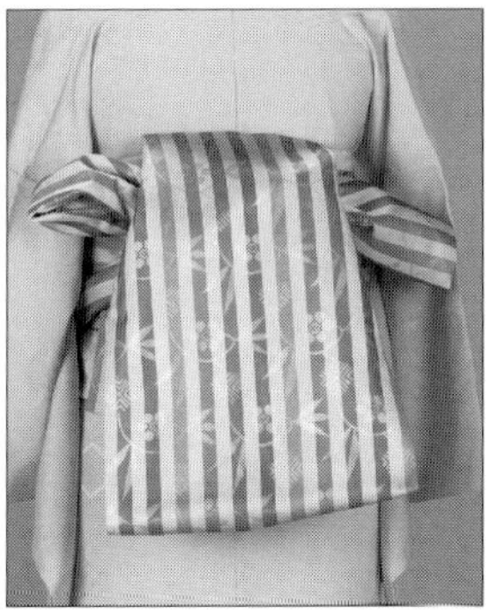

三重ゴム紐または仮紐で背におさめる。

09

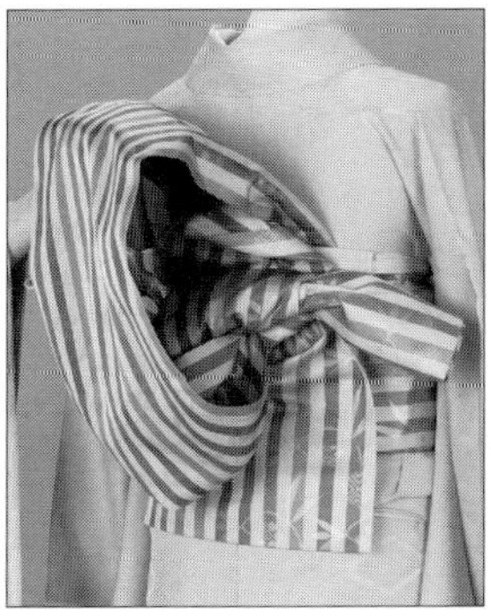

横から見た状態。

10

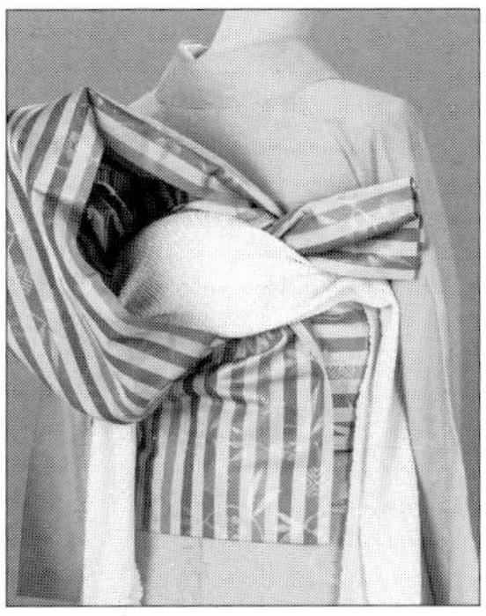

タレの輪の中で帯枕をする。
仮紐で押さえた場合は、仮紐を抜く。

11

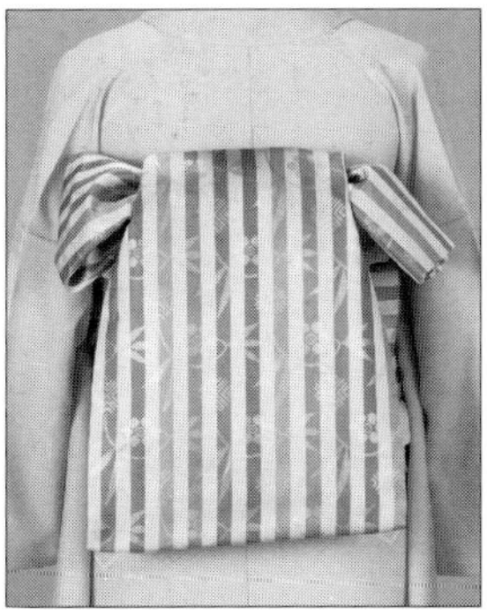

タレの輪を下ろし、余分は内側に折り上げて、

12

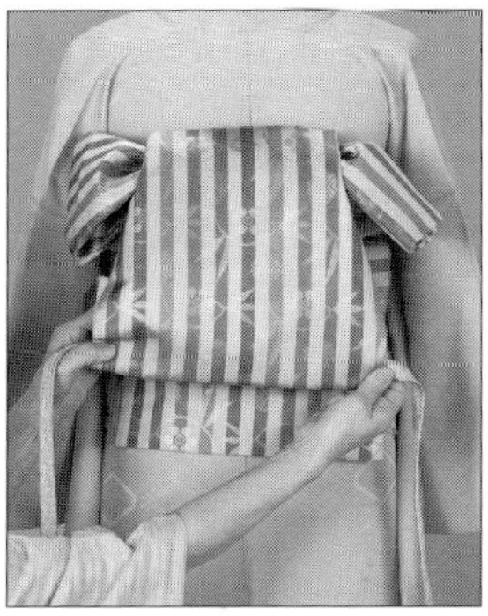

お太鼓に形づけ、帯〆を通し締める。

INDEX

本書に掲載の帯結び・全66パターンの索引ページ

01
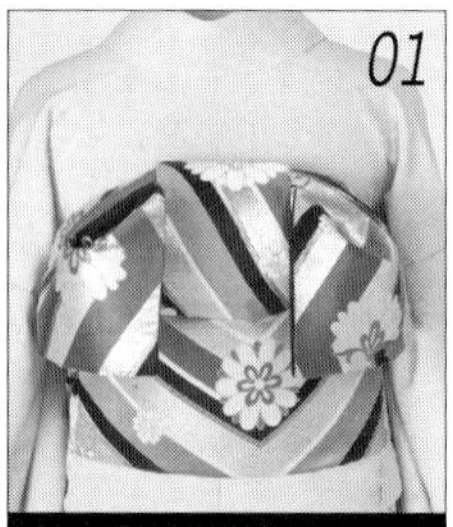
技術解説：p.54／カラー：p.9

02
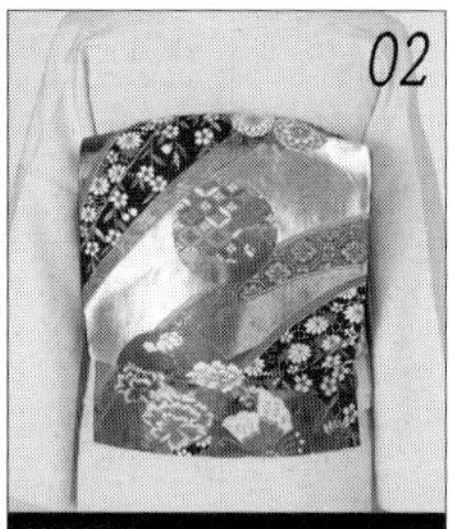
技術解説：p.55／カラー：p.38

03
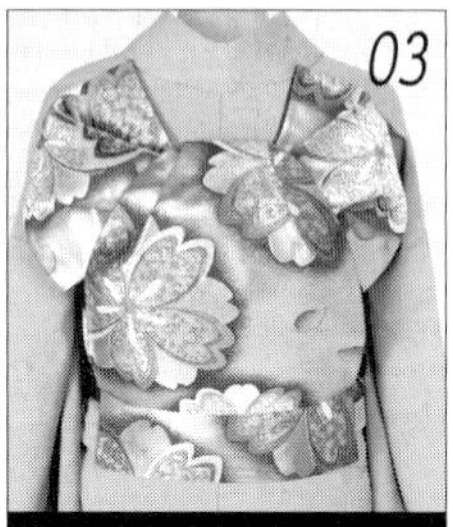
技術解説：p.56／カラー：p.16

04
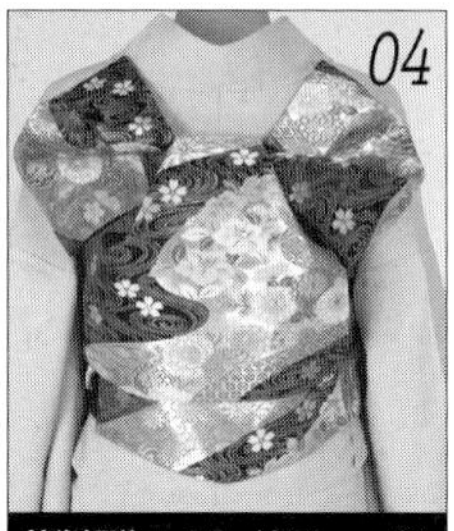
技術解説：p.57／カラー：p.24

05
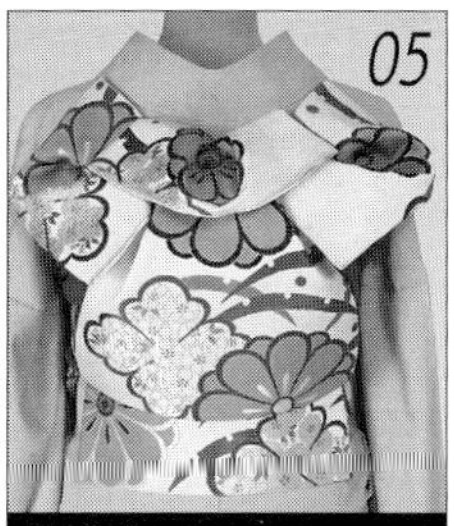
技術解説：p.58／カラー：p.11

06
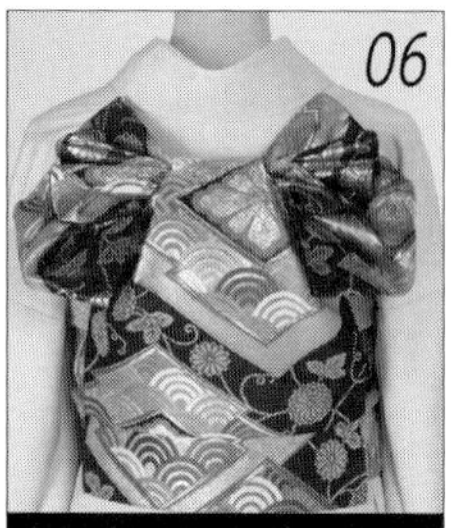
技術解説：p.59／カラー：p.19

07
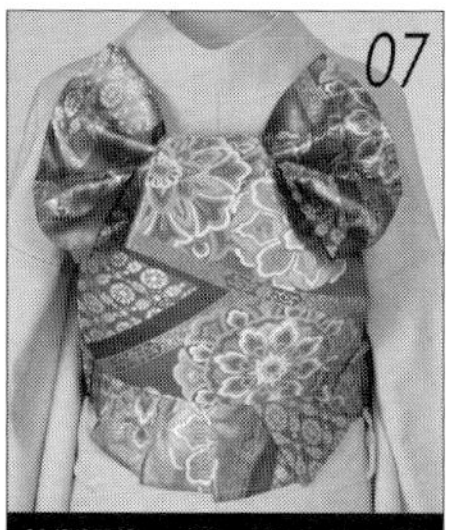
技術解説：p.60／カラー：p.32

08

技術解説：p.61／カラー：p.25

09
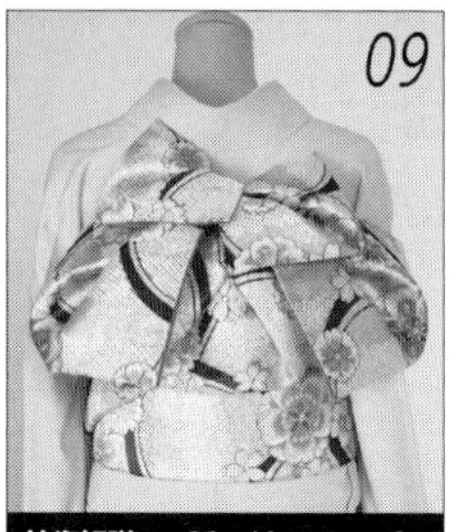
技術解説：p.62／カラー：p.24

10

技術解説：p.63／カラー：p.33

11

技術解説：p.64／カラー：p.17

12
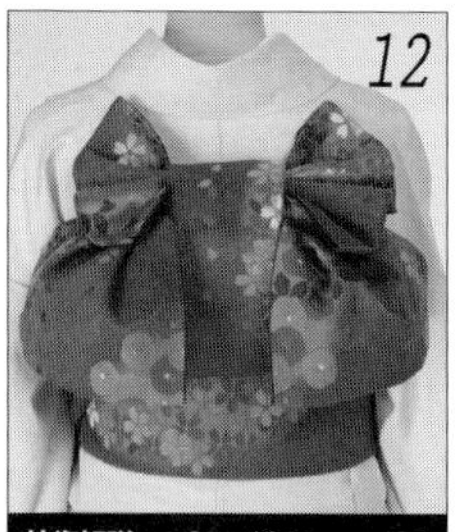
技術解説：p.65／カラー：p.21

13
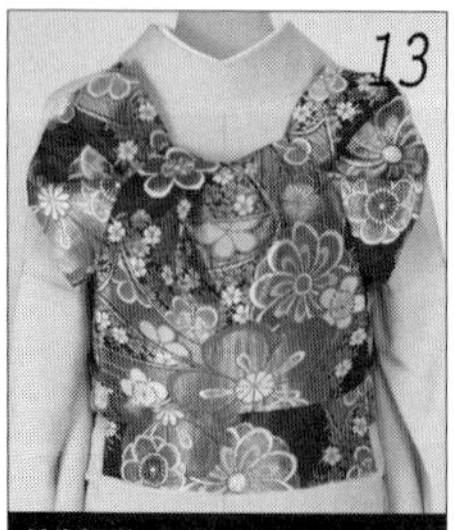
技術解説：p.66／カラー：p.26

14
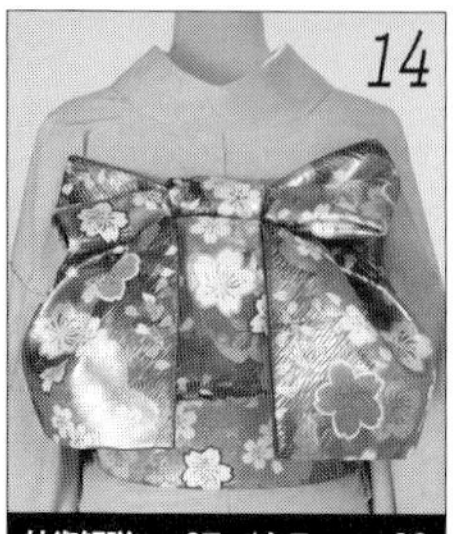
技術解説：p.67／カラー：p.36

15
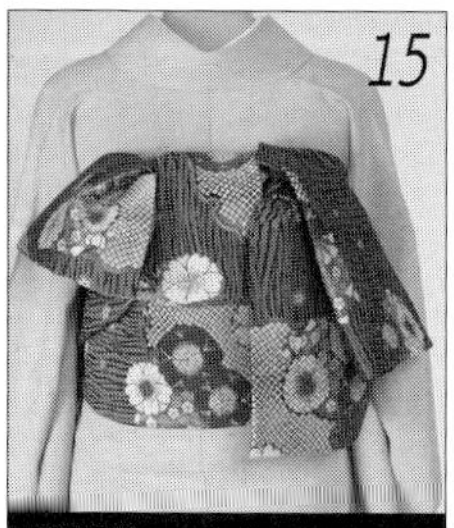
技術解説：p.68／カラー：p.14

16

技術解説：p.69／カラー：p.14

17
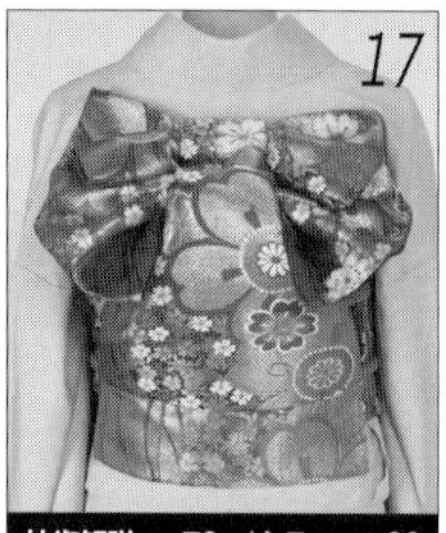
技術解説：p.70／カラー：p.36

18
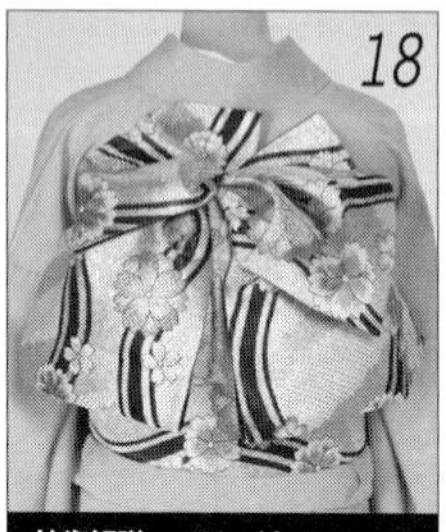
技術解説：p.71／カラー：p.7

19

技術解説：p.72／カラー：p.12

20
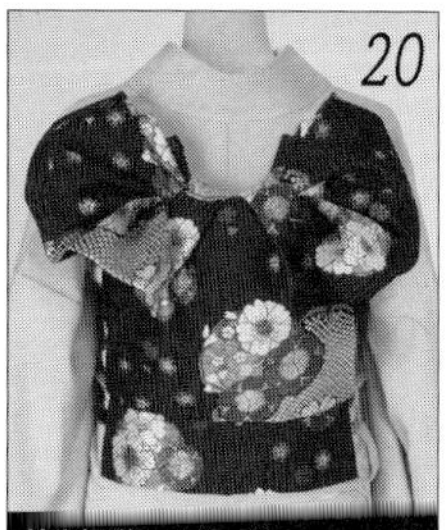
技術解説：p.73／カラー：p.12

21

技術解説：p.74／カラー：p.20

22

技術解説：p.75／カラー：p.10

23

技術解説：p.76／カラー：p.19

24
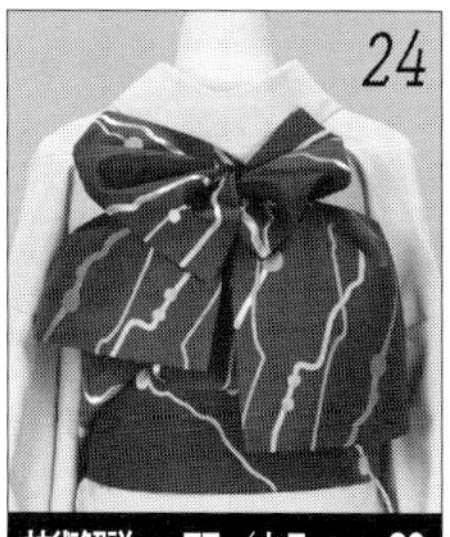
技術解説：p.77／カラー：p.20

25
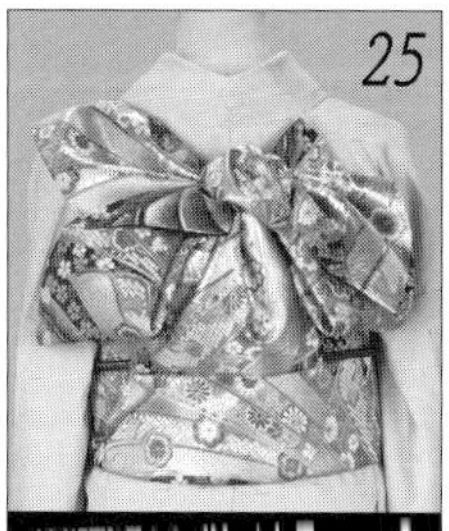
技術解説：p.78／カラー：p.8

26

技術解説：p.79／カラー：p.25

27

技術解説：p.80／カラー：p.27

28
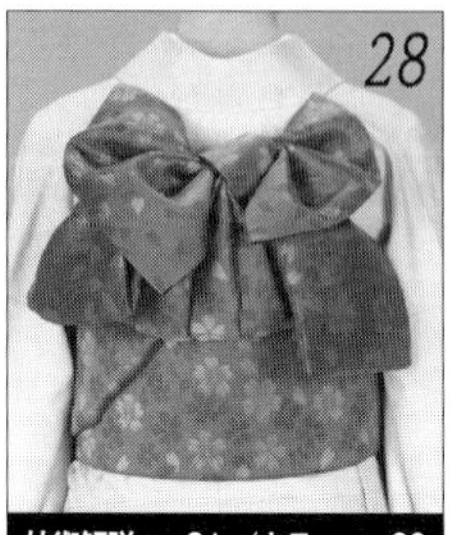
技術解説：p.81／カラー：p.30

29

技術解説：p.82／カラー：p.31

30
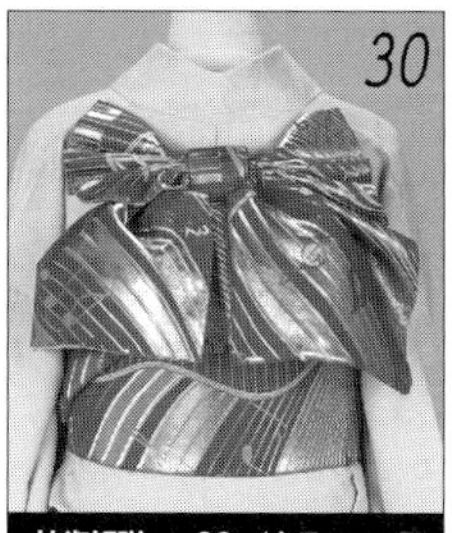
技術解説：p.[illegible]／カラー：p.7

31
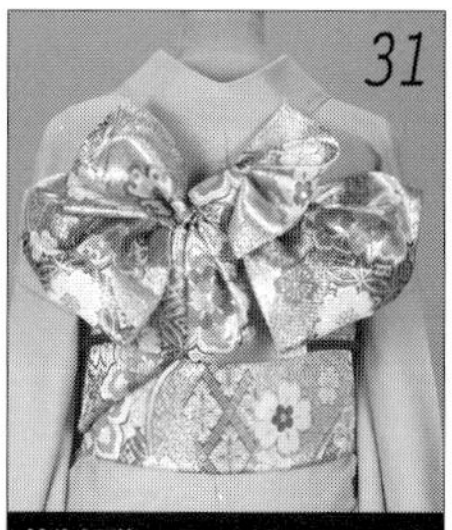
技術解説：p.84／カラー：p.33

32

技術解説：p.85／カラー：p.28

33

技術解説：p.86／カラー：p.28

34

技術解説：p.87／カラー：p.18

35

技術解説：p.88／カラー：p.15

36
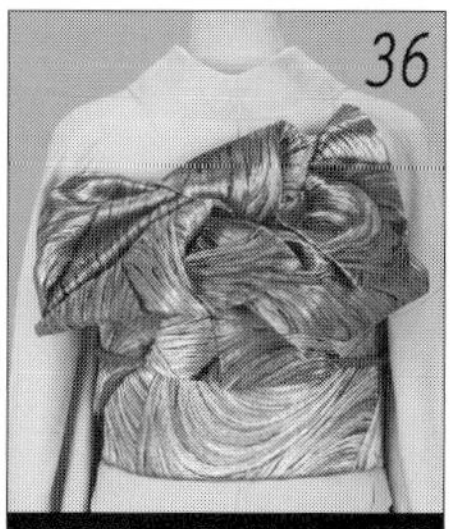
技術解説：p.89／カラー：p.23

37
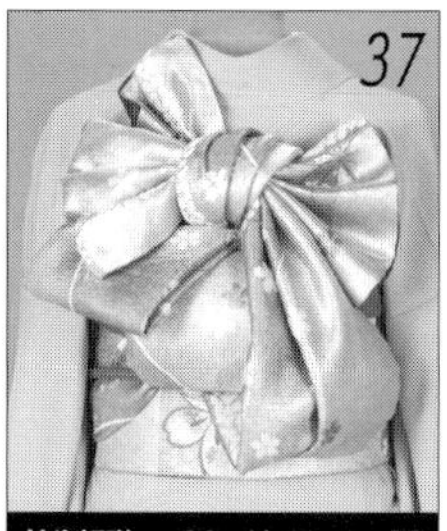
技術解説：p.90／カラー：p.22

38
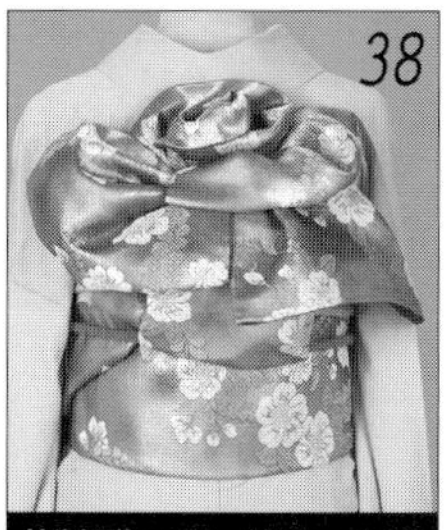
技術解説：p.91／カラー：p.29

39

技術解説：p.92／カラー：p.9

40

技術解説：p.93／カラー：p.37

41
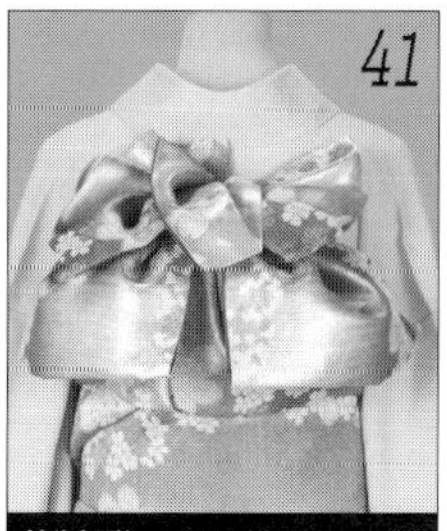
技術解説：p.94／カラー：p.22

42

技術解説：p.95／カラー：p.37

43
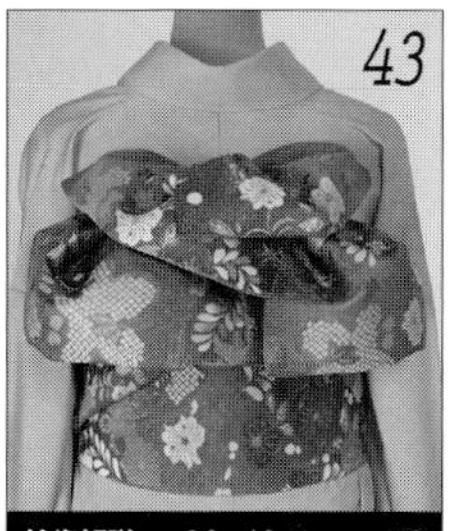
技術解説：p.96／カラー：p.13

44

技術解説：p.97／カラー：p.23

45
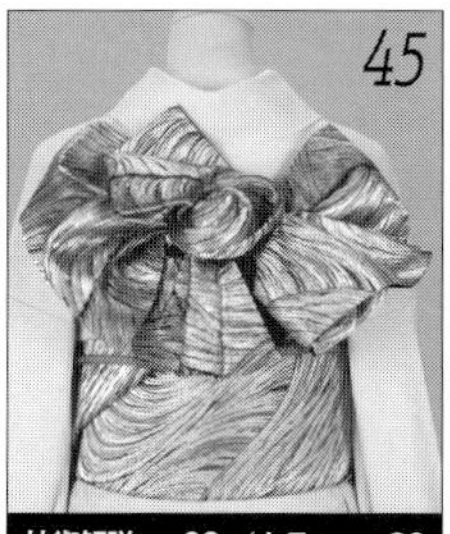
技術解説：p.98／カラー：p.26

46
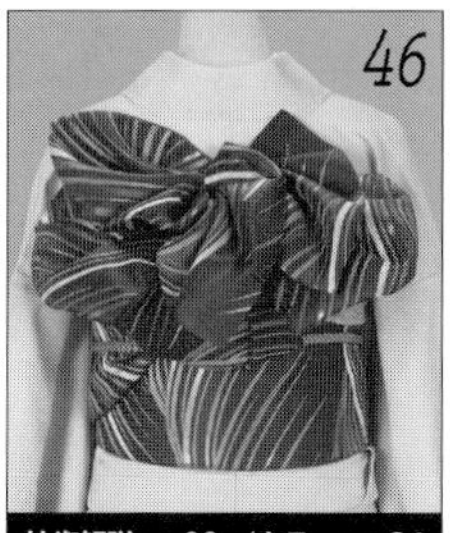
技術解説：p.99／カラー：p.34

47
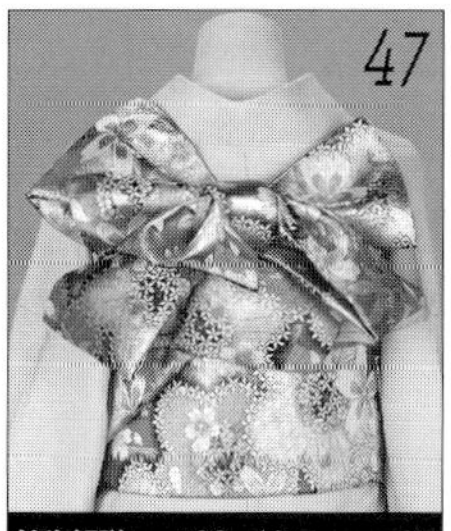
技術解説：p.100／カラー：p.27

48
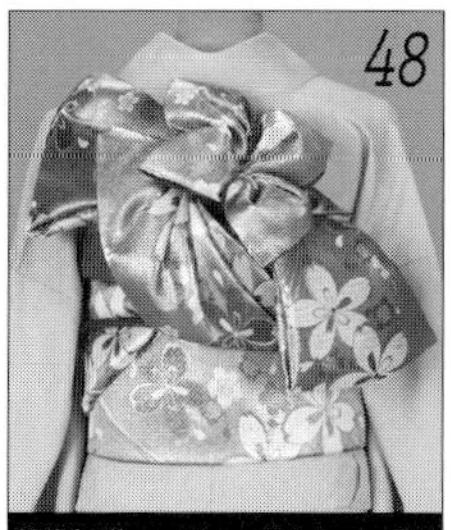
技術解説：p.101／カラー：p.35

49
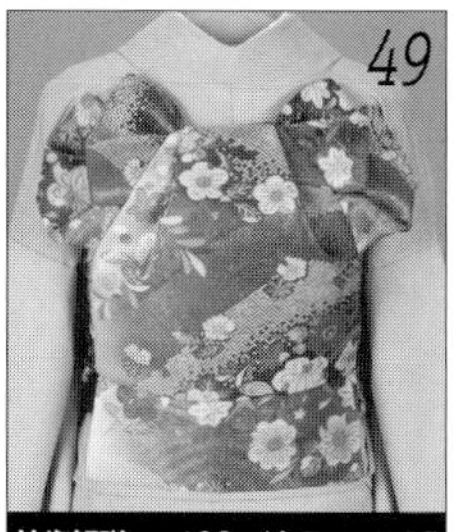
技術解説：p.102／カラー：p.15

50
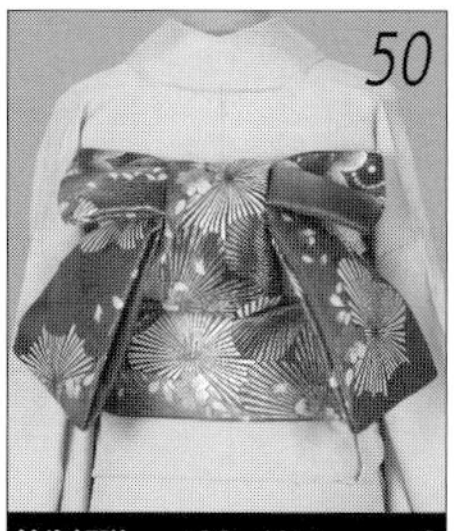
技術解説：p.103／カラー：p.18

51
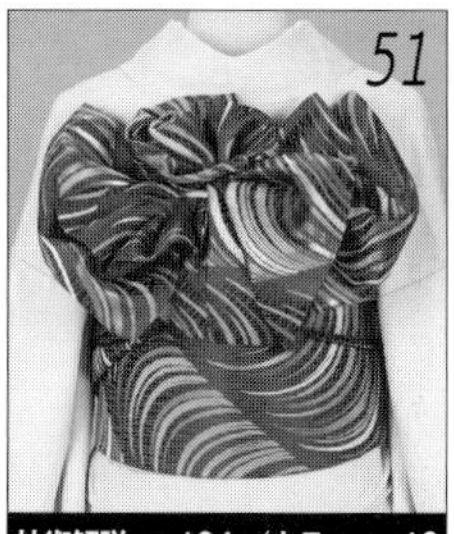
技術解説：p.104／カラー：p.16

52

技術解説：p.105／カラー：p.29

53

技術解説：p.106／カラー：p.35

54
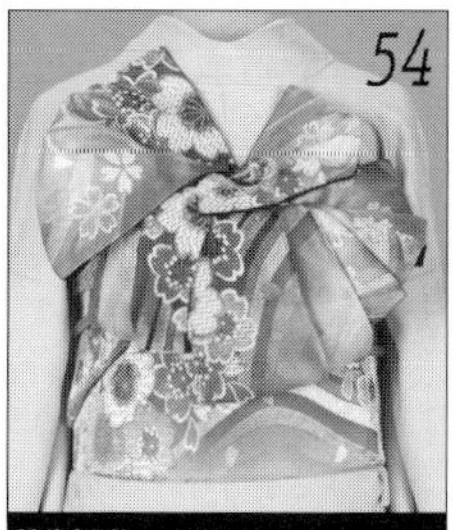
技術解説：p.107／カラー：p.34

55
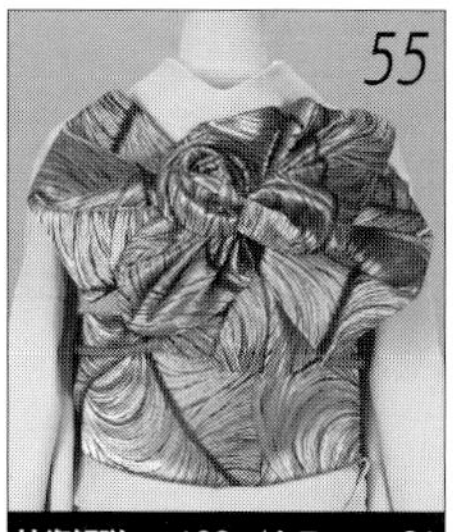
技術解説：p.108／カラー：p.31

56
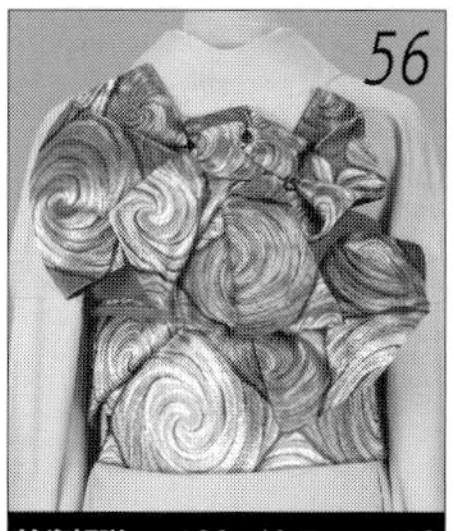
技術解説：p.109／カラー：p.13

57
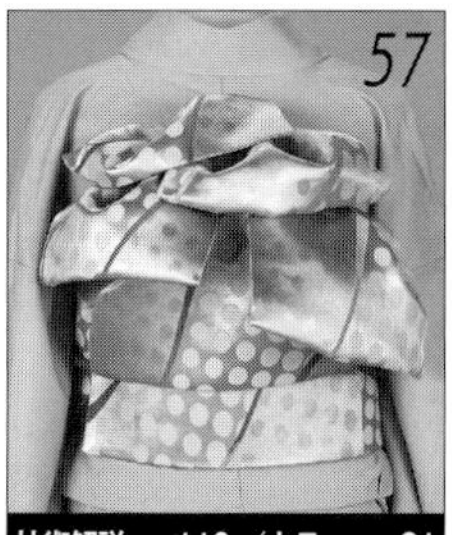
技術解説：p.110／カラー：p.21

58
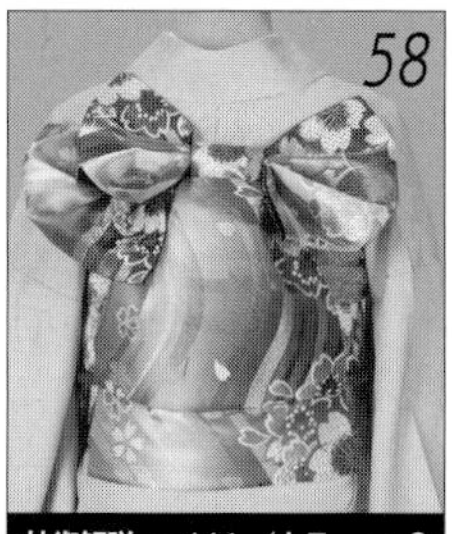
技術解説：p.111／カラー：p.8

59

技術解説：p.112／カラー：p.30

60
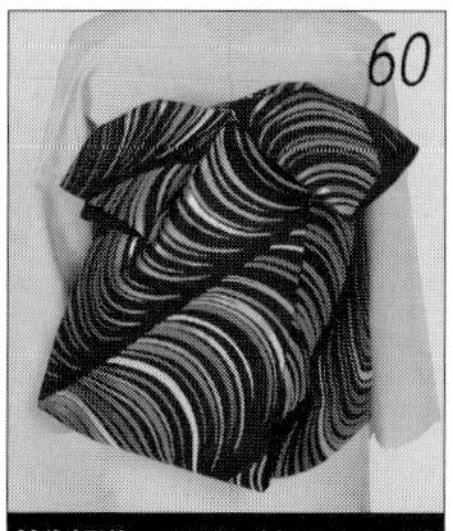
技術解説：p.113／カラー：p.39

61
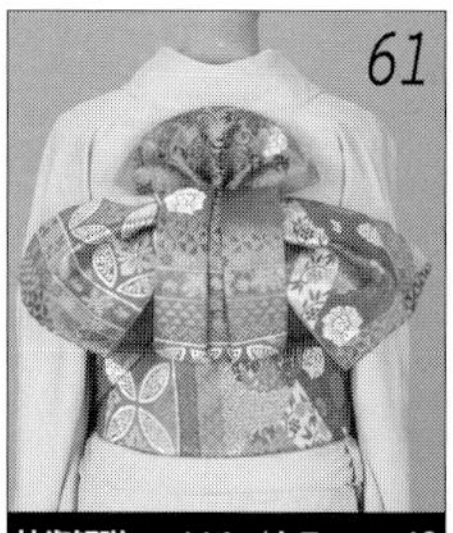
技術解説：p.114／カラー：p.42

62

技術解説：p.115／カラー：p.40

63
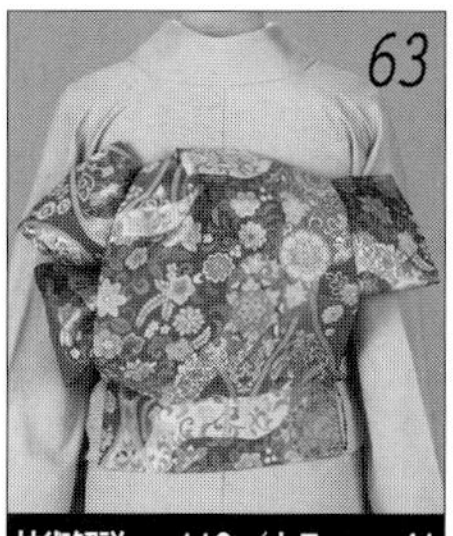
技術解説：p.116／カラー：p.41

64
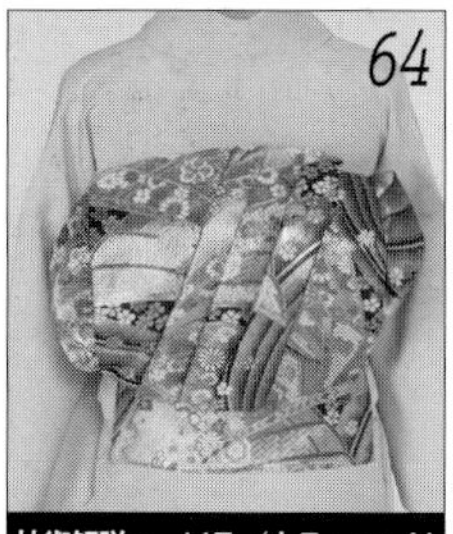
技術解説：p.117／カラー：p.41

65

技術解説：p.118／カラー：p.40

66
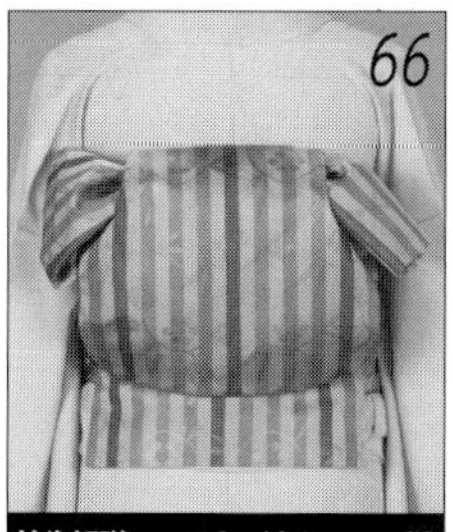
技術解説：p.119／カラー：p.39

著者プロフィール

荘司 礼子（しょうじ れいこ）

国際文化理容美容専門学校渋谷校校長。衣紋道髙倉流東京道場会頭。日本エステティック協会理事長。全日本婚礼美容家協会師範講師。百日草花粧会師範講師。ICD 世界美容家協会会員。
著書に「着付の技」「着付の典」「きもの着付ガイドブック」「おでかけキモノ小紋」（国際文化出版局）、「着付と帯結び」（成美堂出版）、「きちんと着る着物の基本」（主婦の友社）などがある。

国際文化技術叢書④

帯結び いろいろ

かさね、あわせ、むすぶ。

2009年6月1日　初版発行
2012年4月1日第2版発行

著　者／荘司 礼子

発行人／平野　徹
編集人／齋藤 久子

発行所／
学校法人国際文化学園・国際文化出版局
〒150-0045 東京都渋谷区神泉町5-3
〈代表〉☎ 03-3462-1447　fax 03-3770-8745
〈直通〉☎ 03-3462-1448　fax 03-5459-7136

印刷所／凸版印刷株式会社

＊定価はカバーに表示してあります。

ISBN978-4-9901658-5-7